मीरा पदावली

इस शृंखला की पुस्तकें

तुलसी
दोहावली
सं. राघव 'रघु'
सूर पदावली
सं. वाग्देव
रसखान
रत्नावली
सं. राघव 'रघु'
रहीम
दोहावली
सं. वाग्देव
मीरा
पदावली
सं. नीलोत्पल
कबीर
दोहावली
सं. नीलोत्पल

मीरा पदावली

सं. नीलोत्पल

प्रकाशक

प्रभात प्रकाशन प्रा. लि.

4/19 आसफ अली रोड, नई दिल्ली–110002

फोन : 23289777 • हेल्पलाइन नं. : 7827007777

इ–मेल : prabhatbooks@gmail.com ❖ वेब ठिकाना : www.prabhatbooks.com

संस्करण

2026

पेपरबैक मूल्य

तीन सौ पचास रुपए

मुद्रक

नरुला प्रिंटर्स, दिल्ली

———— ★ ————

MEERA PADAWALI

Ed. Neelotpal

Published by **PRABHAT PRAKASHAN PVT. LTD.**

4/19 Asaf Ali Road, New Delhi-110002

ISBN 978-93-5048-034-2

₹ 350.00 (PB)

अपनी बात

कृष्ण-भक्तों में मीराबाई का श्रेष्ठ स्थान है। वे श्रीकृष्ण को ईश्वर-तुल्य पूज्य ही नहीं, वरन् अपने पति-तुल्य मानती थीं। कहते हैं कि उन्होंने बाल्यावस्था में ही श्रीकृष्ण का वरण कर लिया था। इसे उन्होंने अपने एक पद में भी व्यक्त किया है-

माई म्हाँने सुपने में वरी गोपाल।
राती पीती चुनरी ओढ़ी मेहँदी हाथ रसाल।।

माता-पिता ने यद्यपि उनका लौकिक विवाह भी किया, लेकिन उन्होंने पारलौकिक प्रेम को प्रश्रय दिया और पति का घर-बार त्यागकर जोगन बन गईं और गली-गली अपने इष्ट, अपने आराध्य, अपने वर श्रीकृष्ण को ढूँढ़ने लगीं। उन्होंने वृंदावन की गली-गली, घर-घर, बाग-बाग और पत्तों-पत्तों में गिरधर गोपाल को ढूँढ़ा और जब वे नहीं मिले तो वे द्वारिका चली गईं। वहाँ सत्संग, भजन-कीर्तन और रणछोड़जी (श्रीकृष्ण) की मूर्ति के सामने नृत्य-स्तुति करके अपने आराध्य से मिलन की प्रतीक्षा करने लगीं। साधु-संत जन में उनका बड़ा आदर था। उनकी भक्ति गोपी-तुल्य थी, इसलिए उन्हें 'द्वापर की ललिता' नामक गोपी का अवतार भी कहा जाने लगा।

उन्होंने अनेक लोकप्रिय पदों की रचना की। हालाँकि काव्य-रचना उनका उद्देश्य नहीं था। लेकिन अपने आराध्य के प्रति निकले उनके शब्द ही भजन बन गए और लोगों की जुबान पर चढ़ गए। उनके पद राजस्थान, गुजरात, उत्तर प्रदेश एवं बंगाल में बहुत लोकप्रिय हुए और आज भी रेडियो और टेलीविजन पर बजते सुने जा सकते हैं। उनके पदों की लोकप्रियता का अनुमान इसी बात से लगाया जा सकता है कि उन्हें लोक-मंडलियों के साथ-साथ कुंदनलाल सहगल एवं लता मंगेशकर के स्वरों में भी सुना जा सकता है।

मीरा ने लगभग 70 वर्ष का जीवन पाया और कहते हैं कि वे रणछोड़जी की प्रतिमा में ही अंतर्धान हो गई थीं। कुछ लोग यह भी कहते हैं कि उनका अंत रणछोड़जी के मंदिर की सीढ़ियों पर हुआ।

आज हालांकि भौतिक रूप में मीरा हमारे बीच मौजूद नहीं हैं, लेकिन अपनी वाणी के रूप में वे *'दरददीवानी'* आज भी हमारे बीच हैं।

यह पुस्तक सादर उन्हीं को समर्पित है।

विषय-सूची

मीराबाई का जीवन-चरित

भारतवर्ष में अध्ययन की जो परंपरा रही है, उससे हमने सदा रचयिता को उसके व्यक्तित्व से नहीं, उसके कृतित्व से ही आँका है। इसलिए जहाँ भी उसके व्यक्तित्व का वर्णन मिलता है, उसमें उसके कृतित्व का सहारा लेकर उसके व्यक्तित्व को इतना बलशाली और उच्च बना दिया जाता है कि उसके जीवन संबंधी वास्तविक तथ्यों को खोज लेना अत्यंत कठिन हो जाता है। इतना ही नहीं, इन महान् व्यक्तियों के संबंध में लोक में अनेक जनश्रुतियाँ चल पड़ती हैं, जिन्हें परस्पर विरोधी होते हुए भी सहज ही नहीं छोड़ा जा सकता; क्योंकि लोक में उनका मूल्य कुछ-न-कुछ तो अवश्य रहता ही है।

दूसरी बात यह है कि कवियों ने अपने संबंध में न के बराबर ही लिखा है और यह कठिनता उस समय और अधिक बढ़ जाती है, जबकि उसका दूसरा अर्थ भी किया जा सकता हो। राजदरबारी कवियों में तो अहं-प्रदर्शन की कुछ भावना दिखाई भी पड़ती है, जहाँ से हम उनका वंश-परिचय अथवा उनके आश्रयदाता का नाम भर ज्ञात कर सकते हैं; परंतु भक्त-कवियों ने तो अपनत्व ही जब भगवान् को अर्पण कर दिया तो उनमें अपना रहा ही क्या, जिसका वे वर्णन करते।

तीसरी बात, तत्कालीन इतिहास लेखकों ने भी इस संबंध में कोई प्रकाश नहीं डाला। उन्होंने जहाँ 'अकबरनामा' जैसा ग्रंथ लिखा जिसमें अकबर की दिनचर्या का पूरा वर्णन है, वहीं यह नहीं लिखा कि अकबर जब मथुरा आया तो वह वहाँ किन-किन महात्माओं से मिला; जबकि लोक में प्रचलित अनेक संप्रदायों के आचार्यों से उसके मिलने की बात कही जाती है।

मीरा के जीवन-चरित का अध्ययन करते समय हमें इन सब बातों का ध्यान रखना होगा। उनके संबंध में इतिहास क्या कहता है? लोक में प्रसिद्ध अन्य महात्माओं ने उनके संबंध में क्या लिखा है और वे स्वतः अपने संबंध

में क्या कहती हैं? इन्हीं तथ्यों के आधार पर मीरा के जीवन-चरित का वर्णन करना उचित होगा।

मीरा का जन्म और बाल्यकाल

जोधपुर बसानेवाले महाराज जोधाजी के 19 पुत्र और 1 पुत्री थी। जोधा के चौथे पुत्र का नाम दूदाजी तथा पाँचवें का नाम नामवर सिंह जालौर था। जोधाजी ने इन दोनों भाइयों को मेड़ता जीतने के लिए भेजा, जो उस समय मालवा के सुल्तान महमूदशाह खिलजी के अधीन था। दोनों भाइयों ने वहाँ जाकर उस पर अधिकार कर लिया और वहीं रहने लगे। तभी से मेड़तिया राठौरों की पृथक् शाखा प्रसिद्ध हुई उन्होंने मेड़ता को नए सिरे से बसाया तथा चतुर्भुज मुखी के मंदिर का निर्माण कराया, जो मेड़तिया राजपूतों के इष्ट माने जाते हैं। इन्हीं दूदाजी के चार पुत्र और एक पुत्री थी, जिसमें चौथे पुत्र राव रत्नसिंह को कुड़की आदि बारह गाँव जागीर में मिले, जहाँ वे अपनी पत्नी के साथ रहने लगे। यहीं संवत् 1555 वि॰ में मीराबाई का जन्म हुआ। इनके और कोई संतान नहीं थी। इनकी माँ का इनके जन्म के कुछ समय पश्चात् ही देहावसान हो गया और दूदाजी ने मीराबाई को अपने पास बुला लिया। राव रत्नसिंह ने दूसरा विवाह न किया और संवत् 1584 वि॰ में राणा साँगा के साथ युद्ध करते हुए वीरगति को प्राप्त हुए।

इनकी माँ का शीघ्र ही देहावसान होने के कारण इनका बहुत ही कम समय माँ की गोद में व्यतीत हुआ। कहते हैं कि इसी समय एक बार एक साधु-मंडली इनके यहाँ आई और वह अपने आराध्यदेव श्री गिरधरजी की सेवा करने लगी। मीराबाई को यह स्वरूप इतना पसंद आया कि उन्होंने अपनी माँ से उसे लेने का हठ किया। लेकिन प्रधान साधु अपने आराध्य देव को किसी प्रकार भी देने को तैयार न हुआ और उसे लेकर चला गया। रात में उसने एक स्वप्न देखा जिसमें उससे कहा गया था कि वह उन्हें मीराबाई के पास पहुँचा दे। साधु श्री गिरधरलाल के स्वरूप को मीरा को दे आया और तभी से वे उसकी पूजा करने लगीं। इस संबंध में एक किंवदंती और भी है कि एक समय जब एक बारात निकल रही थी तो उन्होंने अपनी माँ से पूछा कि मेरा विवाह किससे होगा, तो उनकी माँ ने गिरधरलाल की ओर संकेत करके कहा कि इनके साथ। और तभी से मीरा ने उनको अपना पति समझ लिया।

मीरा के एक पद में भी इस बात का उल्लेख आता है कि वे अपनी माँ से कहती हैं कि रात्रि को स्वप्न में उनका विवाह गिरधरलाल से हो गया है।

विवाह, वैधव्य और मृत्यु

संवत् 1572 वि॰ में राव दूदाजी का स्वर्गवास हो गया और वीरमदेव मेड़ता के अधिकारी हुए। उन्होंने संवत् 1573 वि॰ में उनका विवाह चित्तौड़ के राणा साँगा के राजकुमार श्री भोजराज से कर दिया। जब वे अपनी ससुराल जा रही थीं तो अपने आराध्य देव श्री गिरधरलाल के स्वरूप को भी अपने साथ ही ले गईं और वहाँ भी वे उन्हीं की सेवा में रत रहने लगीं।

राणा साँगा की 28 रानियाँ थीं। उनके सात पुत्र और चार कन्याएँ थीं। सबसे बड़े पुत्र भोजराज थे, दूसरे कर्णसिंह, तीसरे रत्नसिंह, चौथे विक्रमादित्य, पाँचवें उदयसिंह, छठे पर्वतसिंह और सातवें कृष्णसिंह थे। मीराबाई के पति भोजराज का स्वर्गवास अपने पिता के समय में ही हो गया और मीराबाई विधवा हो गईं। उनसे सती होने के लिए कहा गया, किंतु उन्होंने अस्वीकार कर दिया। तदनंतर वे दिन-रात भजन-कीर्तन और भगवद्-सेवा में लीन रहने लगीं। संवत् 1584 वि॰ में राणा रत्नसिंह गद्दी पर बैठे, किंतु चार वर्ष बाद ही 1588 वि॰ में उनका भी स्वर्गवास हो गया। इसके पश्चात् विक्रमादित्य गद्दी पर बैठे। उन्हें मीरा का साधु समागम अच्छा नहीं लगता था। उन्होंने उनसे इसके लिए मना भी किया किंतु उन्होंने नहीं माना। उन्होंने 'विष का प्याला' भेजा, जिसे उन्होंने सहर्ष पान कर लिया; किंतु उसका कुछ भी असर नहीं हुआ। दो बार विषधर सर्प भी भेजे गए, किंतु वे भी उनका कुछ न बिगाड़ सके ये सब बातें वीरमदेव को मेड़ता में मालूम हुईं और ऐसी स्थिति जानकर वीरमदेव ने मीरा को मेड़ता बुला लिया। सं॰ 1596 वि॰ के लगभग मालदेव ने मेड़ता छीन लिया और मीराबाई तीर्थ-यात्रा करने चली गईं। अंत में वे द्वारिका जाकर रहने लगीं, जहाँ संवत् 1603 वि॰ में उनका देहांत हो गया।

भगवद्-भक्तों द्वारा मीराबाई का उल्लेख

अब तक का वर्णन ऐतिहासिक खोज के आधार पर किया गया है; किंतु इसका एक दूसरा भी पक्ष है, जिसका संबंध भक्ति-संप्रदाय से है। मीरा के विषय में उनके समकालीन और परवर्ती भक्तों ने किस दृष्टिकोण से इनका वर्णन किया है, यह एक विचारणीय विषय है। निश्चय ही उन्होंने उनके जन्म-मरण की तिथि का उल्लेख नहीं किया। परंतु उन्होंने उनका एक ऐसा स्वरूप हमारे समक्ष उपस्थित किया है, जो उनके भक्ति-स्वरूप को उभारनेवाला है। श्री हरिराम व्यास, जो सं॰ 1612 वि॰ में 45 वर्ष की अवस्था में श्री हित

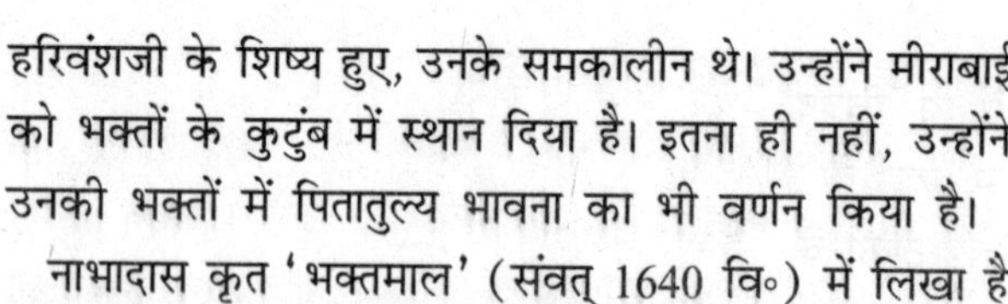

हरिवंशजी के शिष्य हुए, उनके समकालीन थे। उन्होंने मीराबाई को भक्तों के कुटुंब में स्थान दिया है। इतना ही नहीं, उन्होंने उनकी भक्तों में पितातुल्य भावना का भी वर्णन किया है।

नाभादास कृत 'भक्तमाल' (संवत् 1640 वि॰) में लिखा है कि कलियुग में मीराबाई ने द्वापर की गोपिका सदृश कृष्ण से प्रेम किया। दुष्टों ने उनके प्राण लेने को विष दिया, किंतु वह अमृत हो गया। इसी 'भक्तमाल' पर टीका करते हुए प्रियादास ने अपनी 'भक्तिरस-बोधिनी' नामक टीका में (पुस्तककाल संवत् 1769 वि॰) मीराबाई का वर्णन करते हुए गिरधरलाल से प्रेम, राणा से विवाह, विदा होते समय मूर्ति का अपनी माँ से माँग ले जाने का उल्लेख करते हुए लिखा है कि ससुराल पहुँचने पर सास ने उनसे देवी-पूजन के लिए कहा; किंतु मीराबाई के अस्वीकार करने पर वह उनसे रुष्ट हो गईं। इतना ही नहीं, उन्होंने इसकी शिकायत राणा से भी की और वे उन्हें मारने को तैयार हो गए। ननद ने भी समझाया किंतु वे नहीं मानीं। राणा ने विष भेजा। मीरा उसे पी गईं, किंतु उससे उनकी मृत्यु न हुईं किसी ने राणा से चुगली की कि मीराबाई रात्रि में किसी पर-पुरुष से बातचीत किया करती है। राणा ने इनके पीछे गुप्तचर लगाए और उन्होंने गिरधरलाल से बातचीत करते देख इसकी खबर दी। राणा मारने गए और उन्होंने मीराबाई से पूछा कि वे किससे बातचीत कर रही थीं, तो उन्होंने बता दिया कि वे गिरधरलाल से बातचीत कर रही थीं।

इसी प्रसंग में आगे लिखा है कि एक दुष्ट व्यक्ति ने साधु के वेश में आकर मीराबाई से रतिदान माँगा। उन्होंने अपने उपास्य को साक्षी बनाकर साधु समाज के बीच पलंग डलवा दिया और उससे उस पलंग पर आने को कहा। इससे वह बहुत ही लज्जित हुआ।

इसी कथा में लिखा है कि अकबर मीराबाई के सौंदर्य का हाल सुनकर तानसेन के साथ उन्हें देखने आया और देखकर अत्यंत प्रसन्न हुआ।

इसके अनंतर वृंदावन यात्रा में जीव गोस्वामी की स्त्री-मुख न देखने की प्रतिज्ञा छुड़ाई यहाँ से वे द्वारिका जाकर रहने लगीं और राजा के बुलाने पर वे श्रीरणछोड़जी में लीन हो गईं।

ध्रुवदास (राधावल्लभीय संप्रदाय के प्रवर्तक, जन्म संवत् 1559 वि॰) ने भी मीराबाई के संबंध में जो कुछ लिखा है, वह बहुत कुछ प्रियादास कृत 'भक्तमाल' जैसा है, किंतु उसमें साधु-रतिदान तथा अकबर के मिलने का उल्लेख नहीं है।

राघवदासजी दादूपंथी (जन्म संवत् 1653 वि॰) कृत 'भक्तमाल' की जो

टीका चित्रदास ने लिखी (संवत् 1717 वि॰) उसमें जो मीराबाई के संबंध में लिखा है, वह प्रियादास कृत 'भक्तमाल' की टीका के आधार पर है।

संत तुकाराम ने (जन्म संवत् 1665 वि॰) एक अभंग में अन्य भक्तों के साथ मीरा के नाम का उल्लेख बड़े सम्मान के साथ किया है–

जीव के जीवन, एका जनार्दन, पाठक श्रीमान्ह, मीराबाई।

वल्लभ कुल संप्रदाय के चौरासी वैष्णवों की वार्ता तथा दो सौ वामन वैष्णवों की वार्ता में भी तीन स्थानों पर इनका वर्णन है। चालीसवीं वार्ता में गोविंद दुबे साचोरा ब्राह्मण का मीराबाई के घर ठहरने तथा श्री गुसाईंजी द्वारा एक लिखित श्लोक पढ़कर लौट जाने की बात कही है। बावनवीं वार्ता में मीराबाई के पुरोहित रामदास का श्रीवल्लभाचार्य महाप्रभु विषयक पद गाना, उसको सुनकर मीरा का श्री ठाकुरजी के गुणानुवाद गाने को कहना तथा पुरोहितजी का मीराबाई की दृष्टि से गुरु और गोविंद में द्वैत भाव होने के कारण चले जाने का उल्लेख है। बयासीवीं वार्ता में श्रीकृष्णदास अधिकारी का मीराबाई के आचार्य महाप्रभु के शिष्य न होने के कारण उनके यहाँ न ठहरने का वर्णन मिलता है।

दो सौ बावन वैष्णवों की वार्ता में वार्ता-प्रसंग पंद्रह में लिखा है कि जब गुसाईंजी मेड़ता पधारे तो राजा जयमल और उनकी बहन सपरिवार शिष्य हो गए। सैंतालीसवीं वार्ता में लिखा है कि अजबकुँवर मीराबाई की देवरानी थीं। वे उनकी उस समय शिष्या हुईं, जब श्री गुसाईंजी मेवाड़ पधारे। पुष्टि मार्ग के अनुसार वे सेवा करतीं तथा ठाकुरजी उनके साथ चौपड़ खेलते थे। उनकी बहुत इच्छा थी कि ठाकुरजी मेवाड़ में पधारें। श्रीनाथजी ने कहा कि जब तक सातों स्वरूप भूतल पर विराजते हैं, तब तक उनका आना असंभव है। उसके बाद वे वहाँ विराजेंगे।

इन दोनों वार्ता-साहित्य की पुस्तकों से यही सिद्ध होता है कि मीरा ने वल्लभ कुल संप्रदाय का शिष्यत्व ग्रहण नहीं किया। चौरासी वैष्णवों की वार्ता में तो स्पष्ट रूप से ही वल्लभकृत संप्रदाय वालों के विरोध का वर्णन है, किंतु दो सौ बावन वैष्णवों की वार्ता में यह वर्णन गौण रूप से आया है।

अंत में हम नागरीदास (जन्म संवत् 1756 वि॰) के 'पद प्रसंग माला' की ओर आते हैं, जिसमें 36 वैष्णवों के उल्लेख में मीराबाई का नाम सातवें

स्थान पर उल्लेखित है। इस पुस्तक का महत्त्व इस कारण से है कि नागरीदास राजस्थान के उसी राठौर वंश के थे, जिसमें मीरा का जन्म हुआ था।

इस 'प्रसंग माला' के अनुसार, मेड़ता की मीराबाई राणा के छोटे भाई को ब्याही थीं। वह सत्संग करती थीं और जब राणा के छोटे भाई की मृत्यु हुई तो उनसे सती होने को कहा। किंतु उन्होंने इस बात को नहीं माना और निम्नलिखित विष्णुपदी लिख भेजी–

मीरा के रंग लग्यो कौ और रंग सब अरक परी।

राणा मीराबाई से बहुत दुःखित था, क्योंकि वे कुलाचार को न मानकर रात-दिन साधु-सेवा में लगी रहती थीं। इससे राणा ने चरणामृत के नाम से विष का प्याला भेजा। उन्होंने जानबूझकर उस विष के प्याले को पी लिया। उधर राणा उनकी मृत्यु की प्रतीक्षा कर रहा था और इधर वह झाँझ-मृदंग लेकर भगवान् के सामने यह पद गा रही थीं–

रानैंजू विष दीनौ हम जानी।

अपने पति की मृत्यु के पश्चात् मीराबाई तीर्थयात्रा करती हुई वृंदावन आईं और जीव गोस्वामी का प्रण छुड़ाकर कुछ दिन वहाँ रहकर फिर द्वारिकावास करने का विचार कर वहाँ से चल दीं। मार्ग में उन्होंने एक पद बनाया, वह इस प्रकार है–

राय श्री रणछोड़ दीज्यौ द्वारिका को बास।

जब मीराबाई को द्वारिका में रहते बहुत दिन व्यतीत हो गए तो पुरोहितादि लोगों ने कहा कि राणा की आज्ञा है कि आप मेवाड़ पधारो। एक-दो दिन तो साधारण प्रकार से बात कही गई, किंतु जब वे न मानीं तो उनके आगे धरना दिया गया और तब वह ठाकुरजी से विदा लेने अकेले में मंदिर में गईं और वहाँ आरती सहित निम्नलिखित गीत गाया–

हरि हरिहो जन की पीर।

किंतु ठाकुरजी ने उनकी नहीं सुनी तो उन्होंने फिर प्रेमावेश में एक पद गाया। तब ठाकुरजी ने उनको अपने शरीर में लीन कर लिया। वह पद इस प्रकार है–

सजन सुधि ज्यौं जाने सो लीजै।

राणा ने जब निंदक लोगों से बहुत निंदा सुनी तो उन्होंने आज्ञा दी कि आधी रात के बाद जहाँ वे हों, वहाँ से चली जाएँ। यह आज्ञा लेकर जो स्त्री उनके पास गई, वह उनकी हो ली और फिर वह वापस न आई। राणा ने एक और स्त्री भेजी, उसका भी यही हाल हुआ। फिर जो भी आती, उसका वही हाल हो जाता था। इस डर से अन्य स्त्रियों ने जाने से इनकार कर दिया और कहने लगीं कि जो उनके पास जाता है, वह पागल हो जाता है। राणा की एक सहचरी ने आधी रात के समय एक पद सुना, जिसे सुनकर वह पागल हो गई वह पद इस प्रकार है–

सखी मेरी नींद नसानी हो।

मीरा और तुलसीदास

जिस समय हम दंतकथाओं की ओर ध्यान देते हैं, उस समय हमारे सामने दो प्रकरण ऐसे आते हैं जिन पर विचार करना नितांत आवश्यक हो जाता है। ये हैं मीरा और तुलसीदास का पत्र-व्यवहार तथा मीरा और अकबर का मिलन।

'भक्तमाल' में एक पत्रिका दी गई है, जिसे मीराबाई ने तुलसीदास को लिखा था–

श्री तुलसी सुख निधान, दुख हरन गुसाईं।
बारहिबार प्रनाम करूँ, हरो सोक समुदाईं।
घर के स्वजन हमारे जेते, सबन्ह उपाधि बढ़ाईं।
साधु संग और भजन करत मोहि, देत कलेस महाईं।
बालापन ते मीरा कीन्ही, गिरधरलाल मिताईं।
सो तों अब घूरै नहीं क्यों हूँ, लगी लगन बरियाईं।
मेरे मात-पिता के सम हौ, हरि भगतन सुखदाईं।
हमकू महा उचित करिवौ है, सो लिखियो समुझाईं।

वेणी माधवदास ने अपने मूल 'गुसाईं चरित्र' में इस पत्र को भेजने का उल्लेख करते हुए लिखा है–

तब आयो मेवाड़ ते, विप्र नाम सुखपाल।
मीराबाई पत्रिका, लायो प्रेम प्रवाल।।
पढ़ि पाती उत्तर लिखे, गीत कवित्त बनाय।
सब तजि हरि भजवौ भलौ, कहि दिय विप्र पठाय।।

लोक में ऐसा प्रसिद्ध है कि तुलसीदास ने 'विनय-पत्रिका' में दिया गया निम्न पत्र उत्तर में भेजा था–

जाके प्रिय न राम बैदेही।
तजिए ताहि कोटि वैरी सम, जद्यपि परम सनेही।।
तज्यो पिता प्रह्लाद, विभीषन बंधु, भरत महतारी।
बलि गुरु तज्यौ, कंत ब्रज बनितन भे सब मंगलकारी।।

'वेणी माधवदास' का उपर्युक्त उद्धरण इस दंतकथा की पुष्टि करता है कि मीरा ने तुलसीदास को पत्र लिखा था।

मीरा और अकबर

दूसरी किंवदंती तानसेन को साथ लेकर अकबर के मीरा से मिलने की है। अकबर का जन्म संवत् 1599 वि॰ को अमरकोट के किले में हुआ और हुमायूँ की मृत्यु संवत् 1613 में हुई, जबकि वह गद्दी पर बैठा। अकबर ने तानसेन को संवत् 1619 में राजा रामचंद वघेला के दरबार से बुलाकर अपने यहाँ रखा। अतः यह भेंट सं॰ 1619 के पश्चात् ही होनी चाहिए। किंतु मीरा की मृत्यु संवत् 1603 वि॰ में ही हो गई, अतः उनका यह मिलना संभव नहीं है। जैसे और भी महात्माओं को ऊँचा दिखाने के लिए अकबर से भेंट की अनेक कथाएँ मिलती हैं, उसी प्रकार यह भी है। ऐतिहासिक कसौटी पर यह कथा ठीक नहीं उतरती।

जिस प्रकार हमें मीराबाई के जीवन संबंधी कुछ तत्त्व राजस्थान के इतिहास से प्राप्त होते हैं, उसी प्रकार उनके पदों की अंतरंग समीक्षा के आधार पर भी कुछ तत्त्व हमारे सामने आ जाते हैं। वे मेड़ता की रहनेवाली थीं। उनका बाल्यावस्था संबंधी केवल एक पद मिला है, जिसमें कहा गया है कि एक दिन मीराबाई ने अपनी माँ से कहा कि आज रात को मैंने एक स्वप्न देखा कि मुझसे जगदीश ने आकर विवाह किया है। मेरे हल्दी चढ़ी है, उबटन लगा है। छप्पन करोड़ सवारी (बराती) लेकर श्रीभगवान् दूलह बने हैं। उन्होंने तोरण

बँधाया है और पूर्व जन्म के भाग्य से उन्हें गिरधारी वर प्राप्त हुआ है।

एक पद में मीराबाई से उनकी माँ कहती हैं कि संसार सोता है, किंतु तू जागती रहती है, ऐसा प्रेम ठीक नहीं। तब वे कहती हैं कि माँ, तू मुझे ऐसा करने से मत रोक। जिसके हृदय में हरि बसे हों, उसको भला नींद कैसे आ सकती है? मैं गंदे पानी की नहीं, हरि रूपी सोने के जल की आशा करती हूँ।

कुछ पदों में उनके ससुराल संबंधी झगड़ों का वर्णन है। एक पद में मीराबाई और उनकी ननद का वार्तालाप है, जिसमें वह मीरा से साधु-संगति छोड़ने की बात कहती है। वह कहती है कि हमारा कुल हिंदुवाणे का सूर्य है। लोग तुम्हारी निंदा करते हैं, ईडरगढ़ (ऊदाँबाई की ससुराल) से भी इस संबंध में पत्र आया है और राणा भी इसके विरुद्ध हैं। यदि तुम नहीं मानोगी तो तुम्हें विष पिला दिया जाएगा। मीरा अपने गिरधर और साधुओं की संगत छोड़ने को किसी प्रकार भी तैयार नहीं होतीं। राणा के क्रोधित होने का भी वर्णन कई पदों में है। दूसरे पदों में उनके मारने का उल्लेख है, जिसमें चरणामृत कहकर विष तथा दो बार काला साँप शालिग्राम और हार कहकर भेजा गया, किंतु उनसे उनकी मृत्यु न हुई विष चरणामृत बन गया तथा सर्प सचमुच ही शालिग्राम और हार हो गया। फिर वह मेड़ता चली गईं। राणा ने उनको रोकने की भी चेष्टा की किंतु वे न रुकीं।

वृंदावन आगमन

संवत् 1569 वि॰ के लगभग जब जोधपुर के राव मालदेव ने वीरमदेव से मेड़ता छीन लिया तो मीराबाई तीर्थयात्रा को चल दीं और तीर्थाटन करते-करते वृंदावन पधारीं। इन्होंने यहाँ देखा कि घर-घर तुलसी और ठाकुरजी की पूजा होती है तथा लोग मंदिरों में दर्शनों को जाते हैं। इससे इन्हें वृंदावन बड़ा सुंदर लगा और इन्होंने अनेक मंदिरों के दर्शन भी किए, जिनमें से गोविंदजी, बाँके बिहारी और मदनमोहन के दर्शनों का विशेष रूप से उल्लेख किया गया है।

इस प्रकार गौड़िया संप्रदाय का शिष्यत्व स्वीकार कर वे बहुत समय तक वृंदावन में रहीं और अपने प्राणप्यारे श्यामसुंदर को ढूँढ़ती रहीं; किंतु वे वहाँ न मिले। मीरा ने अपने एक पद में लिखा है कि उन्होंने वृंदावन में पत्ता-पत्ता देख लिया, घर-घर ढूँढ़ लिया; किंतु आप (श्रीकृष्ण) तो द्वारिकावासी हो गए

हैं, वहाँ किस प्रकार मिल सकते हैं–

पात पात वृंदावन ढूँढ़्यौ, ढूँढ़ि फिरी ब्रज घर की।
आप तो जाए द्वारिका छाए, ताप मिटी सब तन की।।

और वे वहाँ से द्वारिका चल दीं। भक्त कवि नागरीदास ने अपनी 'पद-प्रसंग माला' में इस यात्रा का और द्वारिका रहने तथा श्रीरणछोड़जी में विलीन होने का वर्णन किया है। उन्होंने लिखा है कि किस प्रकार उन्होंने मार्ग में पद बनाए और श्रीरणछोड़जी की सेवा में रहने लगीं। अंत में जब उन्हें मेड़ता तथा महाराणा उदयसिंह ने अपने यहाँ वापस बुलाना चाहा तो वे किन पदों को गाकर भगवान् में विलीन हो गईं।

द्वारिका जाते हुए मार्ग में बनाया गया पद–

राय श्री रणछोड़ दीज्यौ, द्वारिका को बास।
संख चक्र गदा पद्म, दरसैं मिटै जम के त्रास।।
सकल तीरथ गोमती के, रहत नित्त निवास।
संख झालर साँझ बाजै, सदा सुख की रास।।
तज्यौ देसरु बेस हू तजि, तज्यौ राना राज।
दास मीरा सरन आवत, तुम्हें अब सब लाज।।

(नागरीदास कृत 'पद-प्रसंग माला' से)

श्री रणछोड़जी में विलीन के समय के पद–

हरि हरिहो जन की पीर।
द्रौपदी की लाज राखी, तुम बढ़ायो चीर।।
भक्त कारन रूप नरसिंह धरयौ आप सरीर।
हरिनकस्यप मार लीनौ, धर्‌यौ नाहिंन धीर।।
बूड़तै गज ग्राह तार्‌यौ, कियौ बाहिर नीर।
दासि मीरा लाल गिरधर, दुख जहाँ तहाँ पीर।।

अंतिम पद–

सजन सुधि ज्यौं जानैं ज्यौं लीजै।
तुम बिन मेरे और न कोई, कृपा रावरी कीजै।।
द्यौंस न भूख रैन नहिं निद्रा, यह तन पल-पल छीजै।
मीरा के प्रभु गिरधर नागर, अब मिलि बिछुरनि नहीं कीजै।।

जिन खोजा तिन पाइयाँ

वास्तव में देखा जाए तो मीरा का जीवन एक चिर विरहिणी का जीवन है। उन्हें गिरधरलाल की प्रतिमा मिलती है। वे उनकी प्रेम से पूजा करती हैं। भगवान् का यह कथन कि जो मुझे जिस रूप में भजता है, मैं उसे उसी रूप में मिलता हूँ, उनके लिए फलदायक नहीं होता, फिर भी वे उनकी पूजा करती रहती हैं। एक रात्रि को स्वप्न में उन्हें उनका दर्शन ही नहीं होता, वे उनके साथ विवाह भी कर लेते हैं। नेत्रों के खुलने के साथ ही समस्त व्यापार अदृश्य हो जाता है। संसार सोकर ही अपना धन खोता है, किंतु उन्होंने जागकर अपना प्राण-धन खो दिया। वे विरह में दीवानी हो जाती हैं। उनका विवाह भी हो जाता है। दो-चार वर्ष वे सांसारिक जीवन भी बिताती हैं; किंतु उनके प्राणों में तो दूसरे का ही राज्य था। प्रसिद्ध है कि भगवान् जिसे अपनाते हैं, उसके समस्त बंधनों को पहले ही काट देते हैं। मीरा विधवा हो जाती हैं और वे 'पग घुँघरू बाँधकर' नाचने लगती हैं; किंतु वे विरहिणी हैं, वे उसे ढूँढ़ने निकलती हैं, जगह-जगह ढूँढ़ती हैं। लोग उन्हें पागल तक कहते हैं, किंतु वे उनकी परवाह नहीं करतीं।, वे अपने चित्तचोर के विरह में व्याकुल होकर उसे ढूँढ़ती ही रहती हैं। मथुरा में नहीं मिलता तो वृंदावन ढूँढ़ती हैं। वृंदावन में भी नहीं मिलता। ढूँढ़ते-ढूँढ़ते उनके बाल सफेद हो जाते हैं। अंत में वे द्वारिका में जाकर उसे पा ही लेती हैं और श्री रणछोड़जी की मूर्ति में विलीन हो जाती हैं।

मीरा का शिष्यत्व

कहते हैं कि जब मीराबाई ब्रज में पधारीं, उस समय आजन्म बाल ब्रह्मचारी जीव गोस्वामी वृंदावन में निवास करते थे तथा किसी स्त्री से नहीं मिलते थे। मीराबाई ने जब उनकी ख्याति सुनी तो वे उनके दर्शनों को गईं, किंतु उन्होंने उनसे मिलना अस्वीकार कर दिया। मीरा ने उनसे कहा कि आप कहाँ के पुरुष हैं, यहाँ तो वृंदावन में समस्त गोपियाँ ही रहती हैं। पुरुष तो केवल एक श्रीकृष्ण ही हैं। इस प्रकार की उनकी निष्ठा देखकर जीव गोस्वामी उनसे मिले और फिर बहुत देर तक श्रीकृष्ण-कथा-रसामृत का सेवन होता रहा। कुछ लोगों का विचार है कि यह वार्तालाप रूप गोस्वामी और मीराबाई के मध्य हुआ था तथा वृंदावन में आज भी इसी प्रकार प्रसिद्ध है; किंतु नागरीदास ने इस घटना का उल्लेख जीव गोस्वामी के नाम से ही किया है। वृंदावन में उन पर गौड़िया संप्रदाय का ऐसा प्रभाव पड़ा कि उन्होंने रघुनाथ गोस्वामी का शिष्यत्व ग्रहण

कर लिया। मीराबाई का एक पद है–

अब तौ हरी नाम लौ लागी।
सब जग को यह माखन-चोरा, नाम धर्‌यो बैरागी।।
कित छोड़ी वह मोहन मुरली, कित छोड़ी सब गोपी।
मूँड़ मुँड़ाइ डोरी कटि बाँधी, माथे मोहन टोपी।।
मात जसोमति माखन कारन, बाँधे जाके पाँव।
स्यामकिशोर भयो नव-गौरा, चैतन्य जाको नाँव।।
पीतांबर को भाव दिखावै, कटि कोपीन कसै।
गौर-कृष्ण की दासी मीरा, रसना कृष्ण बसै।।

इस पद में चैतन्य महाप्रभु के नाम का तथा उनके वैराग्य का उल्लेख है। गौड़िया संप्रदायवालों की परंपरा है कि कलियुग में भगवान् कृष्ण ने कीर्तन नाम के प्रचार के लिए श्री चैतन्य महाप्रभु के रूप में अवतार लिया। वे संसार से विरक्त होकर केवल एक कोपीन धारण कर कृष्ण नाम संकीर्तन करते थे। उनका सिद्धांत था कि कलियुग में केवल हरि कीर्तन ही संसार-सागर से पार लगा सकता है।

मीरा के काव्य में कितने ही पदों में 'जोगी' का वर्णन आया है। इसमें कितने ही विद्वानों ने गोरखपंथी योगियों की कल्पना की है तथा उन्होंने लिखा है कि गोरखपंथी साधु राजस्थान में बराबर आते-जाते रहते थे, उन्हीं के संसर्ग में आकर और उनसे प्रभावित होकर ही मीरा ने इन पदों की रचना की है, जिनमें योग की अनेक क्रियाओं का वर्णन किया है। परंतु थोड़ा सा विचार करने पर यह बात स्पष्ट हो जाती है कि यह वर्णन योग के गंभीर अध्ययन से संबंध नहीं रखता। उस समय के धार्मिक संक्रमण युग में, जब जनता निर्गुणवाद से सगुणवाद की ओर जा रही थी, दोनों में एक संघर्ष का काल था, जिसका दिग्दर्शन 'सूरदास' के भ्रमर गीत अध्ययन से भली-भाँति प्रकट होता है। ऐसे समय में कुछ शब्दों का ज्ञान चलते-फिरते हो जाना आश्चर्य की बात नहीं; फिर भगवान् कृष्ण तो स्वयं योगेश्वर हैं। मीरा की दृष्टि में यह जोगी विरक्ति का सूचक है। जो उससे न मिले, उससे विरक्त रहे अथवा हो जाए, वही जोगी है। श्रीकृष्ण उससे नहीं मिलते अथवा उसे त्यागकर चले जाते हैं, इसलिए वे मीरा के लिए विरक्ति भावना-स्वरूप योगी हैं और उसी का वर्णन उन्होंने अपने पदों में किया है।

'मीराबाई' के कई पदों में 'रैदास' का भी उल्लेख आया है, जिनको

रविदास अथवा रोहिदास भी कहते थे। इनमें से एक पद में मीरा ने उनको गुरु माना है तथा चौक बाजार काशी में मिलने का स्थान बताया है। चौक बाजार काशी को बने हुए पूरे दो सौ वर्ष भी नहीं हुए हैं तथा मीराबाई की माधुर्य भाव-भक्ति और रैदास की निर्गुण भक्ति में दो समानांतर रेखाओं के समान अंतर है। इस प्रकार विचार करने पर यही निष्कर्ष निकलता है कि रैदासजी मीराबाई के गुरु नहीं थे, केवल उनके शिष्यों ने उनका महत्त्व दिखाने को कुछ पंक्तियाँ प्रक्षिप्त कर यह दंतकथा प्रचलित कर दी है।

मीरा का जोगी

मीरा ने अपने कई पदों में जोगिया अथवा जोगी का उल्लेख किया है। साधारणतः योगी उन विरक्त संन्यासियों को कहते हैं, जिन्होंने संसार से मोह-माया तोड़कर ब्रह्म में अपना ध्यान लगा लिया है। ये लोग निराकार ब्रह्म के उपासक होते हैं तथा प्राणों को ब्रह्मरंध्र में स्थापित करके उस परमात्मा के ध्यान में संलग्न रहते हैं तथा धोती, नेती द्वारा देह की शुद्धि में विश्वास रखते हैं। इसी प्रकार का एक पंथ भारत में गोरखपंथी संप्रदाय के नाम से प्रसिद्ध है। ये लोग कानों में मिट्टी अथवा अकीक के 'कुंडल' पहनते, गले में ऊन की डोरी की बनी 'सेली' पहनते तथा सिंगी बजाते हैं। शरीर में भस्म लगाते तथा एक प्रकार का भगवा रँगा चोगा धारण करते हैं। ये लोग अपने हाथ के नीचे चिड़िया की भाँति की लकड़ी, जिसे 'आधारी' अथवा 'हाजरियो' कहते हैं, बगल में लगाकर बैठते तथा मृगछाला बिछाकर बैठते थे। 'प्रेम-साधना' में लिखा है कि 'मीरा के कई पदों में किसी योगी का वर्णन आया है, जिसने मीरा के हृदय में प्रेम की पीर जगाई है।' अब हमें देखना यह है कि यह जोगी कौन सा है?

मीरा के पद में आया है–

जोगिया ने कहज्यो जी आदेस।
जोगिया चतुर सुजान सजनी ध्यावै शंकर सेस।।

निश्चय ही यह जोगी साधारण जोगी नहीं है, जिसका शिव और शेष भी ध्यान करते हैं। शिव योगेश्वर अवश्य हैं किंतु वे वह जोगी नहीं हो सकते हैं, जिसका मीरा ने उल्लेख किया है और वे उस योगी का ध्यान भी करते हैं। चतुरानन योगी कहलाते ही नहीं, केवल श्रीकृष्ण योगेश्वर कहलाते हैं, जिनमें

विरुद्ध भावनाओं का समन्वय है। वह रात में गोपियों के साथ विलास भी करते हैं तथा तनिक अहंकार आने पर राधा को त्यागकर भी चले जाते हैं। वे भोगश्वर भी हैं और योगेश्वर भी। इसी योगेश्वर रूप के कारण ही तो गोपियों को राधा सहित रोना पड़ा था और यही रोना मीरा का भी है। वह जोगी एक बार उसके नगर में आया है और प्रीत लगाकर चला गया है। वे उसे ढूँढ़ती हैं, किंतु मिलता नहीं। वे उसके लिए जोगियों का रूप वेश धारण करने को भी तैयार हैं। किंतु जब उन्होंने संसार से विरक्त होकर योग से उनका ध्यान किया तो देखा कि वह उनके हृदय में ही विराजमान है।

तत्कालीन परिस्थिति और उसका प्रभाव

मीरा के काव्य से राजनीतिक परिस्थितियों का कुछ भी पता नहीं चलता। किंतु इतिहास से विदित होता है कि उस समय राजस्थान में कितनी ही छोटी-बड़ी रियासतें थीं, जो अपनी प्रभुसत्ता के लिए लड़ा करती थीं। मीरा के पिता तथा पति का अंत ऐसे ही युद्धों में हुआ। उनके पीहर का राज्य मेड़ता भी शत्रुओं के हाथ में चला गया, जिसको उन्होंने फिर हस्तगत कर लिया। दिल्ली में बाबर का शासन कायम हो चुका था और वह उसकी बराबर हद बढ़ाए जा रहा था। ऐसी राजनीतिक परिस्थितियों में मीरा का उदय हुआ। वह एक राजपूत कन्या थी तथा उनमें उस फौलाद सदृश दृढ़ता थी, जो झुकना नहीं जानती बल्कि टूटना पसंद करती है। उनमें पतिव्रत धर्म के लक्षण थे। उन पर 'पर सपनेहु आन पुरुष जग नाहीं' पूर्णतः चरितार्थ होती है। उन्होंने गिरधरलाल को वरा था। वे उनकी स्वयंवरा थीं। फिर लौकिक पति के लिए किस प्रकार अपनी देह जला सकती थीं। उन्होंने विष पीना स्वीकार किया था, किंतु अपने प्रण से हटना नहीं।

लौकिक और आध्यात्मिक प्रेम

मीरा के पदों में सांसारिक और आध्यात्मिक प्रेम को बड़ी सुंदरता से समझाया गया है। कोई पथिक अथवा उनका जानकार उनसे कहता है कि इस प्रेम-सरोवर के किनारे साँप-ही-साँप रहते हैं। इसमें सर्पिणी ने स्नान किया है, इससे इसका जल विषमय हो गया है। तुझे क्या अपने से कोई संबंध नहीं है, जिससे मृत्यु के मुख में जा रही है? इस प्रेम-सरोवर में स्नान करना मृत्यु को बुलाना है। इसके उत्तर में मीरा कहती हैं कि तू निरा मूर्ख है; तू उस तत्त्व को

नहीं समझता। इस प्रेम-सरोवर में हंस (ईश्वर) का निवास है और उसका भेद मेरे गुरु ने मुझे बता दिया है। मैंने उस मुकुंद के लिए अपने कुल की लज्जा का निवारण कर दिया है और यह सोचती हूँ कि मुझसे उसका मिलना कब होगा?

इस प्रकार विलासतामय प्रेम और ईश्वरीय प्रेम का अंतर स्पष्ट रूप से हमारे सामने आ जाता है। एक का संबंध अर्थ और काम से है, दूसरे का संबंध धर्म और मोक्ष से है। इसी प्रेम के सहारे एक दिन मीरा ने श्रीरणछोड़राय की प्रतिमा में विलीन होकर मोक्षत्व प्राप्त कर लिया। उन्होंने विष पीना स्वीकार कर लिया, किंतु भक्ति से मुँह मोड़ना उन्होंने मंजूर नहीं किया। इससे यह बात ज्ञात होती है कि उस समय आज्ञा न माननेवाली स्त्रियों को विष-प्रयोग द्वारा मार डाला जाता था। पति के साथ सती होना पतिव्रत धर्म का लक्षण समझा जाता था। जौहर का उल्लेख भी एक पद में आया है–

जौहर की गति जौहरी जाने, को जिम जौहरि होय।

युद्ध में जब जय पाने की आशा नहीं रहती थी, उस समय राजपूत स्त्रियाँ केसरिया वस्त्र पहनकर जौहर करती थीं। इसमें एक-एक क्षत्रिय कट-कटकर मर जाता था, किंतु पीठ नहीं दिखाता था।

किंतु मीरा के काव्य में जिसका प्रभाव बहुत ही स्पष्ट दिखाई देता है वह है धार्मिक प्रभाव। जिस समय मुसलमानों ने भारत पर आक्रमण किया, उस समय वे इसलाम धर्म को अपने साथ लाए तथा उन्होंने अपने धर्म व संस्कृति को देश में फैलाना शुरू किया। इसी इसलाम में सूफी संप्रदाय का प्रादुर्भाव हुआ, जो प्रेम को ईश्वर-प्राप्ति का साधन मानते थे तथा इश्क-मजाजी से इश्क-हकीकी की उत्पत्ति बताते थे। लैला-मजनूँ का प्रेम कुछ ऐसा ही प्रेम था। इधर बंगाल में भी सहजिया संप्रदाय का प्रादुर्भाव कुछ इसी रूप में हुआ। वह परनारी व परकीया के प्रेम द्वारा ही ईश्वरीय प्रेम की प्रेरणा प्राप्त करते थे और उसको ईश्वर-प्राप्ति का एक साधन मानते थे। स्वामी रामानंद निर्गुण राम का प्रचार करते थे, जिनके प्रमुख शिष्यों में कबीर थे जो परमात्मा को प्रणयी, पति तथा गुरु रूप में भजते थे। उस समय साधु लोग समाज बनाकर एक स्थान से दूसरे स्थान को जाया करते थे। इसी प्रकार की साधु-मंडली से मीरा को 'गिरधरलाल' का विग्रह मिला था। किंतु कबीर के साधु मीरा के साधु से बिलकुल भिन्न हैं। कबीर के साधु की संगत दूसरे की व्याध हरनेवाली है, किंतु मीरा के साधु का जन्म हरि का भजन और वृंदावन-वास करने के लिए हुआ है–

जोगी आया जोग करन कूँ, तप करणे संन्यासी।
हरी भजन कूँ साधू आया, वृंदावन का वासी।।

इसी प्रकार 'मीरा के प्रभु गिरधरनागर' भी कबीर के प्रणयी, पति तथा गुरु में केवल इस बात से पृथक् हो जाते हैं कि कबीर का जो भी संबंध है वह निर्गुण, निराकार और परमात्मा से एकीकरण हो जाना है। किंतु मीरा का प्रणयी, पति और गुरु वही कृष्ण है जिसने साकार रूप धारण कर वृंदावन में गोपियों से क्रीड़ा की थी। जो कृष्ण की एक गोपिका (प्रेमिका) थी। जिसकी 'मेरी उनकी प्रीति पुरानी' थी। मीरा की साधना में आत्मीयता की भावना है और इसी कारण उसमें भाव सौंदर्य की प्रचुरता है। मीरा पर यह प्रभाव कबीर का नहीं, किंतु सगुणोपासना में 'कांताभाव' का है।

कबीर ने अपने काव्य में गुरु के दो रूपों का वर्णन किया है। एक में वह परमात्मा को गुरु समझते हैं—

जब मैं था तब गुरु नहीं, जब गुरु है हम नाहिं।
प्रेम गली अति साँकरी, जामें दो न समाहिं।।

किंतु दूसरे में वे गुरु को माध्यम मानते हुए भी परमात्मा से बड़ा समझते हैं—

गुरु गोविंद दोनों खड़े, किहि के लागूँ पाँय।
बलिहारी उन गुरुन की, गोविंद दिये बताय।।

मीरा का गुरु भी गोविंद रूप है—

भरमारी रे बानाँ सत गुरु बिरह लगाय कें,
सत गुरुजौ से बाताँ करता, दुरजन लोगाँ दीठी।।

अन्य स्थानों पर गुरु को नाम माहात्म्य समझानेवाला कहा है :

नाम महातम गुरु दियौ, परतीत पिछाणी हो।

एक पद में गुरु को दीनदयाल के समकक्ष तथा ज्ञान बतानेवाला कहा है किंतु उसे गोविंद से ऊपर कभी नहीं कहा—

गुरु म्हारा दीन दयाल, हीरा राँ पारखी।
दियौ म्हानै ज्ञान बताय, संगत कर साध री।।

उस समय उत्तर भारत में गोरखनाथ के गोरखपंथ का भी यथेष्ट प्रचार था। गोरखपंथी साधु कड़ा पहनते, भस्म लगाते, कानों में कुंडल, गले में सेली व शृंगी धारण करते और धूनी रमाते थे। वे अलख निरंजन के उपासक थे। कामिनी और कांचन से पृथक् रहते तथा विरक्त संन्यासी थे। ये योगी कहलाते थे और हठ योग की क्रियाओं में निपुण होते थे। गोपियों का साकार ब्रह्म (कृष्ण) निर्गुण ब्रह्म की अपेक्षा कहीं श्रेष्ठ है। इसका तुलनात्मक विवेचन महाकवि सूरदास ने अपने भ्रमर गीत में भली-भाँति किया है, जिसमें उद्धव निर्गुण ब्रह्म का उपासक गोपियों को साकार पूजा छोड़ने का आग्रह करता है तथा गोपियाँ साकारोपासना के रूप में उसका विरोध करती हैं। किंतु मीरा का वर्णन इससे भिन्न है। मीरा ने गोरखपंथी साधुओं के रूप-स्वरूप को तो अपनाया, किंतु अपने रंग में रँगकर। उनका योगी (योगेश्वर) कृष्ण है। वह उनसे विरक्त है। वह उन्हें त्यागकर चला गया है। जाने के समय वे उसके जाने का निषेध भी करती हैं, किंतु वह नहीं मानता। विरहिणी मीरा उसके विरह की पीर में वेदना से चिल्लाती हैं, परंतु वह विरक्त भला क्यों सुनने लगा?

मीरा के पदों में स्थान-स्थान पर योगियों के पारिभाषिक शब्द मिलते हैं। सगुण भक्ति के साथ मीरा के ये पारिभाषिक शब्द कुछ अटपटे-से लगते हैं, परंतु उनका प्रयोग ठीक-ठीक अर्थों में ही हुआ है। इससे यह तो नहीं कहा जा सकता कि वे इन क्रियाओं से परिचित नहीं थीं। निश्चय ही विरहिणी मीरा के गिरधर नागर सगुणोपासना की दिव्य मूर्ति होकर भी निर्गुण ही हैं। वे उनको देखना चाहती हैं। वे निर्गुण ध्यान से ही उसके साथ सो सकती हैं। एक पद में उन्होंने कहा है—

ऊँची अटरिया लाल किवड़िया, निर्गुन सेज बिछी।
पचरंगी झालर सुभ सोहै, फूलन फूल कली।।
बाजूबंद कडूला सोहै, माँग सिंदूर भरी।
सुमिरण थाल हाथ में लीन्हा, सोभा अधिक भली।।
सेज सुखमणाँ मीरा सोवै, सुभ है आज घड़ी।।

इसी प्रकार एक अन्य स्थान पर—

त्रिकुटी महल बना है झरोखा, तहाँ से झाँकी लगाउँ री।
सुन्न महल में सुरत जगाऊँ, सुख की सेज बिछाऊँ री।।

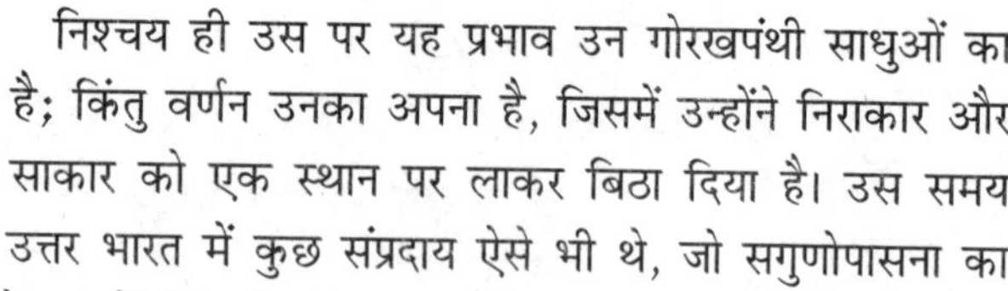

निश्चय ही उस पर यह प्रभाव उन गोरखपंथी साधुओं का है; किंतु वर्णन उनका अपना है, जिसमें उन्होंने निराकार और साकार को एक स्थान पर लाकर बिठा दिया है। उस समय उत्तर भारत में कुछ संप्रदाय ऐसे भी थे, जो सगुणोपासना का प्रचार कर रहे थे। इनमें निंबार्क संप्रदाय, गौड़िया संप्रदाय तथा बल्लभकुल संप्रदाय का मुख्य स्थान था। ये लोग भगवान् कृष्ण के 'सुंदर' रूप के उपासक थे। उनकी मोहिनी सूरत साँवली सूरत पर बलिहारी जाते थे। बल्लभकुल संप्रदाय में वात्सल्य भाव की प्रधानता थी तथा अन्य संप्रदायवादी उनके मधुर भाव के मानने वाले थे। बल्लभकुल संप्रदाय की वार्ताओं से सिद्ध होता है कि आचार्य महाप्रभु और गोस्वामी विट्ठलनाथजी के प्रमुख शिष्यों से इनकी पटरी नहीं बैठी और जिनकी बैठी भी, उन्हें भी इन आचार्यों ने वापस बुला लिया। गौड़िया संप्रदायवाले श्रीकृष्ण को पुत्र-भाव से नहीं अपितु पति-भाव से मानते हैं। यह भावना उनके अधिक अनुकूल थी। बाल्यावस्था में ही जिसके साथ गिरधर लाल का स्वप्न में विवाह हो गया था, वह उसको पुत्र रूप में कैसे मान सकती थीं? यही कारण है कि वे इस संप्रदाय की ओर आकृष्ट ही नहीं हो गईं, बल्कि उस संप्रदाय में दीक्षित भी हो गईं। किंतु ऐसा प्रतीत होता है कि यहाँ भी उनकी तुष्टि न हुई और वृंदावन में पात-पात ढूँढ़ने पर भी जब उनके प्रीतम श्रीकृष्ण न मिले तो यह सुनकर कि वे द्वारिका में रहते हैं, वे द्वारिका चली गईं। अंत में वे उसी प्रभु में लीन हो गईं, जिसको अपने जीवन भर खोजती रही थीं।

भक्ति काव्य की पृष्ठभूमि

भारतवर्ष में उस परब्रह्म परमेश्वर तक पहुँचने की उपासना के अनेक भेद बताए गए हैं। उसमें तीन मार्ग मुख्य माने गए हैं—कर्मयोग, ज्ञानयोग और भक्तियोग।

वेदों में प्रकृति-मूलक तत्त्वों को साकार देवता रूप देकर यज्ञादि द्वारा उनकी पूजा और संतुष्टि का विधान किया गया है। ऋग्वेद दशम मंडल में इन्हीं देवताओं में एक देवता विष्णु का उल्लेख आता है, जो संपूर्ण विश्व को तीन पगों में नाप लेने के कारण 'त्रिविक्रम' कहलाए तथा सृष्टि के आदि में केवल जल रहने के कारण उनकी नारायण संज्ञा हुई।

उपनिषदों में एक और देवता का वर्णन आता है, जो कर्मकांड द्वारा नहीं, ज्ञान और चिंतन द्वारा जाना जा सकता है। 'तैत्तिरीयोपनिषद् में लिखा है कि एक समय इंद्र, अग्नि और वायु सब एक स्थान पर इकट्ठे हुए और अपने-अपने

बल के संबंध में प्रश्न किया तो इंद्र ने अपने बल का, अग्नि ने दाहकता का तथा वायु ने किसी भी वस्तु को उड़ा देने का बखान किया; किंतु उस तेजोमय रूप के दिए हुए एक तिनके को इंद्र हिला नहीं सका, अग्नि जला नहीं सकी और वायु उड़ा न सकी। तब वह तेजोमय रूप अदृश्य हो गया और इन वैदिक देवताओं के लिए अपनी सर्वोपरि प्रतिष्ठा तथा जानने की जिज्ञासा छोड़ गया। इसे हेमवती ऊषा के रूप में उन्हें बताया गया कि वह ब्रह्म है, जो सभी देवताओं से ऊपर है और केवल ज्ञान द्वारा ही जाना जा सकता है।

धीरे-धीरे विष्णु और इस ब्रह्म का संबंध स्थापित हो गया और पौराणिक काल में उसका स्थान सर्वोपरि बन गया। अनेक वैदिक प्रतीकात्मक कथाएँ साकार रूप में परिणत होकर पौराणिक कथाओं में समाहित हो गईं। वैदिक विष्णु अब सर्वोपरि थे। वही ब्रह्म रचयिता थे, वही पालक और संहारक थे। वह अब कर्मकांड से नहीं, चिंतन से नहीं, अपितु भक्ति द्वारा प्राप्त हो सकते थे और समय-समय पर भक्तों की रक्षा करने तथा उन पर कृपा करने को साकार रूप से भूतल पर अवतरित होते रहते थे।

पौराणिक कथाओं के अनुसार भगवान् विष्णु के अनेक अवतार हुए हैं, किंतु उनमें राम और कृष्ण के अवतार ही मुख्य माने जाते हैं। कृष्ण-पूजा संप्रदाय वालों का मत है कि श्रीकृष्ण का ही पूर्ण अवतार है, अन्य अवतार तो उनके अंश रूप से हैं। श्रीकृष्ण का अवतार पूर्ण सच्चिदानंद-स्वरूप विग्रह है। वह सत् रूप से ब्रज में अपने ग्वालबालों सहित क्रीड़ा करता है, चैतन्य रूप से महाभारत में तथा आनंद रूप से अपनी गोपियों के ब्रज के कुंजों में सदा विहार करता है। श्रीनाथद्वारा (मेवाड़) में दर्शनों में शयन नहीं होता। इस पर वहाँ के निवासियों का कहना है कि यद्यपि श्रीनाथजी अपनी प्रतिज्ञानुसार सिंहाड़ (वर्तमान श्रीनाथद्वारा) में विराजते हैं तथापि वे रात्रि के समय अपनी केलि-स्थली ब्रज को ही पधार जाते हैं। भला जहाँ उनकी सहचरी गोपी ने उनके साथ मिलन के लिए अनेक कष्ट उठाए, वे उससे विलग कैसे रह सकते हैं! मीराबाई का लौकिक जीवन पूर्ण दु:खी था, उनकी ननद ऊदाँ उन्हें समझा नहीं पाती, राणा उन्हें इसके लिए विषपान करने को देते हैं। उनके एक पद में आया है—

गोविंदा प्राण अमारा रे, मने जग लाग्यौ खारो रे।
साँर वाला साँर शणगार जेरे जावु सो सारे कोष।
राणाजी ना देशमाँ मारे जल पीवानो दोष।।

किंतु वे अपने पथ से विचलित नहीं होतीं और अंत में सभी को त्याग प्रेम जोग का अनुसरण कर वृंदावन चली जाती हैं, जहाँ उनके प्रीतम उनकी जैसी प्रेमिकाओं से प्रेम-क्रीड़ाएँ करता रहता है। किंतु राधा और मीरा में सबसे अधिक अंतर यह है कि राधा के कृष्ण साकार रूप से उसके साथ विहार करते थे, उसका वियोग क्षणिक था। किंतु कृष्ण के मथुरा जाते ही और उसको यह मालूम होते ही कि वे फिर वापस नहीं आएँगे, उसके हृदय में एक कसक, एक वेदना और एक टीस उत्पन्न होती है। जिसका वर्णन कवियों ने अपनी-अपनी दृष्टि से अद्‌भुत और अनुपम ढंग से किया है। मीरा का प्रेमी उनके हृदय में सदा बसता है। वह अंतर्यामी है। परंतु वह परदा हटाकर बाहर नहीं आता। वह उसके साथ ही रमण करना चाहती हैं। किंतु स्वप्न में दीखी हुई झलक फिर दिखाई नहीं देती। वह विरह-विकला होकर सभी जगह घूमती हैं और एक दिन उसी में विलीन हो जाती हैं।

मीरा-काव्य की यही पृष्ठभूमि है। उसमें उनके बचपन में बीते हुए स्वप्न का वर्णन है, ससुराल में बीती हुई घटनाओं का उल्लेख है। वृंदावन में जाकर वृंदावन का वर्णन और फिर अंत में श्रीरणछोड़राय की द्वारिका का वर्णन है, जिसमें उनके श्रीकृष्ण के विविध स्वप्नों की चर्चा है। और सबसे ऊपर है उनका विरह काव्य, जो उन्होंने अपने गिरधरनागर के विरह में वर्णन किया है। उनकी अंतर्वेदना उनके स्वरों में झंकृत हो उठी है।

मीरा का परम भाव

हमारे ऋषियों ने जहाँ चार पदार्थों का वर्णन किया है, वहाँ मोक्ष को सर्वोपरि स्थान दिया है, जिसकी व्याख्या विविध मनीषियों ने पृथक्-पृथक् रूप से की है। एक मत का कहना है कि हम जिस पूर्ण से पृथक् हुए हैं, उसी में विलीन होकर इन सांसारिक बंधनों से छुटकारा पा सकते हैं; किंतु जो भगवद्-भक्त हैं वे इस प्रकार की मुक्ति नहीं चाहते। उनका कहना है कि जब हम अपनत्व को खोकर किसी में विलीन हो जाते हैं तो उसमें आनंद का तिरोभाव हो जाता है। अत: वे भगवान् के सान्निध्य में विश्वास रखते हैं और उनसे किसी-न-किसी प्रकार का संबंध रखना चाहते हैं। कृष्ण-भक्तों के अनुसार भगवान् कृष्ण का निवास गोलोक है, जहाँ वे अपने गोपीजन, सखा और सखियों सहित सदा रमण करते रहते हैं। और जिस पर प्रभु की पूर्ण कृपा होती है, वही इस लीला में सम्मिलित हो सकते हैं। समय-समय पर भगवान्

कृष्ण अपने भक्तों पर कृपा करने के लिए अपने संपूर्ण परिकर सहित ब्रज में अवतरित होकर भक्तों को सुख देते तथा उनकी मनोकामना पूर्ण करते हैं।

अपने-अपने विचारों के अनुसार भगवान् के सान्निध्य के लिए उनसे अपना घर जैसा संबंध स्थापित करते हैं, जो विविध भाव कहलाते हैं। इसके पाँच भेद माने गए हैं—(1) शांत अथवा प्रशांत भाव, (2) दास्य भाव, (3) सख्य भाव, (4) वात्सल्य भाव, (5) रति अथवा मधुर भाव।

शांत भाव में भक्त के हृदय से सांसारिक मोह हटकर प्रभु की ओर लग जाता है। इसे हम भक्ति की प्रथमावस्था कह सकते हैं। दास्य, सख्य और वात्सल्य भाव में भक्त अपने प्रभु को स्वामी, सखा एवं संतान के रूप में देखता है और उसी से उसकी आराधना करता है। अंतिम भाव मधुर भाव है, जिसे परम भाव अथवा महा भाव भी कहते हैं। इसके अनुसार भगवान् को भक्त पति रूप से मानकर उसकी सेवा करता है। गौड़िया संप्रदाय में इसे सर्वोपरि भाव माना है। परम भाव की साकार प्रतिमा राधा हैं। राधा कभी कृष्ण रूप धारण कर और कभी कृष्ण राधा बनकर ब्रज के कमनीय कुंजों में सदैव केलि करते रहते हैं।

अब हमें देखना यह है कि मीरा का भाव किस प्रकार की भावना लिये हुए था। निश्चय ही उनकी भावना दास और सखा की भावना हो नहीं सकती, वे उसके नारीत्व के प्रतिकूल पड़ती हैं। वात्सल्य भाव से उन्होंने कभी देखा नहीं, क्योंकि बाल्यावस्था में ही उन्होंने स्वप्न में गिरधरलाल को वर लिया था–

माई म्हाँने सुपने में वरी गोपाल।
राती पीती चूनरी ओढ़ी मेहँदी हाथ रसाल।।

इस प्रकार विवाहित होकर वे कांताभाव को माननेवाली हो जाती हैं। गोपियों ने भी कृष्ण को पतिरूप में देखा था। मीरा ने अपने एक पद में इसका उल्लेख किया है, जिसमें उन्होंने अपने को पूर्व जन्म की गोपी बताया है–

रास रच्यौ बंसीतट जमुना, ता दिन कीनों कौल रे।
पूरब जन्म की मैं हूँ गोपिका, अधबिच पड़ गयौ झोल रे।।

किंतु क्या मीरा गोपी राधा के समकक्ष आ सकती हैं? यह एक विचारणीय विषय है।

लोक में मीरा वृषभानु पुरा के राजा की भाँति मेड़ता नरेश की पुत्री थीं। दोनों ही कृष्ण की उपासिका और प्रेमिका थीं। राधा का विवाह सूरदास के अनुसार, रास में ही सखियों के समक्ष हो गया था; किंतु मीराबाई का विवाह एक रात स्वप्न में उनके गिरधारी से हो जाता है। सांसारिक बंधनों में बँधे रहने पर भी वे अपने पतिव्रत धर्म को नहीं भूलतीं। सहजिया संप्रदाय के अनुसार राधा का विवाह रायण घोष से हुआ था। 'ब्रह्मवैवर्त्त पुराण' में भी इसका उल्लेख मिलता है कि राधा रायण घोष की पत्नी थीं और रात्रि के समय वे अपनी छाया उसके पास छोड़कर भगवान् कृष्ण के रास में सम्मिलित होती थीं। इसी प्रकार मीरा भी चित्तौड़ के सिसौदिया वंश के राजकुमार को ब्याही थीं। ससुराल में दोनों का ही जीवन दुःखी था। राधा के संबंध में उसकी सास-ननद के तानों का उल्लेख बंगाली कवियों ने खूब किया है। इधर मीरा का जीवन भी ससुराल में इतना दुःखी रहा कि वे मेवाड़ को ही छोड़ आईं और जीवन भर कभी न गईं।

एक बात, जो राधा से मीरा में विशेष दिखाई देती है, वह है उनका आजन्म चिर वियोग। स्वप्नावस्था के पति को वे अपनी आयुपर्यंत ढूँढ़ती रहीं। उसके दर्शन का उन्हें कभी सुख नसीब न हुआ, जिसके लिए उन्होंने अपने प्रीतम पति को जोगी की समता दी। उसी के लिए उन्होंने अलख जगाया और जहाँ जिसने बताया वहीं वे गईं। राधा का वियोग ब्रज में रहते हुए क्षणिक वियोग रहता था। कृष्ण को देखे बिना उन्हें भी चैन नहीं पड़ता था। कृष्ण जब मथुरा चले गए, तभी वे चिर-वियोगनी हुईं और उनका प्रेम कुंदन की भाँति दमदमा उठा।

कितने ही विद्वानों ने मीरा के निम्नलिखित पद द्वारा उन्हें ललिता सखी का अवतार माना है–

मोरी गलियन में आओ जी घनस्याम।
पिछवाड़े आए हेला दीजो, ललित सखी है म्हारो नाम।।
पैयाँ परत हूँ बिनती करत हूँ, मत कर मान गुमान।
मीरा के प्रभु गिरधर नागर, तोरे चरन में ध्यान।।

मीरा का विरह-वर्णन

काव्य में शृंगार रस के दो भेद माने जाने जाते हैं—संयोग शृंगार और वियोग शृंगार।

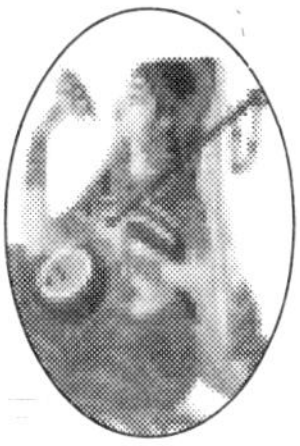

संयोग श्रृंगार प्रिया-प्रीतम के मिलन का नाम है। उसमें विषय-वासना की तृप्ति निहित रहती है। वियोग श्रृंगार में दोनों की पृथक्‌ता का वर्णन होता है और उनके मिलने की आकांक्षा रहती है। विषय-वासना तृप्तिपरक होते हुए भी पूर्ण तृप्ति नहीं कर पाते और उनमें लालसा लगी रहती है। विरह में भी भोग की लालसा मरती नहीं और वह पुन: मिलने की आशा रखती है; किंतु जब यह लालसा का झंझा समाप्त होता है, तभी उसमें शांति आती है और सच्चे प्रेम का निखार सामने आता है। यहाँ भोग की लालसा समाप्त हो जाती है और इस भोग-मुक्त प्रेम में सुख-दु:ख जैसी वस्तुएँ नहीं रहतीं। वे कहने लगते हैं कि तुम कहीं भी रहो, हमारे हो, हमको इसी में शांति है; यहाँ 'तृप्ति' और 'अतृप्ति' शब्द ही असंगत हो जाते हैं। विरह में जो सुख और संयोग की अनुभूति है, वह कभी समाप्त नहीं होती।

गोपियों का प्रेम भी इसी भाँति का है। पहले उसमें आसक्ति है, प्राप्ति की कामना है। यह कामना ही अतृप्ति को जन्म देती है। यद्यपि रास में गोपियों की तृप्ति हो जाती है, किंतु वह वासनापरक होने के कारण लालसा को जन्म देती है और बार-बार उनसे मिलने की इच्छा रखती है। कृष्ण मथुरा चले जाते हैं, गोपियाँ संदेश भेजती हैं, उद्धव आते हैं, उपदेश देते हैं। अंत में उन्हें शांति प्राप्त होती है।

मीरा का विरह इससे कुछ भिन्न है। अपने प्रियतम को उन्होंने देखा। उससे मिलने की उनकी इच्छा होती है, परंतु वे मिल नहीं सकतीं। उनके दर्द को समझनेवाला कोई नहीं है–

हेरी मैं तो दरस दिवाणी, मेरो दरद न जाने कोइ।
मीरा की प्रभु पीर मिटै जद, वैद साँवलिया होइ।।

'तुम्हीं ने दर्द दिया है, तुम्हीं दवा देना।' जिसकी जिससे लगन लगी है और जिसके विरह में वे दिन-रात बेचैन रहती हैं, वही तो मिलकर इस विरह-वेदना में दर्द को मिटा सकता है। उन्हें साधारण नहीं, प्रेम की कटारी लगी है–

प्रेमनी प्रेमनी प्रेमनी, मने लागी कटारी प्रेमनी रे।

वे उनकी प्रतीक्षा करती हैं, किंतु वे नहीं आते। उसके दर्शनों की लालसा

में नैन भी दुखने लगे–

दरस बिन दूखन लागे नैन।
जब से तुम बिछुरे प्रभु मोरे कबहु न पायौ चैन।।
कल न परत पल हरि मग जोवत भई छमासी रैन।
मीरा के प्रभु कबरो मिलोगे दुख मेटन सुख दैन।।

पिय का मग देखते–देखते मीरा की रात्रि छह महीने की हो गई है। एक दिन वे रात्रि के स्वप्न में मीरा को मिल ही गए।

मैं जु गई प्रभु आदर दैण कूँ, जाग पड़ी पिय ढूँढ़ न पाए।
और सखी पिउ सूति गमाए, मैं जु सखी पिय जाग गमाए।।

इस हानि का कोई क्या अनुमान लगा सकता है कि जिसका सर्वस्व नैन खुलते ही अदृश्य हो गया हो।

विरही को वर्षा और होली अच्छे नहीं लगते, क्योंकि उस समय सभी अपने प्रियतम के साथ प्रेम की रँगरेलियों में मस्त रहती हैं, केवल विरहिणी ही सबकुछ देखकर अपने हृदय में दुःखित रहा करती है। मीरा ने वर्षा–वर्णन में भी एक पद में यही व्यक्त किया है, जिसमें उन्होंने लिखा है कि बिजली तथा पृथ्वी भी अपने प्रिय इंद्र की आने की बात जानकर लाज छोड़कर शृंगार कर रही है–

सुनी हो, मैं हरि आवन की आवाज।
दादुर मोर पपीहा बोलै, कोयल मधुरे साज।।
उमग्यौ इन्द्र चहुँ दिसि बरषै दामिणी छोड़ी लाज।
धरती रूप नवा नवा धरिया इंद्र मिलन के काज।।

इसी प्रकार होली के पद में भी यही कहा गया है–

इक अरज सुणों प्रिय मोरी, मैं किण संग खेलूँ होरी।।

मीरा के इन पदों को पढ़कर मनुष्य तो क्या पत्थर का हृदय भी रोने लगता है। उन्हें दुनिया की ओर देखने का अवकाश नहीं। उनके हृदय की अनुभूति ही साक्षात् विरह के रूप में प्रस्फुटित हुई है।

मीरा की काव्य–भाषा और संगीत

मीरा के पदों को देखने में प्रतीत होता है कि उनमें तीन भाषाओं का

समावेश है। कुछ पद ऐसे हैं कि जो राजस्थानी भाषा के प्रतीत होते हैं, कुछ पद ऐसे हैं जिनकी भाषा ब्रज भाषा है और कुछ की भाषा गुजराती है। अत: यह प्रश्न सहज ही में हमारे सामने आता है कि मीरा ने किस भाषा में पदों की रचना की होगी। वैसे तो साधारणत: यह कहा जा सकता है कि इन तीनों भाषाओं का आदि स्रोत एक ही होने के कारण आज से पाँच सौ वर्ष पहले उनमें इतना अंतर नहीं होगा, जो आज दिखाई देता है। फिर लिखित पद तो तीन सौ वर्ष से अधिक पुराने नहीं मिलते। इन दो सौ वर्षों के बीच में जो पद जिस प्रांत में गाए गए, उनमें उस प्रांत के शब्दों ने स्थान पा लिया और यह भिन्नता इसी कारण दिखाई पड़ती है। किंतु हमारा विचार तो यह है कि ब्रज भाषा और डिंगल में आज भी उतना ही भेद है, जो आज से पाँच सौ वर्ष पूर्व था। अत: यह कहना कि उस समय इतना भेद नहीं रहा होगा, उचित नहीं प्रतीत होता। मीरा मेवाड़ की थीं। उनकी भाषा में मेवाड़ के शब्दों का प्राबल्य होना कोई आश्चर्यजनक नहीं। ब्रज में वे रही थीं। ब्रज भाषा उस समय काव्य भाषा थी। ब्रज में रहकर ब्रज भाषा की छाप न पड़े तो यह आश्चर्य ही होगा। निश्चय ही उन्होंने यहाँ भी पदों की रचना की और वह ब्रजभाषा में की। द्वारिका में रहकर उन्होंने गुजराती में रचनाएँ कीं। यही कारण है कि इनकी कविताओं में इन तीन भाषाओं के शब्द आए और वे विभिन्न प्रांतों में विभिन्न रूपों में मिलते हैं।

साहित्यिक दृष्टिकोण से मीरा की भाषा प्रसाद गुण से ओत-प्रोत है। उन्होंने जो भी कहा है वह सीधे-सादे शब्दों में कहा। उन्हें अपनी अनुभूति व्यक्त करने के लिए उपमा-उत्प्रेक्षा आदि अलंकारों का सहारा नहीं लेना पड़ा। उनमें हृदय पक्ष अधिक है और मस्तिष्क पक्ष कम। इसलिए उनके पदों का जो प्रभाव हृदय पर पड़ता है, वह मस्तिष्क पर नहीं पड़ता। वे सहज बोधगम्य हैं। अत: जनता ने उन्हें ग्रहण कर घर-घर की वस्तु बना लिया है।

मीरा का काव्य गेय होने के कारण उसकी गणना गीति काव्य में की जाती है। मीरा अपने पैरों में घुंघरू बाँधकर अपने श्री गिरधर के आगे नाचा करती थीं और स्वरचित गीतों से उनको रिझाया करती थीं। उन्होंने अपने को भगवान् में पूर्ण समर्पण करके अपने संगीत को भी उन्हीं को अर्पण कर दिया। मीरा के कुछ पदों में राग-रागिनियों तथा ताल के नाम लिखे हुए मिलते हैं। मीरा ने उनको इसी थाट में गाया होगा, यह किस प्रकार कहा जा सकता है। निश्चय ही पीछे से किसी गायक ने उनमें राग और ताल का समावेश कर दिया है; किंतु इससे यह न समझ लेना चाहिए कि मीरा में संगीत-ज्ञान का अभाव

था। बड़े-बड़े राजदरबारों में अच्छे-अच्छे संगीतज्ञ रहते थे। वे दरबार की शोभा तो बढ़ाते ही थे, साथ ही वे संगीत की शिक्षा भी राजकुमार और राजकुमारियों को दिया करते थे। यह परिपाटी राजस्थान में अब तक अनेक रियासतों में अक्षुण्ण थी। इसी प्रकार से उन्हें संगीत की शिक्षा अवश्य मिली होगी। दूसरे, कीर्तन भक्ति में भगवान् का भजन भी संगीत द्वारा ही किया जाता है। ये भजन भी ताल और स्वर में बँधे हुए होते हैं। वे भगवान् के सामने अकेले ही अपने पदों को गाया करती थीं तथा साधु-संगत में भी समवेत स्वर से भजन किया करती थीं। इससे भी इन्हें संगीत का ज्ञान होना चाहिए। उन्हें संगीत का कितना ज्ञान था तथा उनके संगीत-गुरु कौन थे, अब तक यह अज्ञान के गर्भ में है। संभव है, आगे शोध द्वारा इस पर प्रकाश पड़ सके।

□

मीराबाई के पद

साँवरिया, म्हाँरी प्रीतड़ली न्हिभाज्यो।
प्रीत करो तो स्वामी ऐसी कीज्यो, अधबिच पत छिटकाज्यो।
तुम तो स्वामी गुण रा सागर, म्हाँरा ओगुण चित मति लाज्यो।
काया गढ़ घेरा ज्यों पड्या छे, ऊपर आपर खाज्यो।
मीरा रे प्रभु गिरधरनागर, चित्त चरणाँ रखाज्यो॥

मेरे साँवरिया! मेरे प्रेम की लाज रखना; मेरी प्रीत को निभाना। स्वामी! यदि मुझसे प्रीत करो तो ऐसी करना कि कभी भी मझधार में छोड़कर जाने की स्थिति न आए। मेरे स्वामी! तुम गुणों से युक्त हो तथा मुझमें अवगुणों की भरमार है। किंतु तुम मेरे अवगुणों पर कभी ध्यान मत देना। अपनी काया के गढ़ पर भौतिकता और विषय-वासनाओं का पर्दा डालकर मनुष्य स्वयं का पूर्णतः नाश कर लेता है। मीरा कहती है कि हे प्रभु गिरधरनागर! मैंने अपना हृदय आपके चरण-कमलों में अर्पित कर दिया है। अतः मुझ शरणागत का उद्धार करें।

लागी सोही जाणै कठण लगण दी पीर।
विपत पड्याँ कोई निकटि न आवै सुख में, सब की सीर।
बाहरि घाव कँछू नहिं दीसै, रोम रोम दी पीर।
जन मीरा गिरधर के ऊपर, सदकै करूँ सरीर॥

हे सखी! जिसे हरि की लगन लगती है, वही इसकी कठोर को अनुभव कर सकता है। जिस प्रकार विपत्ति में कोई निकट नहीं आता, लेकिन सुख में सब भागीदारी करने पहुँच जाते हैं; उसी प्रकार इस पीड़ा में कोई साथ नहीं निभाता। इसमें बाहर से कोई घाव नजर नहीं आता, लेकिन वेदना से शरीर का

रोम-रोम दर्द करता है। मीरा कहती है कि मैंने अपना शरीर गिरधर के ऊपर न्योछावर कर दिया है। इसलिए उसकी लगन की पीड़ा भी मुझे स्वीकार्य है।

हरि म्हारो सुणज्यो अरज महाराज।
मैं अबला बल नाहिं, गोसाई, रखे अबके लाज।
रावरी होई कणीरे जाउँ, है हरि हिवडारो साज।
हयको वपु धरि दैत सँधार्‌यो, सार्‌यों देवन को काज।
मीरा रे प्रभु और न कोई, तुम मेरे सिरताज॥

हे हरि! मेरी विनती सुनो महाराज। हे गोसाई! मैं अबला हूँ, मुझमें थोड़ा-सा भी बल नहीं है। इसलिए तुम ही अब मेरी लाज रखना। अर्थात् सांसारिक बंधनों को त्यागकर मैं बलहीन होकर तुम्हारी शरण में हूँ। मुझ शरणागत की रक्षा का भार अब केवल तुम पर है। हे मोहन! तुम्हारे अतिरिक्त मैं किसके पास जाऊँ? तुम ही मेरे हृदय की शोभा हो। तुमने हयग्रीव का अवतार धारण करके दैत्यों का संहार किया तथा देवताओं का कार्य संपन्न किया था। मीरा कहती हैं कि हे प्रभु! मुझे किसी से कुछ लेना-देना नहीं है। मेरे सरताज केवल तुम हो। अतः मुझे शरण में लेकर मेरा उद्धार करो।

रमैया बिन नींद न आवै।
नींद न आवे बिरह सतावे, प्रेम की आंच ढुलावै।
बिना पिया जोत मंदिर अँधियारो, दीपक दाय व आवै।
पिया बिन मेरी सेज अलूनी, जागत रैण बिहावै।
पिया कब रे घर आवै॥
दादुर मोर पपीहा बोलै, कोयल सबद सुणावै।
घुंमट घटा ऊलर होई आई, दामिन दमक डरावै।
नैन झर लावै।
कहा करूँ कि लाऊँ मोरी सजनी, बैदन कूण बुतावै।
बिरह नागण मोरी काया डसी है, लहर लहर जिव जावै।
जड़ी घस लावै।
कोहै सखी सहेली सजनी, पिया कूँ, आन मिलावै।
मीरा कूँ प्रभु कब रे मिलोगे, मन मोहन मोहि भावै।
कब हँसी कर बतलावै॥

हे सखी! रमैया के बिना अब मुझे नींद नहीं आती। नींद आ भी कैसे सकती है, जबकि रातभर मुझे विरह की पीड़ा सताती रहती है। प्रेम की तपन मुझे करवट बदलने नहीं देती। प्रियतम रूपी जोत के बिना मेरे हृदय रूपी मंदिर में अंधकार छाया हुआ है। उनके अतिरिक्त मुझे किसी अन्य दीपक की जोत नहीं भाती। पिया के बिना मेरी सेज सूनी और उदास है। उस पर बैठकर मैं सारी रात जागते हुए बिता देती हूँ। प्रियतम, तुम कब घर आओगे? सावन के महीने में मेंढक, मोर, पपीहा बोलते हैं तथा कोयल मीठे स्वर में तान सुनाती है। आकाश में घटाएँ उमड़-घुमड़कर छा गई है तथा बिजली चमक-दमककर मुझे डरा रही है। ऐसे में तुम्हारी प्रतीक्षा करते-करते मेरे नयन वर्षा की झड़ी के समान बहने लगते हैं। हे सखी! मैं क्या करूँ? किससे जाकर अपने हृदय की वेदना कहूँ? विरहरूपी नाग ने मेरी सारी काया पर डँस लिया है। मेरे अंतर्मन में पीड़ा की लहरें उठ रही हैं। इसके उपचार के लिए कोई तो जाकर जड़ी घिस लाओ। कोई भी सखी या सहेली मुझे मेरे पिया से मिलवा दे। मीरा कहती हैं कि हे प्रभु! कब आकर मुझ दासी से मिलोगे? मुझे मनमोहन के अतिरिक्त कुछ और नहीं भाता। हे श्याम! कब मुझे अपनी मुसकान दिखाओगे?

राजणी कब मिलस्याँ पिव म्हारां।
चरण कँवल गिरधर सुख देस्याँ, राख्या नैणां थेरा।
णिरखाँ म्हारो चाव घणेरो मुखड़ा देख्या थारां।
व्याकुल प्राण धरयांणा धीरज वेग हरयाँ म्हा पीराँ।
मीरा रे प्रभु तिगरधरनागर, थें बिण तपण घणेरा॥

हे सखी! मेरे प्रियतम मुझसे कब मिलेंगे? गिरधर आएगा तो उनके चरण-कमलों में बैठकर मुझे अपार सुख प्राप्त होगा और वह मेरे नयनों के सामने होगा। हे श्याम! जब से तुम्हारा सुंदर-सलोना मुखड़ा देखा है, तभी से मेरी इच्छा है कि मैं तुम्हें बार-बार निहारती रहूँ। सखी, जब तब मेरा प्रियतम नहीं आएगा तब तक मेरे व्याकुल प्राणों को धीरज नहीं मिलेगा और न ही मेरे बेचैन हृदय की पीड़ा दूर होगी। मीरा कहती हैं कि हे प्रभु गिरधरनागर! तुम्हारे बिना मैं वियोग की तपन झेल रही हूँ। अतः जल्दी से मेरे पास आ जाओ और मुझे आनंदित करो।

पिया इतनी विनती सुनो मोरी, कोई कहियो रे जाय।
और न सूँ रस बतियाँ करत हो, हम से रहै चित्त चोरी।

तुम बिन मेरे और न कोई, मैं सरनागत तोरी।
आवन कह गए अजहुँ न आए, दिवस रहे अब थोरी।
मीरा रे प्रभु कब रे मिलोगे, अरज करूँ कर जोरी॥

कोई मेरे प्रियतम को जाकर कह दे कि वह मेरी केवल इतनी-सी विनती सुन ले। तुम दूसरी सुंदरियों के साथ रस भरी बातें करते हो और मुझसे अपना चित्त चुराते हो; यह भला कहाँ की रीत है? हे श्याम! तुम्हारे बिना मेरा कोई नहीं है। मैं तुम्हारी शरण में हूँ; मुझपर अपनी कृपा करो। हे हरि! तुम आने के लिए कह गए थे, किंतु समय बीत जाने के बाद भी तुम नहीं आए। मेरे प्रियतमए जल्दी आकर मुझे दर्शन दो; मेरे जीवन के दिन अब बहुत थोड़े रह गए हैं। मीरा कहती हैं कि हे प्रभु! तुम मुझसे कब मिलोगे? मैं तुमसे विनती करती हूँ कि अब तो दर्शन देकर मेरा उद्धार करो।

स्याम बिणा सखि रह्या ण जावाँ।
तण मण जीवण प्रीतम वार्या थारे रूप लुभावाँ।
खाण बाण म्हाणो फीका सो लागा नैणा रहां मुरझावाँ।
निस दिन जोवाँ बाट भुरारी, कबरो दरसण पावाँ।
बार बार थारी अरजाँ करसूँ रैण गवां दिन जावाँ।
मीरा रे हरि थे मिलियाँ बिण तरस तरस जीया जावाँ॥

मीरा अपनी व्याकुलता प्रकट करते हुए कहती हैं कि हे सखी! श्याम के बिना मुझसे रहा नहीं जाता। मैंने अपना तन, मन और जीवन प्रियतम पर वार दिया है। तुम्हारा रूप मुझे मोहित करता है। तुम्हारे बिना खाना-पीना मुझे फीका-सा लगता है तथा नयन प्रतीक्षा करते-करते मुरझा गए हैं। हे मुरारी! मैं प्रतिदिन तुम्हारा इंतजार करती हूँ। कृपा कर बताओ, मुझ दासी को आपके दर्शन कब होंगे? बार-बार मैं आपसे मिलने की विनती करती हूँ और इसी में दिन-रात व्यतीत हो जाते हैं। मीरा कहती हैं कि हे प्रभु! हे हरि! तुमसे मिले बिना मेरा जीवन तरस-तरसकर बीत रहा है।

सत्संग नो रस चाख प्राणी तुँ तो सत्संग नो रस चाख।
प्रथम लागे तीखो ने कडवो, पछी आँबा केरी शाख।
आरे काया नो गर्व न कीजे, अंते थवानी छे साख।
हस्तीने घोड़ा माल खजाना, काँई न जावे साथ।

सत्संगथी बे घड़ीमाँ मुक्ति, वेद पुरे छे साख।
बाई मीरा कहे प्रभु गिरधर ना गुण, हरि चरणे चित राख॥

सत्संग का उपदेश देते हुए मीरा कहती हैं कि हे प्राणी! तुम सत्संग के रस को चखो। पहली बार में सत्संग का रस कड़वा लगेगा, क्योंकि उस समय मनुष्य का मन उसके वश में नहीं होता। लेकिन बाद में धीरे-धीरे मन वश में होने लगता है और सत्संग में रस आने लगता है। हे प्राणी! अपनी देह का कभी गर्व या अहंकार मत करो। अंत में इसने यही रह जाना है। हाथी, घोड़े, धन-संपत्ति भी मनुष्य के साथ नहीं जाते। ये मनुष्य को सांसारिक माया में जकड़ने वाले बंधन हैं। इसलिए इनसे कभी मोह मत कर। जीव का एकमात्र लक्ष्य मोक्ष-प्राप्ति होना चाहिए और थोड़े समय में इसे पाने का सबसे अनुपत साधन सत्संग है। वेद भी इस बात के साक्षी हैं। मीराबाई कहती हैं कि हे प्रभु गिरधरनागर! मैंने अपना चित्त हरि-चरणों में रख दिया है। वे ही मुझे भवसागर से पार लगाएँगे।

साँवरो नंद नंदन, दीठ पड्याँ माई।
डरयाँ सब लोक-लाज सुध-बुध बिरसाई।
मोर चन्द्रका किरीट मुराट जब सोहाई।
केसर रो तिलक भाल लोचन सुखदाई।
कुण्डल झलकाँ कपोल अलकाँ लहराई।
मीणा तज सरवर ज्यों मकर मिलन घाई।
नटवट प्रभु भेष धरयाँ रूप जग लोभाई।
गिरधर प्रभु अंग अंग मीरा बलि जाई॥

हे माई! जब से साँवला नंदनंदन मेरी आँखों में बसा है, तब से मैंने सारी लोकलाज छोड़ दी है और सुधबुध भुला दी है। अर्थात् मैंने सांसारिक रीति-रिवाजों और मर्यादा को त्यागकर स्वयं को हरि के चरणों में अर्पित कर दिया है। मेरे प्रियतम के सिर पर मोरचंद्र का मुकुट सुशोभित है। माथे पर केसर का तिलक लगा हुआ है तथा उसकी आँखें सुख प्रदान कर रही हैं। कुंडलों की झलक उसके गालों पर झिलमिला रही है तथा माथे पर बाल लहरा रहे हैं। ऐसा लग रहा है मानो मीन सरोवर से निकलकर मकर से मिलने आई हो। इस तरह मेरे प्रभु साँवरे नटवर का वेश बनाकर संपूर्ण संसार को लुभा रहे हैं। मीरा कहती हैं कि उनके इस मनमोहक और मोहित कर देनेवाले स्वरूप को देखकर मेरा अंग-अंग उनपर बलिहारी हो रहा है।

स्याम म्हाँसूँ ऐंडो डोले हो, औरन सूँ खेलै धमाल।
म्हाँसूँ मुखहिं न बोलै हो, स्याम म्हाँसूँ।
म्हारी गलियाँ नाँ फिरे, बाँके आँगण डोले, हो।
म्हाँरी अँगुली ना छुवे, बाकी बहियाँ मोरे, हो।
म्हाँरा अँचरा ना छुवे, बाको घूँघट खोले, हो।
मीरा रे प्रभु साँवरो, रंग रसिया डोले हो॥

मीरा अपनी सखी से कहती है कि हे सखी! श्याम मुझे तो बचता-छिपता चलता है लेकिन दूसरों के साथ खूब खेलता और धमाल मचाता है। श्याम न तो मुँह खोलकर मुझे कुछ कहता है और न ही मुसकराकर बात करता है। वह मेरी गलियों में फिरने भी नहीं आता, जबकि दूसरों के घर-आँगन में डोलता रहता है। वह निष्ठुर मेरी उँगली तक नहीं छूता, परंतु दूसरों की बाँहें मरोड़ देता है। मेरे आँचल का स्पर्श नहीं करता, दूसरों के घूँघट खोल देता है। मीरा कहती है कि हे प्रभु! हे साँवरे! रसिया बनकर तुम दूसरों को शीतल करते हो; कभी मेरी गली में आकर मुझे अपने प्रेम से सराबोर कर जाओ।

अँखयाँ तरशा दरसण प्यासी।
मग जोवा दिण बीताँ सजनी, णैण पड्या दूखरासी।
डारा बेठ्या कोयल बोल्या, बोल सुण्या री गासी।
कड़वा बोल लोक जग बोल्या, करस्याँ म्हारी हाँसी।
मीरा हरि रे हाथ बिकाणी, जणम जणम री दासी।

हरि-दर्शन के लिए मेरी आँखें तरस रही हैं। उन्हें देखे बिना ये आँखें प्यासी हैं। सजनी! उनकी राह देखते हुए पूरा दिन निकल जाता है; पीड़ा से आँखें थक जाती हैं। डाल पर बैठी कोयल की विरह भरी वाणी सुनकर मेरे मन की पीड़ा बढ़ने लगती है। मेरे प्रेम को देखकर संसार कटु वचन बोलते हुए मेरी हँसी उड़ाता है। भावुक मीरा कहती हैं कि उसने स्वयं को हरि के हाथों बेच दिया है। अब वह उनकी जन्म-जन्म की दासी है।

दूसरा न कोई।
अब तो मेरा राम नाम, दूसरा न कोई।
माता छोड़ी पिता छोड़े छोड़े सगा भाई।

साधु संग बैठ-बैठ लोक-लाज खोई।
संत देख दौड़ आई, जगत देख रोई।
प्रेम आँसु डाट डाट, अमर बेल बोई।
मारग में तारग मिले, संत राम दोई।
संत सदा शीश राखूँ, राम हृदय होई।
अन्त में से तन्त काढयो, पीछे रही सोई।
राणे भेज्या विष का प्याला, पीपत मस्त होई।
अब तो बात फैल गई, जानै सब कोई।
दास मीरा लाल गिरधर, होनी हो सो होई।

अब तो केवल राम मेरे हैं, दूसरा कोई नहीं है। मैंने माता-पिता को छोड़ दिया है, सगे भाई को भी त्याग दिया है। साधुजन की संगत में बैठकर मैंने लोक-लाज भी खो दी है। संतों को देखकर मेरे हृदय में आनंद और प्रसन्नता भर जाती है, उनकी संगत करने के लिए मैं दौड़ी आती हूँ; जबकि संसार से मेरा मन विरक्त हो गया है। प्रेमवश आँसू बहाते हुए मैं अमरबेल की भाँति उनसे लिपट जाती हूँ। अब सांसारिक मायाजाल से मैं मुक्त हो गई हूँ। मुझे भक्त अत्यंत प्रिय हैं, इसलिए मैं सदैव संतों के समक्ष अपना सिर झुकाती रहूँगी। हे राणाजी! तुमने जो विष का प्याला भेजा था, वह मेरे लिए अमृत के समान हो गया। उसे पीकर मैं मस्त हो गई हूँ। अब तो यह बात चारों ओर फैल चुकी है; हर कोई इसके बारे में जानता है कि मीरा पूरी तरह से गिरधर की हो चुकी है।

अब क्यों रे मूरख मोडो रे, बटाऊ (पंथी) वाट घणी दिन थोड़ो रे।
उगोरे सूरज पूरब, घर पुगो तो, दौड़ सके तो दौड़ो सके तो दौड़ो रे।
कर लो कि मित हिमत मति हारो, कर चिंता पिछे दौड़ो रे।
नगर पोहच्याँ निरभे होसी, बीच रमण को फोड़ो रे।
बाई मीरा रे प्रभु गिरधरनागर, मार्ग मिल्यो म्हाने नेडो रे॥

अनेक जन्मों के उपरांत जीव को मनुष्य-जन्म मिलता है। इस जन्म में अपना उद्धार करने के लिए जीव को ईश्वर-भक्ति में डूब जाना चाहिए। मीरा कहती हैं कि मूर्ख! विनाश का मार्ग छोड़कर मुक्ति का मार्ग पकड़। अब तेरे पास थोड़ा समय ही रह गया है। पूर्व दिशा की ओर से सूरज उगने के साथ-साथ ज्ञान का समावेश हो जाए तो ईश्वर-भक्ति की ओर दौड़ो। ईश्वर को प्राप्त करते समय हिम्मत मत हारो। हर प्रकार की चिंता छोड़कर ईश्वर-भक्ति

की ओर दौड़ो। ईश्वर के नगर अर्थात् ईश्वर की शरण में पहुँचकर जीव निर्भय हो जाएगा। इसलिए भोग-विलास को त्यागकर ईश्वर की ओर दौड़ो। मीरा कहती हैं कि हे प्रभु गिरधरनागर! मुझे मुक्ति का मार्ग मिल गया है। अब मैं इसी का अनुसरण करूँगी।

जोसीड़ा णे लाख बधाया आस्याँ म्हारो स्वाम।
म्हारे आणंद उमंग भर्यारी जीव लह्याँ दुखधाम।
पाँच संख्या मिल पीव रिझावाँ, आणंद ठामूँ ठाँम।
बिसरि जावाँ दुख निरखाँ पियारा सुफल मनोरथ काम।
मीरा रे दुख सागर स्वामी, भवण पधार्या स्वाम॥

मैं ज्योतिषी को लाखों-लाख बधाइयाँ देती हूँ कि उनकी भविष्यवाणी सच सिद्ध हुई। श्याम मेरे पास आ गए हैं, अब मेरे आनंद और उमंग की कोई सीमा नहीं रही। मैं सुखधाम में पहुँच गई हूँ। मेरे चारों ओर आनंद-ही-आनंद है। सखी! उन्हें देखते ही मेरे सारे दुःखों का नाश हो गया है; मेरी सभी इच्छाएँ और मनोरथ पूर्ण हो गए हैं। हे मीरा के सुखसागर स्वामी! मेरी खुशियों की कोई सीमा नहीं है। मेरे घर श्याम पधारे हैं।

मेहा बरसवो करे रे, आज तो रमियो मेरे घर रे।
नान्हीं-नान्हीं बूँद मेघ घन बरसे, सूखे सरवर भर रे।
बहुत दिना पै प्रितम पायो, बिछुरन को मोहि डर रे।
मीरा कहै अति नेह जुड़ायो, मैं लिया पुरबलो वर रे॥

भले ही वर्षा होती रहे, आज रमैया (कृष्ण) मेरे घर आए हैं। वर्षा की नन्ही-नन्ही बूँदें मेघों से घनघोर रूप में बरसकर सूखे तालाबों को भर रही हैं। बहुत दिनों के बाद वर्षा की इस मधुर बेला में मुझे मेरे प्रीतम मिले। अब केवल यही डर है कि कहीं बिछुड़कर वे आँखों से ओझल न हो जाएँ। मीरा कहती हैं कि वे उनसे बहुत प्रेम करती हैं और उन्हें अपना पूर्वजन्म का वर मानती हैं।

माधो बिना बसती उजार, मेरे भाँवे।
एक समै मोतिमन के धोके, हंसा चुगत जुवार।
सरवर छाँड तलैया बैठे, पंख लपट रही गार।
सरवर सूके तरवर कुम्हलाये, हंसा चले उड़ार।
मीरा रे प्रभु कबरे मिलोगे, लांबी भुजा पसार॥

हे माधव! आपके बिना मेरे हृदय की बस्ती उजाड़ है। एक बार मोती के भ्रम में हंस ने ज्वार चुग लिए थे। वह सरोवर छोड़कर तालाब में बैठ गया और उसके पंखों पर कीचड़ लग गया। अर्थात् जीव रूपी हंस सांसारिक मोह-माया में फँस गया। इस संसार रूपी तालाब में आकर उसके पंखों पर माया रूपी कीचड़ लग गया। हंस के उड़ जाने के बाद सरोवर सूख गए तथा वृक्ष कुम्हला गए। मीरा कहती हैं कि हे प्रभु! मैं मिलन की आस लगाकर बैठी हुई हूँ। आप कब मिलोगे? हे श्याम! अपनी भुजाएँ लंबी करके मुझे सांसारिक बंधनों से उबार लो।

मंदरिया में दीवड़ा विनानूँ अंधारुँ।
खलमल्यां देवल उभी रही थाँभली रे,
त्राटु नहिं झीले एनो भार रे।
हाथ माँ वाटकडी घरोघर घूमती रहे,
कोई द्यो तेल ओधारुँ।
उठि गयो वाणीयो ने पडी रही हाटडी रे,
जमड़ा करे छे धींगाणु।
बाई मीरा कहे प्रभु गिरधरनागर,
आवताँ जमडा ने पाछो वालुँ।

मनुष्य-शरीर के लिए मीरा मंदिर की उपमा देते हुए कहती हैं कि समय का चक्र निरंतर चलता रहता है। अब इस देह रूपी मंदिर भी ढहने वाला है; इसकी जर्जर दीवारें काँप रही हैं। इसके स्तंभ बलहीन हो गए हैं। नींव में भार सहने की शक्ति समाप्त हो गई है। इसमें दीपक जलाने के लिए मनुष्य तेल उधार माँग रहा है। परंतु बहुत विलंब हो चुका है। आत्मा रूपी वणिक ने अपनी दुकान बंद कर ली है। अब यमदूतों ने वहाँ आकर जमावड़ा कर लिया है। मीराबाई कही है कि हे प्रभु गिरधरनागर! अब केवल प्रभु-भक्ति से यमदूतों के जमवाड़े को हटाया जा सकता है।

आण मिल्यो अनुरागी गिरधर आण मिल्यो अनुरागी।
साँसों सोच अंग नहि अब तो तिस्ना दुबध्या: त्यागी।
मोर मुकुट पीतांबर सौहे, स्याम बरण बड़ भागी।

44 / मीरा पदावली

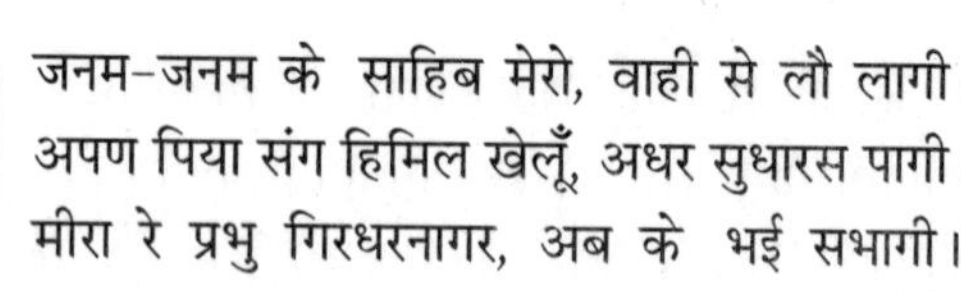

जनम-जनम के साहिब मेरो, वाही से लौ लागी।
अपण पिया संग हिमिल खेलूँ, अधर सुधारस पागी।
मीरा रे प्रभु गिरधरनागर, अब के भई सभागी॥

मेरा अनुरागी गिरधर मुझे मिल गया है। अब न तो मुझे कोई संदेह है और न ही किसी प्रकार की चिंता है; न तृष्णा है और न ही दुविधा सताती है। वे पीतांबर और मोर-मुकुट से सजे हुए हैं। ऐसे श्याम का वरण कर मैं बहुत सौभाग्यशाली हो गई हूँ। जन्म-जन्म से साहिब (श्रीकृष्ण) मेरे हैं और उसी से मेरी लगन लगी है। मैं अपने पिया के साथ खूब हिल-मिलकर खेलूँगी और उसके अधरों के सुधारस जी-भरकर पान करूँगी। मीरा के प्रभु गिरधरनागर हैं; अत: अब वह परम सौभाग्यवती हो गई है।

मीरा लागो रंग हरी औरन रंग अँटक परी।
चूडो म्हारे तिलक अरु माला, सील बरत सिंणगारो।
और सिंगार म्हारे दाय न आवे, यों गुर ग्यान हमारो।
कोई निन्दा कोई बिन्दो म्हें तो गुण गोविंद का गास्याँ।
जिण मारग म्हाँरा साथ पधारै, उस मारग भ्हे जास्याँ।
चोरी न करस्याँ जिव न सतास्याँ, कांई करसी म्हाँरो कोई।
गज से उतर के खर नहिं चढ़स्याँ, ये तो बात न होई॥

मीरा कहती हैं कि उनपर हरि का रंग चढ़ गया है, अब उस पर कोई दूसरा रंग नहीं चढ़ेगा। चूड़ियाँ मेरा तिलक और माला है, शीलव्रत मेरा श्रृंगार है। इसके अतिरिक्त कोई दूसरा श्रृंगार मुझे नहीं आता। मैं गुरु-ज्ञान का अनुसरण करती हूँ। चाहे कोई मेरी निंदा करे या प्रशंसा; मैं तो केवल गोविंद का गुणगान करूँगी। जिस मार्ग से साधु पधारेंगे, मैं भी उसी मार्ग पर चलूँगी। मैं कृष्ण से प्रेम करती हूँ, कोई चोरी तो नहीं करती; किसी जीव को नहीं सताती। फिर भला कोई मेरा क्या बिगाड़ सकता है? यदि कोई कहे कि कृष्ण को छोड़कर राजा को अपना सबकुछ मानो, तो यह कभी नहीं हो सकता। मैं हाथी से उतरकर गधे पर नहीं बैठ सकती।

कुण बाँचै पाती, बिना प्रभु कुण बाँचै पाती।
कागद ले ऊधौ आयो। कहाँ रह्या साथी।
आवत जावत पाँव घिस्यारे (बाला), अँखियाँ भाई राती।
कागद ले राधा बाँचण बैठी, भर आई छाती।

नैण नीरज में अंब बहे रे (बाला), गंगा बहि जाती।
पाना ज्यूँ पीली पड़ी रे (बाला), अन्न नहिं खाती।
हरि बिन जिवड़ो यूँ जलै रे (बाला), ज्यूँ दीपक संग बाती।
म्हने भरोसो राम को रे (बाला), डूबि तर्‌यो हाथी।
दास मीरा लाल गिरधर, साँकड़ारो साथी॥

कौन पत्र को पढ़ सकता है? बिना प्रभु के इस पत्र को कौन पढ़ेगा? उद्धव कागज तो ले आया है, लेकिन इसे लिखनेवाला उसका साथी (कृष्ण) कहाँ है? उनसे मिलने की इच्छा में आते-जाते पैर छिल गए हैं; उनमें छाले पड़ गए हैं तथा आँखों में लाली छा गई है। राधा हाथ में कागज लेकर पढ़ने बैठी तो विरह-वेदना के आवेग से उसका हृदय भर आया। आँखों से आँसू इस प्रकार बहने लगे मानो गंगा बह निकली हो। उसका रंग पीला पड़ गया तथा विरह से व्यथित होकर उसने अन्न खाना छोड़ दिया। हरि के बिना उसका हृदय इस प्रकार जल रहा है जैसे दीपक के साथ उसकी बाती जलती है। अब तो मुझे राम का ही भरोसा है, जिसने डूबते हुए हाथी का भी उद्धार कर दिया। मीरा कहती हैं कि हे गिरधरलाल! मैं तुम्हारे चरणों की दासी हूँ और तुम संकट में मेरे एकमात्र साथी हो।

काँई म्हारो जणम बारंबार।
पूरबला कोई पुन्न खटियाँ माणसा अवतार।
बढ्या छिण-छिण घट्या पल-पल, जात णा कछू बार।
बिरछराँ जो पात टूट्या, लाया णा फिर डार।
भे समुंद अपार देखाँ, अगम ओखी धार।
लाल गिरधर तरण तारण, बेग करस्यो पार।
दारी मीरा लाल गिरधर, जीवणा दिन च्यार॥

ऐसा जन्म बार-बार कहाँ मिलता है? पूर्वजन्म के किसी पुण्य के कारण ही जीव मनुष्य-योनि में जन्म लेता है। यह जन्म क्षण-क्षण बढ़ता और पल-पल घटता रहता है। इसके समाप्त होने में भी समय नहीं लगता। वृक्ष से जो पत्ता एक बार टूट जाता है, उसे पुनः डाली पर नहीं लगाया जा सकता। यह संसार भवसागर के समान अपार और विशाल है। उसकी धाराएँ आड़ी-तिरछी और कठिन हैं। हे गिरधरलाल! तुम ही भवसागर से उद्धार करनेवाले हो; सबकी नौका पार लगाते हो। मैं भी तुम्हारी शरण में हूँ। मेरा उद्धार करो। मीरा कहती

हैं कि हे गिरधरलाल! जीवन दो-चार दिन का होता है। मैंने इसे तुम्हारे चरणों में अर्पित कर दिया है। अब आप ही इसका उद्धार करें।

देखाँ माई हरि, मण काठ कियाँ।
आवण कह गयाँ अजाँ ण आया, कर म्हाणो कोल गयाँ।
खान-पान सुध-बुध सब बिसरयां, काइ म्हारो प्राण जियाँ।
थारो कोल विरुद्ध जग थारो, थे कांई बिसर गयाँ।
मीरा रे प्रभु गिरधरनागर, थें बिण फटा हियाँ॥

देखो माँ! हरि कितना कठोर है। उसने अपने मन को लकड़ी (काठ) का बना लिया है। हरि मुझसे आने को कह गए थे, किंतु वे अभी तक नहीं आए। यदि ऐसे ही तड़पाना था तो मुझे वचन क्यों दिया था? उसके वियोग में मैं खाना-पीना तथा अपनी सुधबुध खो बैठी हूँ। समझ नहीं आता, किस प्रकार अपने प्राण बचाऊँ? हे श्याम! वचन देकर तुम भूल गए। यह कार्य तुम्हारे आचरण के विरुद्ध है। मीरा कहती हैं कि हे प्रभु गिरधरनागर! तुम्हारे बिना मेरा हृदय फटा जा रहा है। अब मैं एक पल भी जीवित नहीं रह सकती।

धोयाँ न मैला होय, हरिजन धोबिया मन धोय।
मोह का फंदा काटा मूरण, ताटी सून की तोड़।
पांच पचीसाँ ने गारद करले, मंदर दिवला जोय।
सूरत साबून प्रीत जल से, कतिमयाँ शील संजोय।
ऐसी धोवट धोय धोबिया, फेर न मैला होय।
तन का पींजरा मन का सूआ, हिरदा में हरि गुण बोल।
मीरा रे प्रभु गिरधरनागर, जीवणा दिन दोय॥

यदि गुरु रूपी धोबी शिष्य रूपी मन को ज्ञान रूपी जल से धोए तो वह कदापि मैला नहीं हो सकता। गुरु का ज्ञान मोह में फँसे मूर्ख का फंदा इस प्रकार काट देता है जिस प्रकार सूनी की सींक टूट जाती है। हे प्रभु! मेरी पाँचों इंद्रियों ने पाँच से पच्चीस वर्ष तक का मेरा जीवन नष्ट कर दिया है, मुझे पापों के दलदल में डुबो दिया है। लेकिन ज्ञान रूपी दीपक से मन रूपी मंदिर में पाप के अंधकार को दूर किया जा सकता है। हरि के मुख रूपी साबुन और प्रेम रूपी जल से अपने मन की मैल धो डालो। इस बार इसे इस तरह से धोना कि यह फिर से मैला न हो। तन रूपी पिंजरे में बैठे मन रूपी तोते से बार-बार हरि-गुण

बोल। मीरा कहती है कि हे प्रभु गिरधरनागर! मैं केवल तुम्हारे लिए ही जीती हूँ; मेरे मन में तुम्हारे अतिरिक्त कोई और निवास नहीं कर सकता।

आवो सहेल्या रली करॉं हे, पर घर गावण निवारि।
झूठा माणिक मोतिया री, झूठी जगमग जोति।
झूठा सब आभूषण री, साँचि पियाजी री पोति।
झूठा पाट पटंबरारे, झूठा दिखणी चीर।
साँची पियाँजी री गूदड़ी, जामे निरमल रहे सरीर।
छप्प भोग बुहाई दे है, इन भोगिन में दाग।
लूण अलूणो ही भलो है, अपणो पियाजी को साग॥
देखि बिराणै निवाँण कूँ हे, क्यूँ उपजावै खीज।
कालर अपणो ही भलो है, जामें निपजै चीज।
छैल बिराणो लाख को हे अपणे काज न होइ।
ताके संग सीधारताँ हे, भला न कहसी कोइ।
वर हीणों आपणों भलो हे, कोढ़ी कुष्टि कोइ।
जाके संग साधारताँ है, भला कहै सब लोइ।
अबिनासी सूँ बालवाँ हे, जिनसूँ साँची प्रीत।
मीरा कूँ प्रभु मिल्या हे, ऐहि भगति की रीति॥

आओ सहेलियो, हम पराए घर आना-जाना छोड़कर खेलें-कूदें। आत्म-मंथन करें, जिससे जीवन-मृत्यु के चक्र से मुक्त हो सकें। ये माणिक-मोती (भोग-विलास) सब मिथ्या हैं। यह जगमग करती हुई ज्योति भी मिथ्या है। ये सारे आभूषण भी मिथ्या हैं। सच केवल पिया (श्रीकृष्ण) की प्रीति है। ये साड़ी और रेशमी वस्त्र भी मिथ्या हैं। सच है तो पिया की गूदड़ी है, जिसमें समा जाने के बाद शरीर निर्मल हो जाता है। छप्पन भोगों का परित्याग कर दो। इनके भोग से दाग लगता है। इससे तो पिया का नमक या बिना नमकवाला साग ही अच्छा है। दूसरे की घी लगी रोटी देकर खीजो मत। अपनी जमीन श्रेष्ठ है, जिससे कोई चीज तो बनाई जा सकती है। पराया छैल-छबीला चाहे लाखों का हो, लेकिन वह अपने किसी काम का नहीं है। उसका संग करने से कोई लाभ नहीं। कोई भी इसे भला नहीं कहता। अपना वर ही श्रेष्ठ है, चाहे फिर वह हीन, कोढ़ी या कुष्ठ रोगी ही क्यों न हो। उसके संग को सभी भला कहेंगे। मेरे बालम अविनाशी हैं, जिनसे

सच्ची प्रीत है। मीरा कहती है कि मुझे प्रभु मिल गए हैं। अब वे ही मेरे सर्वस्व हैं। उनके अतिरिक्त मेरे लिए सबकुछ मिथ्या है। यही भक्ति की रीत है।

अरी ऐरी ऊदाँ लागी का नाम न लेय।
जल से प्रीत करी मछली ने, बिछुरत प्राण तजे।
मृगाँ की प्रीति लगी नादाँ से, सनमुख सेल सहे।
दीपक से प्रीत लगी पतंग की, वार फेर जिय दे।
मीरा को प्रीति लगी है संतों से, गुरु चरणाँ चित्त दे॥

मीरा अपनी ननद से कहती हैं कि हे ऊदाँ, मुँह से प्रेम-प्रेम बोलने से कोई लाभ नहीं। प्रेम मन की गहराइयों से उत्पन्न होता है। मछली जल से प्रेम करती है और उससे बिछुड़ते ही प्राण त्याग देती है। मृग अपनी कस्तूरी से प्रेम करता है और उसे साथ लिये घूमता है। पतंगा का प्रेम दीपक से है। उसपर वह अपने प्राण न्योछावर कर देता है। इसी प्रकार मीरा को हरि के साथ प्रीति लग गई है। उसने अपना हृदय हरि-चरणों में अर्पित कर दिया है।

भुवण पति थे आज्याँ जी।
बिथा लगा तण जराँ जीवण, तपता बिरह बूझाज्याँ जी।
रोवत डोलताँ सब रैण बिहवाँ जी।
भूख गयां निदरा गयां पापी जीव णा जावाँ जी।
दुखिया णा सुखिया करो, म्हाणे दरसण दीज्याँ जी।
मीरा व्याकुल बिरहणी, अब बिलम णा कीज्याँ जी॥

मेरे भुवन पति देर मत करो मेरे पास आ जाओ। मेरे तन में विरह की अग्नि लग गई है, जिसमें मेरा जीवन जल रहा है। तुम इस अग्नि को बुझाने के लिए आ जाओ। मेरी सारी रात रोते-रोते और करवटें बदलते हुए निकल जाती है। मेरी भूख, नींद सब चली गई है, लेकिन पापी पुरुष मेरा साथ छोड़कर कहीं नहीं जाते। अधिक मत तड़पाओ, मुझे दुखिया को सुखी कर दो। मुझे दर्शन दो। मीरा कहती है कि वह व्याकुल विरहिणी हो गई है। अतः बिना विलंब किए मेरे पास आ जाओ।

म्हाँ सुण्याँ हरि उमध उधारण!
उधम उधारण भव भव तारण।

गज बूड़ताँ अरज सुण धावाँ, भगताँ कष्टा निमारण।
द्रुपद सुताणो चीर बढ़ायाँ, दुसासण मद मारण!
प्रहलाद पतरया राख्याँ, हरणाकुश णो उद्र विदारण।
थें रिख पतणी किरपा पायाँ, विप्र सुदामा विपदा विदारण।
मीरा रे प्रभु अरजी म्हारी, अब अबेर कुण कारण॥

मैंने सुना है कि हरि अधर्मियों के उद्धारक हैं; सभी कष्ट-क्लेश हरकर उनका उद्धार करते हो। संकट में फँसे गज की पुकार सुनकर आप दौड़े आए और उसके कष्टों का निवारण किया। आप भक्तों के कष्टों का नाश करते हो। चीर-हरण के समय आपने द्रौपदी की लाज बचाकर दु:शासन के अहंकार को खंडित कर दिया। आपने प्रह्लाद की प्रतिज्ञा का मान रख हिरण्यकशिपु का उदर चीर दिया। आपकी कृपा से ही अहल्या का उद्धार हुआ; आपकी कृपा पाकर ही सुदामा की दरिद्रता सदा-सदा के लिए समाप्त हो गई मीरा कहती हैं कि हे प्रभु! मेरी विनती सुन लो; अब बिना विलंब किए मेरा भी उद्धार कर दो।

थें मत बजराँ माइड़ी, साँध दरसण जावाँ।
स्याम रूप हिरदाँ बसाँ, म्हारे ओर न भावाँ।
सब सोवाँ सुख नींदड़ी म्हारे नैण जगावाँ।
ग्याण नसाँ जग बावरा ज्याकुं स्याम णा भावाँ।
मा हिरदाँ बस्याँ सांबरो म्हारे णींद न आवाँ।
चौमास्यां री बावड़ी, ज्याँ कूँ नीर णा पीवाँ।
हरि निर्झर असत झर्‌या म्हारी प्यास बुझावाँ।
रूप सुरंगा साँवरो, मुख निरखण जाँवा।
मीरा व्याकुल विरहणी, अपनी कर ल्यावाँ॥

माता! मुझे रोको मत, मैं साधुओं के दर्शन करने जाती हूँ। मेरे हृदय में श्याम बसे हुए हैं, उनके अतिरिक्त मुझे कुछ अच्छा नहीं लगता। सब लोग सुख की नींद सोते हैं, लेकिन मेरी आँखें निरंतर जागी रहती हैं। जिसे श्याम पसंद नहीं है, वह संसार ज्ञान-विहीन और बावला है। मेरे हृदय में श्याम बस गया है। उसके अतिरिक्त मुझे कुछ याद नहीं। मेरी आँखों की नींद भी खो गई है। मुझे ऐसी बावड़ी से पानी पीने का शौक नहीं है जो वर्षा ऋतु (चौमासे) में बनती है। मेरी प्यास केवल हरि रूपी निर्झर से निकलनेवाले अमृत से बुझती है। हरि के साँवरे-सलोने स्वरूप को देखकर असीम सुख मिलता है। विरह से

व्याकुल मीरा कहती है कि हे प्रभु! मुझे सदा के लिए अपनी बना लो।

माई म्हाँ गोविंद गुण गाणा।
राजा रूठयाँ नगरी त्याँगा, हरि रूठयाँ कहूँ जाणा।
राणै भेज्या विषरो प्याला चरणामृत पी जाणा।
काला नाग पिटार्‌याँ भेज्याँ, सालगराम पिछाणा।
मीरा सो अब प्रेम दिवाँणी, साँवलिया वर पाणा॥

माँ! मैं गोविंद के गुणों का गान करूँगी। यदि राजा रूठता है तो मैं उसकी नगरी त्यागकर कहीं और चली जाऊँगी। लेकिन यदि हरि रूठ गए तो मैं कहाँ जाऊँगी? क्योंकि संपूर्ण ब्रह्मांड हरि की नगरी है। राणा विष का प्याला भेजेगा तो मैं उसे चरणामृत समझकर पी जाऊँगी। काले नाग की पिटारी भेजेगा तो मैं उसे शालिग्राम समझ कर ग्रहण करूँगी। संसार से विरक्त होकर मीरा हरि के प्रेम की दीवानी बन गई है। हरि ही उसके लिए सबकुछ हैं। उसे हरि को ही वर-रूप में प्राप्त करना है।

म्हारी मण साँवरो णाम रट्यारी।
साँवरो णाम जपा जग प्राणी, कोट्याँ पाप कट्यारी।
जनम जनम री खताँ पुराणी, णाम स्याम मट्यारी।
कणक कटोराँ इम्रत भर्‌याँ, पीवण कण नट्यारी।
मीरा रे प्रभु हरि अबिनासी, तण-तण स्याम पट्यारी।

मेरा मन सदा सँवारे के नाम को रट्ता है। हे जगत् के प्राणियो! साँवरे के नाम का जाप करो। इससे तुम्हारे करोड़ों पापों का भी नाश हो जाएगा। श्याम के नाम का जाप करने से जन्म-जन्म के अपराधों का भी शमन हो जाता है। श्याम-नाम ऐसा प्रतीत होता है मानो सोने की कटोरी में अमृत भरा हुआ हो। इसे पीने से तुम्हें कोई नहीं रोक सकता। मीरा कहती है कि हे प्रभु अविनाशी हरि! तुम मेरे तन-मन में समाए हुए हो। हम दोनों एकाकार हो गए हैं।

मेंरे बेड़ो लगाज्यो पार प्रभु जी मैं अरज करूँ छै।
या भव में मैं बहु दुख पायो, संसा सोग निवार।
अष्ट करम की तलब लगी है, दूर करो दुख भार।
यो संसार सब बह्यो जात है, लख चौरासी री धार।
मीरा रे प्रभु गिरधरनागर, आवागमन निवार॥

हे प्रभु! मैं आपसे विनती करती हूँ, मेरे बेड़े को पार लगा दो। अर्थात् मेरा उद्धार करो। इस संसार रूपी भवसागर में मैंने अनेक दुःख भोगे हैं। मेरा हृदय सदा शोक और शंकाओं से घिरा रहता है। संसार में रहकर मैं सांसारिक कर्मों में ही उलझी रहूँगी। मोह-माया के बंधन मुझे बुरी तरह से जकड़ लेंगे। अब केवल तुम ही मेरे दुःखों के भार को कम कर सकते हो। यह संसार चौरासी लाख योनियों की धाराओं में बहता है, जिसमें फँसकर जीव बार-बार जन्म लेता है। मीरा कहती हैं, हे प्रभु गिरधरनागर! मुझ पर कृपा करो। मैं तुम्हारी शरण में हूँ। इस संसार में आवागमन के चक्र से मेरा उद्धार करो।

मैं तो राजी भई मेरे मन में, मोहिपिया मिले इक छिन में।
पिया मिल्या मोहि किरपा कीन्ही, दीदार दिखाया हरि ने।
सतगुरु सबद लखाया अंसरी, ध्यान लगाया धुन में।
मीरा रे प्रभु गिरधरनागर, मगन भई मेरे मन में॥

उस समय मैं बहुत प्रसन्न हो गई, जिस पल मुझे मेरे पिया मिले। प्रियतम ने मिलकर मुझपर कृपा की और मुझे हरि-दर्शन का सौभाग्य प्रदान किया। सतगुरु ने उस शब्द को सुनाया जिससे सृष्टि की उत्पत्ति हुई। अब मेरा ध्यान उस शब्द-ध्वनि से जुड़ गया है। मीरा कहती हैं कि हे प्रभु गिरधरनागर! मुझे किसी प्रकार का कोई भय नहीं रहा। मेरा मन हरि में मग्न हो गया है।

री मरे पार निकस गया, सतगुरु मार्‌या तीर।
विरह-भाल लागी उर-अंतरि, व्याकुल भया शरीर।
इत-उतर चित चलै नहिं कबहूँ, डारी प्रेम-जंजीर।
कै जाणै मेरो प्रीतम प्यारो, और न जाणै पीर।
कहा करूँ मेरे बंस नहिं सजनी, नैण झरत दोउ नीर।
मीरा कहै प्रभु तुम मिलियाँ बिन, प्राण धरत नहिं धीर॥
अपणे करम का वो है दोष, काकू दीजै रे ऊधो।
सुणियों मेरी बगड़ पड़ोसण, गेले चलत लागी चोट।
पहली ज्ञान मानहिं कीन्हौं, मैं ममता की बाँधी पोट।
मैं जाण्यूं हरि नाहिं तजंगें, करम लिख्यौ भलि पोच।
मीरा रे प्रभु हरि अविनासी, परो निवारोनी सोच॥

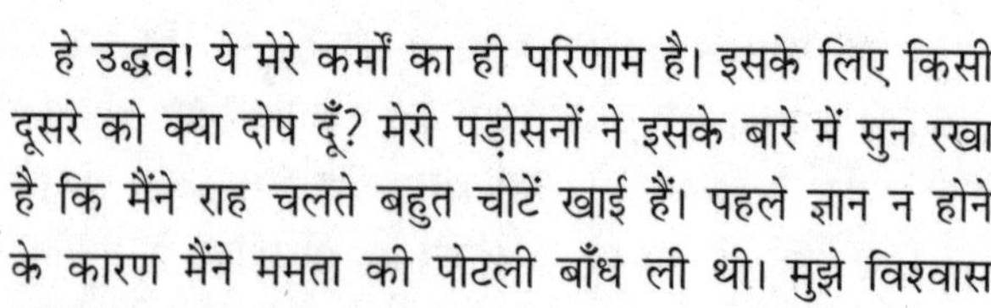

हे उद्धव! ये मेरे कर्मों का ही परिणाम है। इसके लिए किसी दूसरे को क्या दोष दूँ? मेरी पड़ोसनों ने इसके बारे में सुन रखा है कि मैंने राह चलते बहुत चोटें खाई हैं। पहले ज्ञान न होने के कारण मैंने ममता की पोटली बाँध ली थी। मुझे विश्वास था कि हरि मेरा परित्याग कभी नहीं करेंगे। लेकिन मेरे भाग्य में बुरा कर्म ही लिखा हुआ है, जिसके कारण हरि ने मुझसे आँखें फेर लीं। मीरा के प्रभु! हे अविनाशी! दर्शन देकर मेरी चिंताओं का निवारण करो।

अब मीरा मान लीजी म्हारी, हो जी थाने संखियाँ बाजे सारी।
राणा बरजे, राणी बरजे, बरजे सब परिवारी।
कुँवर पाटवी सो भी बरजे, और सहेल्याँ सारी।
सीसफूल सिर ऊपर सोहै, बिंदली शोभा भारी।
साधन के ढिंग बैठ-बैठ कै लाज गमाई सारी।
नित प्रति उठि नीच के घर जाओ, कुल को लगाओ गारी।
बड़ा घरां की छोरूँ कहावो, नाचो दे दे तारी।
वर पायो हिंदुवाणे सूरज, इक दिल में काई धारी।
तार्यो पीहर, सासरों तार्यो माय मोसाली तारी।
मीरा ने सद्गुरु मिलिया जी, चरण कमल बलिहारी॥

मीरा स्वयं को कोसती हुई कहती हैं कि अरी मीरा! सखियों ने तुझे कितना रोका; कितनी बार उन्होंने कहा कि हमारी बात मान ले, इस उम्र में वैरागी नहीं होना चाहिए। राजा, रानी और सारे परिवार ने भी तुझे समझाने की बहुत कोशिश की। कुँवर भोजराज और सहेलियों ने भी रोका। तुम्हारे सिर पर शीशफूल और माथे पर बिंदिया सुशोभित हैं। लेकिन साधुओं की संगत में बैठकर तूने सारी लाज गँवा दी है। प्रतिदिन छोटे लोगों के घर जाकर तुमने कुल को कलंक लगाया है। तुमने ऐसा वर पाया है, जो हिंदुओं में सूर्य की भाँति है। फिर भी दिल में न जाने तुमने क्या ठान रखा है? जिस प्रकार पीहर, ससुराल और माँ का तुमने उद्धार किया है, उसी प्रकार हे कृष्ण, मेरा उद्धार कब करो? मीरा कहती हैं कि मुझे सतगुरु मिल गया है। अब हरि के अतिरिक्त मुझे किसी और की आवश्यकता नहीं है। मैं उनके चरण-कमलों पर बलिहारी हूँ।

साजण म्हारे घरि आया हो।
जुगाँ जुगाँ री जोवताँ, बिरहणि पिव पाया, हो।

रतन करा नेवछावराँ, ले औरत साजाँ हो।
प्रीतम दिया सनसेड़ा, म्यारो धणोबाजा हो।
पिय आया म्हारे साँवरा, अँ आणंद साजाँ हो।
हरि सागर सूँ नेहरो, नैणाँ बंध्या सनेह, हो।
मीरां रे सुख सागराँ, म्हारे सीस बिराजाँ, हो॥

हे सखी! मेरा साजन मेरे घर आया है। युगों-युगों से मैं उसकी प्रतीक्षा कर रही थी। आज विरह से तड़पती विरहिणी ने अपने प्रियतम को पा लिया है। मैंने उनपर अपने रत्न न्योछावर कर दिए और उनकी आरती उतारकर सज गई। प्रीतम ने प्रेम-संदेश दिया है; वह मुझपर बलिहारी है। मेरे प्रियतम! मेरे साँवरे! तुम्हारे आने से मेरे घर-आंगन में आनंद-सा छा गया है। सखी! मेरा हरि स्नेह का सागर है। उनके प्रेम को देखकर मेरी आँखें बँध गई हैं अर्थात् मैं भावविभोर होकर एकटक उन्हें देख रही हूँ। मीरा कहती हैं कि हे मेरे सुखसागर! मैं तुम्हारे चरण-कमलों की दासी हूँ और तुम मेरे शीश पर विराजमान हो।

सखि म्हाँरो सामरियाणे कराँरी।
साँवरो उमरण, साँवरो सुमरण, साँवरो ध्याण धराँ री।
ज्याँ-ज्याँ चरण धरणाँ धरती धर, त्याँ त्याँ निरत करारी।
मीरा रे प्रभु गिरधरनागर, कुजाँ गैर फिररी॥

हे सखी! मैं हरि-प्रीत में इतनी डूब चुकी हूँ कि सदैव अपने साँवरिए का चिंतन करती हूँ; मैं उसका सुमिरन करती हूँ; मैं उसका ध्यान करती हूँ। धरती पर जहाँ-जहाँ मेरे प्रियतम के चरण पड़े हैं, मैं मगन होकर वहाँ-वहाँ नृत्य करती हूँ। मीरा कहती हैं कि हे प्रभु गिरधरनागर! मैं तुम्हारे साथ कुंज-कुंज में भ्रमण करती हूँ।

सखी म्हारी नींद नसानी हो।
पिय रो पंथ निहारत सब रैण बिहानी हो।
सखियन सब मिल सीख दयाँ मन एक न मानी हो।
बिन देख्याँ कल न पड़ाँ मन रोस णा ठाणी हो।
अंग खीण व्याकुल भयाँ मुख पिय पिय बाणी हो।
अन्तर वेदन विरह रही म्हारी पीड़ णा जाणी हो।

ज्यूं चातक घड़कूँ रट, मछरी ज्यूँ पाणी हो।
मीरा व्याकुल बिरहणी, सुध-बुध विसराणी हो॥

हे सखी! मेरी नींद पूरी तरह से नष्ट हो चुकी है। अब तो सारी रात प्रियतम की राह देखते-देखते ही कट जाती है। सखियों ने मुझे अनेक प्रकार से समझाया, लेकिन मेरे मन ने उनकी एक न मानी। प्रियतम को देखे बिना मुझे एक पल के लिए भी चैन नहीं मिलता। भले ही वे दर्शन न दें, लेकिन मेरे मन ने ठान लिया है कि वह उनसे कभी नाराज नहीं होगा। तुम्हारे वियोग में मेरा अंग-अंग शिथिल पड़ गया है, मुख पर व्याकुलता छा गई है तथा मेरा अंतर्मन निरंतर 'पिया-पिया' का उच्चारण करते हुए प्रियतम को पुकार रहा है। मेरे अंतर्मन में विरह-वेदना छिपी हुई है, जिसे कोई जान नहीं पाता। जिस प्रकार वर्षा की बूँदों की प्रतीक्षा करता हुआ चातक मेघों की रट लगाता है; जिस प्रकार मछली पानी के बिना नहीं रह सकती, उसी प्रकार श्याम के बिना मीरा विरह-वेदना से पीड़ित होकर व्याकुल विरहिणी बन गई और तड़पते हुए मोहन को पुकार रही है।

कोई दिन याद करो रमता राम अतीत!
आसरण माड़ अडिग होय बैठा, याही भजन की रीति।
मैं तो जाणूँ संग चलेगा; छाँड़ि गया अधबीच।
आत न दीसे जात न दीसे, जोगी किसका मीत।
मीरा कहै प्रभु गिरधर नागर, चरणन आवे चीत॥

संसार से निर्लिप्त राम! किसी दिन मुझे भी याद करो। तुम आसन मारकर अडिग बैठ गए हो, क्या यही भजन की रीति है? कभी तो अपने दर्शन देकर मुझे धन्य करो। मैं इतना ही जानती थी कि तुम मेरे साथ-साथ चलोगे। किंतु तुम मुझे बीच मझधार में ही छोड़ गए। योगी के लिए सही कहा जाता है कि वह जाति-पाँति नहीं देखता, वह किसी का मीत नहीं होता। मीरा कहती हैं कि हे गिरधरनागर! तुम चाहे जितना भी मुझे तड़पाओ, मेरा हृदय सदा तुम्हारे चरणों में लगा रहेगा।

सतबादी हरिचड्डदा राजा, डोम घर णीराँ भराँ।
पाँच पांडु री राणी द्रुपता, हाड़ हिमालाँ गराँ।
जाग कियाँ बलि लेण इन्द्रासन, जाँयाँ पाताल कराँ।
मीरा रे प्रभु गिरधरनागर, बिखरू अभ्रित कराँ॥

भाग्य के लिखे को कभी मिटाया नहीं जा सकता। इसके कारण राजा हरिश्चंद्र को एक डोम के घर पानी भरने का कार्य करना पड़ा। पाँचों पांडवों और द्रौपदी को हिमालय में जाकर अपना शरीर गलाना पड़ा। बलि ने स्वर्ग पर अधिकार करने के लिए यज्ञ किया, लेकिन उसे पाताल जाना पड़ गया। मीरा के प्रभु गिरधरनागर हैं। उनकी इच्छा से विष भी अमृत बन जाता है।

कमल दल लोचणा थें नाथ्याँ, काल भुजंग।
कालिन्दी दह नाग नाथ्याँ, काल कणकण निर्त करत।
कूदाँ जल अन्तर णाँ, डर्यौ थे एक बाहू अणन्त।
मीरा रे प्रभु गिरधरनागर, ब्रजबणितांरो कंत॥

कमल-दल के समान नेत्रों वाले श्रीकृष्ण ने काले भुजंग (कालिय नाग) को बाँध लिया था। कालिय नाग को बाँधकर तुमने उसके फनों पर नृत्य किया था। तुम बिलकुल निडर होकर जल में कूदे थे। यद्यपि तुम एक बाहुवाले लगते हो, तथापि तुम्हारी अनंत भुजाएँ हैं। मीरा के प्रभु गिरधरनागर हैं; तुम ब्रज की गोपियों के सर्वस्व हो।

किण संग होली खेलूं, पिया तज गये हैं अकेली।
माणिक मोती सब हम छोड़े, गल में पहनी सेली।
भोजन भवन भलो नाहिं लागै, पिया कारण भई गेली।
मुझे दूरी क्यूँ म्हेली।
अब तुम प्रीत अवरू सूँ जोड़ी, हमसे करी क्यूँ पहेली।
बहू दिन बीते अजहू न आए, लग रही तालाबेली।
किरण बिलमाए हेली।
स्याम बिना जियड़ो मुरझावे, जैसे जल बिन बेली।
मीरा कूँ प्रभु दरसण दीज्यो, जनम जनम की चेली।
दरस बिन खड़ी दुहेली।

मेरे पिया (श्रीकृष्ण) मुझे छोड़ गए हैं, अब मैं किसके साथ होली खेलूँ? माणिक-मोती इत्यादि सभी रत्नाभूषण त्यागकर मैंने गले में केवल एक माला पहन ली है। पिया-विरह के कारण मैं पागल-सी हो गई हूँ। अब मुझे भोजन-भवन आदि कुछ भी प्रिय नहीं लगता। शायद अब तुमने किसी और के साथ प्रीति की डोरी जोड़ ली है। यदि ऐसा करना था तो मेरे साथ प्रेम क्यों किया? बहुत दिन बीत

गए हैं, किंतु तुम नहीं आए। तुम्हारी यह निष्ठुरता असहनीय है। मेरे हृदय का चैन छीन गया है। हे सखी! तुम ही बताओ, उन्होंने मुझे क्यों भुला दिया है? जिस प्रकार जल के बिना बेल मुरझा जाती है, उसी प्रकार श्याम के बिना मेरा हृदय मुरझा गया है। हे मीरा के प्रभु! दर्शन दो। मैं तुम्हारी जन्म-जन्म की दासी हूँ। तुम्हारे बिना बहुत दुःखी और व्याकुल हो रही हूँ।

दरस बिन दूखण जाने नैन।
अब के तुम बिछुरे प्रभुजी, कबहूँ न पायो चैन।
सबद सुणत मेरी छतियाँ काँपै, मीठे-मीठे बैन।
बिरह-बिथा कासूँ कहूँ सजनी, बह गई करवत अैन।
कल न परत पल हरि मग जोवत, भई छमासी रैण।
मीरा रे प्रभु कब रें मिलोगे, दुख मेटण सुख दैण॥

हे प्रभु! तुम्हारे दर्शन के बिना मेरे नयन दुखने लगे हैं। प्रभु, जब से तुम मुझे छोड़कर गए हो, तब से एक पल के लिए भी चैन नहीं मिला। आहट होते ही मेरी छातियाँ काँपने लगती हैं तथा तुम्हारे मीठे-मीठे शब्द कानों में गूँजने लगते हैं। सखी, मैं अपनी विरह-व्यथा किससे जाकर कहूँ? मेरी सारी आशाएँ पानी के समान बह गई हैं। हरि की राह देखते-देखते मेरे हृदय को एक पल के लिए भी चैन नहीं मिलता। उनके वियोग में एक-एक रात छह-छह महीने के समान व्यतीत होती है। मीरा कहती है कि हैं प्रभु! तुम मुझसे कब मिलोगे? कब मेरे दुःखों का नाश करके मुझे सुख प्रदान करोगे?

धूतारा जोगी एकरसूँ हँसि बोल।
जगत बदीत करी मनमोहन, कहा बजावत ढोल।
अंग भभूति गले मृगछाला, तू जन गुढ़िया खोल।
सदन सरोज बदन की सोभा, ऊभी जोऊँ कपोल।
सेली नाद बभ्भूत न बटवो, अजूँ मुनी मुख खोल।
चढ़ती बैस नैण अणियालू, तूँ घरि-घरि मत डोल।
मीरा रे प्रभु हरि अबिनासी, चेरी भई बिन मोल॥

हे जोगी! तुम बड़े छलिया हो। एक बार तो मेरे साथ हँसकर बोलो। मेरे मनमोहन! सारा संसार मेरी प्रीत के बारे में जानता है। मैंने स्वयं ढोल बजाकर इस बात को प्रचारित किया है। मैंने अपने अंगों पर भभूत लगाकर गले मृगछाला

ओढ़ ली है। तुम मेरी भक्ति का भेद सबको बता दो। तुम्हारे तन की शोभा खिले हुए कमल की भाँति है, जिसे मैं निरंतर निहारती रहती हूँ। चाहे मेरे गले में सेली माला न हो, नाद न हो, अंगों पर भभूत न हो; किंतु तुम मेरी भक्ति की गहराई जानते हो। इसलिए मुख खोलो और मुझसे हँसकर बात करो। तुम्हारी चढ़ती उम्र है, नयनों में सम्मोहित करने की शक्ति है; तुम घर-घर जाकर मत घूमा करो। मीरा कहती हैं कि हे प्रभु अविनाशी हरि! मैं तुम्हारी बिना मोल की दासी हूँ। मुझसे हँसकर बोलो।

निपट बेंकट छब अटके।

म्हारे णेणा निपट बंकट छब अँटके।
देख्याँ रूप मदन मोहन री, पियत पियूख न मटके।
बारिज भवाँ अलक मँतवारी, णैण रूप रस अँटके।
टेढ्याँ कट टेढ़े करि मुरली, टेढ्याँ पाग लर लटके।
मीरा रे प्रभु रे रूप लुभाणी, गिरधरनागर नट के॥

श्याम की मोहित कर देनेवाली बाँकी छवि मेरे नयनों में बस गई है। मदनमोहन का रूप देखकर ऐसा प्रतीत होने लगा मानो अमृत का कलश मिल गया होए जिसे पीकर भी मेरा मन नहीं भरता। उनकी भवें कमल के समान तथा लहराती लटें मतवाली हैं। उनका रूप-रस आँखों में अटक गया है। उनकी कमर बल खाई हुई है तथा हाथों में मुरली सुशोभित है। उनकी तिरछी पगड़ी की लड़ी लटक रही है। मीरा कहती हैं कि हे प्रभु! हे गिरधर! हे नटवर! तुम्हारा स्वरूप अत्यंत लुभावना है, जिसकी जन्म-जन्म से मैं दीवानी हूँ।

करणाँ सुणि स्याम मेरी।
मैं तो होई रही चोरी तेरी।
दरसण कारण भाई बावरी बिरह बिथा तन घेरी।
तेरे कारण जोगण हूँगी नग्र बिच फेरी।
कुंज सब हेरी-हेरी।
अंग भभूत गले म्रिध छाला, यो तन भसम करूँ री।
अजहूँ न मिल्या, राम अबिनासी, बन-बन विच फिरूँ री।
रोऊँ नित टेरी-टेरी।
जन मीरा कूँ गिरधर मिलिया, दुख मेटण सुख भेरी।

रूम रूम साता भई उर में, मिटि गई फेरा फेरी।
रहूँ चरननि तरि चेरी।

हे श्याम! मेरी करुण पुकार सुनो। मैं जन्म-जन्म से तुम्हारी दासी हूँ। तुम्हारे दर्शन के लिए मैं पागल हो गई हूँ। विरह-वेदना ने मेरे तन को घेर लिया है। तुम्हारे कारण ही मैं जोगन बनकर नगर-नगर भटक रही हूँ। सभी कुंजों में तुम्हें खोज रही हूँ। अंगों में भस्म (भभूत) मलकर मृगछाला डाल ली है। इस प्रकार मैं इस तन को भस्म कर रही हूँ। आज भी मुझे अविनाशी राम नहीं मिला। मैं वन-वन भटकती हुई उसे ढूँढ़ रही हूँ और टेर-टेर रो रही हूँ। जब से मीरा को गिरधर मिला, तब से उसके सभी दुःखों का नाश हो गया। उसका रोम-रोम और हृदय शांत हो गए हैं। मैं जीवन-मरण के मायाजाल से सदा के लिए मुक्त हो गई हूँ। अब मैं दासी बनकर तुम्हारे चरणों में रहूँगी।

आवो मनमोहना जी मीठो थारो बोल।
बालपनाँ की प्रीत रमइयाजी, कदे नाहिं आयो थारो तोल।
दरसण बिन मोहि जक न परत है; चित्त मेरा डावाँडोल।
मीरा कहे मैं भई बावरी, कहो तो बजाऊँ ढोल॥

आओ मनमोहन, मेरे पास आओ। तुम्हारे बोल बहुत मीठे हैं। रमैयाजी! मेरा-तुम्हारा प्रेम बाल्यकाल से है, लेकिन तुमने कभी इसकी कद्र नहीं की। तुम्हारे दर्शन किए बिना मुझे बिलकुल चैन नहीं मिलेगा; मन हमेशा डाँवाँडोल रहता है। मीरा कहती है कि मैं तुम्हारे प्रेम में पागल हो गई हूँ। क्या तुम चाहते हो कि मैं अपनी इस दशा का ढिंढोरा पीटूँ?

कुबज्या ने जादू डारा री, जिन मोहै स्याम हमारा।
झरमर झरमर मेहा बरसे, झुक आए बादल कारा।
निरमल जल जमुना को छाँड़ो, जाय पिया जल खारा।
सीतल छाँय कदम की छोड़ी, धूप सहा अति भारा।
मीरा रे प्रभु गिरधरनागर, वाही प्राण पियारा॥

कुब्जा ने अपने जादू से मेरे श्याम को मोहित कर लिया है। झर-झर करते हुए वर्षा बरस रही है, आसमान में काले बादल घिर आए हैं। लेकिन वे (श्याम) यमुना का मीठा जल छोड़कर खारा जल पीने चले गए हैं; कदंब की

शीतल छाया छोड़कर अत्यंत तेज धूप सह रहे हैं। मीरा के प्रभु गिरधरनागर हैं। वे ही मेरे प्राणों को प्रिय हैं।

आवाँ मन मोहणा जी जोवाँ थारी बाट।
खाण-पाण म्हारे नेक न भावाँ, नैणा खुला कपाट।
थे आय बिण सुख णा म्हारी हियड़ो घणो उचाट।
मीरा थे बिण भई बावरी, छाँड्या णा णिरवाट॥

आओ मनमोहन! मैं तुम्हारी राह ही देख रही थी। तुम्हें देखने की आस में मुझे खाना-पीना भी अच्छा नहीं लगता। तुम्हारे इंतजार में मेरे नयनों के कपाट सदा खुले रहते हैं। तुम्हारे आए बिना मुझे सुख नहीं मिल सकता। तुम्हारे बिना मेरा हृदय बहुत उचाट हो रहा है। मीरा तुम्हारे लिए पगली हो गई है। मुझे इस प्रकार निराधार मत छोड़ो। दर्शन देकर मेरी व्याकुलता दूर करो।

ओल्यूँ थारी आवे हो मिलवा की साजनिया।
बिछुर न दूँगी पाय पलक में राखूँ, हथमनिया।
आप महारज को बिरद लजेलो, सुणजो साजनिया।
याद करूं जब वेग पधारो, राखूँ पावनिया।
किरपा कीजो, दर्शन दीजो, शरणे काजनिया।
भरयाँ समंद में वही जात हूँ, कोई न राखनिया।
मीरा रे प्रभु हित कर लीजो, गिरधर से धनिया॥

हे साजन! तुमसे मिलने के लिए मैं तड़प रही हूँ। मेरा तन-मन तुमसे मिलने को बेचैन है। यदि एक बार तुम मिल गए तो फिर मैं तुम्हें कहीं जाने नहीं दूँगी; तुम्हें अपनी पलकों पर रखूँगी। हे प्रियतम! मुझ पर कृपा करो। प्रभु, दर्शन दो, मुझे अपनी शरण में ले लो। मीरा कहती हैं कि हे प्रभु! मैं आपसे मिलने के लिए तड़प रही हूँ। जिस प्रकार कोई बहुमूल्य वस्तु के मिलने पर मनुष्य उसे छिपा लेता है, उसी प्रकार मैं आपको अपने हृदय में छिपा लूँगी।

आली म्हाणो लागाँ बृंदावण नीकां।
घर-घर तुलसी ठाकर पूँजा, दरसण गोविंद जी काँ।
निरमल नीर बह्या जमणाँ माँ, भोजण दूध दही काँ।
रतण सिंघासण आप बिराज्याँ, मुगट धर्या तुलसी काँ।
कुंजन-कुंजन फिर्या साँवरा, सबद सुण्या मुरली कौ।
मीरा रे प्रभु गिरधरनागर, भजण बिणा नर फींका॥

हे सखी! वृंदावन की सुंदरता मेरे मन को बहुत अच्छी लगती है। वहाँ के घर-घर में तुलसी से ठाकुर (कृष्ण) की पूजा होती है तथा कण-कण में गोविंद के दर्शन होते हैं। वहाँ यमुनाजी का जल बड़ा ही निर्मल है तथा भोजन में दूध-दही का प्रयोग होता है। सिर पर तुलसी का मुकुट रखकर कृष्ण रत्न के सिंहासन पर विराजते हैं। साँवरा वहाँ के कुंज-कुंज में विचरता है और उसकी मुरली का स्वर गूँजता है। मीरा कहती हैं कि हे प्रभु गिरधरनागर! बिना भजन के नर का जीवन निरर्थक (फीका) है।

अच्छे मीठे चाख-चाख, बेर लाई भीलणी।
ऐसा कहा अचारवती, रूप नहीं एक रती।
नीचे कुल ओछी जात, अति ही कुचीलणी।
जूठे फल लीन्हें राम, प्रेम की प्रतीत जाण,
ऊंच-नीच जाने नहीं, रस की रसीलणी।
ऐसी कहा वेद पढ़ी, छिन में बिमाण चढ़ी,
हरि जूँ सूँ बाँध्यो हेत बैकुंठ में झूलणी।
दासी मीरा तरै सोई ऐसी प्रीति करे जोइ,
पतित-पावन प्रभु गोकुल अहीरणी॥

भीलनी (शबरी) चख-चखकर मीठे बेर लाई थी। वह आचारवती नहीं थी और न ही उसमें रूप-सौंदर्य था। वह नीच और ओछे कुल में पैदा हुई थी, मैले-कुचैले वस्त्र धारण करती थी। लेकिन राम ने उसके प्रेम को जानकर उसके जूठे बेर खाए। उनकी दृष्टि में आचार-विचार की अपेक्षा प्रेम का अधिक महत्त्व था। रस की रसिकता में ऊँच-नीच का भेद समाप्त हो जाता है। उस भीलनी ने वेद कहाँ पढ़े थे, जो पल भर में वह विमान पर चढ़ गई? उसने स्वयं को हरि के प्रेम में इस प्रकार बाँध लिया था कि मृत्यु के बाद उसे वैकुंठ धाम प्राप्त हुआ। हरि की दासी मीरा कहती हैं कि जो प्रभु से प्रेम करता है, वह इसी प्रकार भवसागर से तर जाता है। हे प्रभु! तुम पतितों को भी पावन करनेवाले हो और मैं तुम्हारे गोकुल की अहीरन हूँ।

अब तो हरि नाम लौ लागी।
सब जग को यह माखनचोर, नाम धर्‍यो बैरागी।
कहँ छोड़ी वह मोहन मुरली, कहँ छोड़ि सब गोली।

मूंड मुंडाई डोरी कहँ बाँधी, माथे मोहन टोपी।
मातु जसुमति माखन कारन, बांध्यो जाको पाँव।
स्याम किशोर भए नव गोरा, चैतन्य ताँको नाँव।
पीतांबर को भाव दिखावै, कटि कोपीन कसै।
दास भक्त की दासी मीरा, रसना कृष्ण रटे॥

अब तो मैंने मन में हरि-नाम की लगन लगा ली है। सारा संसार इसे माखनचोर कहता है, लेकिन इसने अपना नाम वैरागी रख लिया है। न जाने वह कहाँ अपनी मुरली छोड़ आया है; न जाने उसकी सारी गोपियाँ कहाँ चली गई हैं? न जाने सिर मुँड़वाकर उसने कहाँ डोर बाँधी है? उसके माथे पर मन को मोहनेवाली टोपी भी नहीं है। कभी वह बहुत माखन चुराता था। इस कारण माता यशोदा को उनके पैरों में रस्सी बाँधनी पड़ती थी। लेकिन अब श्याम गोरे हो गए हैं और उनका नाम चैतन्य हो गया है। पीतांबर का भाव दिखाकर उन्होंने कमर पर लँगोटी (कोपीन) कस ली है। मीरा कहती हैं कि मैं तो भक्तों के दास की दासी हूँ और मेरी जिह्वा निरंतर उनका नाम रटती रहती है।

अब सो निभायाँ सरेगी, बाँह गहे की लाज।
समरथ सरण तुम्हारी साइयाँ, सरब सुधारण काज।
भव सागर संसार अपरबल, जा में तुम हो जहाज।
निराधराँ अधार जगत गुरु, तुम बिन होय अकाज।
जुग-जुग भीर हरी भक्तन की दीनो मोक्ष समाज।
मीरा सरण गही चरणन की, लाज रखो महाराज॥

मीरा कहती है कि मैंने सारी लाज एक ओर रखकर तुम्हारी (श्रीकृष्ण) बाँह थाम ली है। अब सदा मेरा साथ निभाना। हे कृष्ण! जो भी तुम्हारी शरण में आता है, उसके सभी काम पूर्ण हो जाते हैं। यह संसार अपार बल से युक्त भवसागर के समान है। जिसमें तुम जहाज के समान हो। हे कृष्ण! इस आधारहीन संसार में तुम जगद्-गुरु के रूप में हो। तुम्हारे बिना इस संसार के समस्त कार्य रुक जाएँगे। युगों-युगों से तुम हरि-भक्तों की भीड़ को मोक्ष प्रदान कर रहे हो। मीरा कहती हैं कि मैं भी उन्हीं श्रीहरि के चरणों की शरण में हूँ। भक्तों के दुःखहर्ता! मेरी भी लाज रखना।

राणाजी! अब न रहूँगी तोरी हटकी।
साध संग मोंहि प्यार लागै, लाज गई घूँघट की।

पीहर मेड़ता छोड़ा आपण, मूरत निरत दोऊ चटकी।
सतगुर मुकुर दिखाया घट का, नाचूँगी दे दे चुटकी।
हार सिंगार सभी ल्यो अपना, चूड़ा कर की पटकी।
मेरा सुहाग अब मोकूँ दरसा, और न जाने घट की।
महल किला राणा मोंहि न चाहिए, सारी रेशम पट की।
हुई दिवानी मीरा डोलै, केस लटा सब छिटकी॥

राणाजी! अब मैं तुम्हारे रोकने से भी नहीं रुकूँगी, भले ही तुम अनेक प्रयास कर लो; लेकिन जिस पथ की ओर मैं अग्रसर हूँ उसे पीछे हटना मेरे लिए असंभव है। साधु-संगति मुझे अत्यंत प्रिय है और मैं बार-बार वहाँ जाऊँगी। इसके लिए मैंने घूँघट की लाज भी छोड़ दी है। हरि-प्रीत में मैंने पीहर मेड़ता को भी त्याग दिया है। अब मैं नित्य हरि-मूरत का सुमिरन करती हूँ। सतगुरु ने सत्य रूपी दर्पण दिखाकर मेरे अज्ञान को दूर कर दिया है। अब मैं चुटकी बजा-बजाकर नृत्य करूँगी। राणाजी! अपने हार-श्रृंगार सबकुछ ले लो। मैंने चूड़ा भी निकालकर पटक दिया है। मुझे वास्तविक सुहाग मिल गया है, इसलिए मुझे किसी और के हृदय को जानने की आवश्यकता नहीं है। राणाजी, मुझे न तो महल-किला चाहिए और न ही रेशमी साड़ियाँ चाहिए। मीरा कहती है कि मैं हरि की दीवानी होकर इधर-उधर फिरती रहती हूँ। मैंने केश खोलकर सारी लटाएँ भी छिटका दी हैं। हरि के प्रेम में मग्न होकर मैं अपनी सुधबुध खो बैठी हूँ।

री म्हाँ बैठ्या जागाँ, जगत सब सोवाँ।
बिरहण बैठ्याँ रंगमहल माँ, णैणा लड़्या पोवाँ।
इक बिरहणि हम ऐसी देखी, अँसुवन की माला पोवै।
ताराँ गणताँ रेण बिहानाँ, सुख घड़ियारी जोवाँ।
मीरा रे प्रभु गिरधरनागर, मिल बिछड़्याँ णा होवाँ॥

सखी! मैं उस समय जाग रही हूँ जिस समय सारा संसार सो रहा है। पिया की प्रतीक्षा में विरहिणी सज-धजकर महल में बैठी हुई थी कि तभी प्रियतम से उसकी नजरें मिल गईं। उसे अपने पिया का अधिक इंतजार नहीं करना पड़ा। लेकिन एक मैं विरहिणी हूँ, जो प्रियतम के इंतजार में दिन-रात आँसुओं की माला पिरोती रहती है। तारे-तारे गिनते-गिनते सारी रात कट जाती है; प्रतिदिन सुख की घड़ियों की प्रतीक्षा करती रहती है। मीरा कहती हैं कि हे

प्रभु गिरधरनागर! मिलकर बिछुड़ना मेरे लिए असहनीय है। इसलिए मुझे अपने पास बुला लो या मेरे पास आ जाओ।

राणाजी थे क्याँने राखों म्हांसूं बैर।
थें तो राणाजी म्हाँने इसड़ा लागो ज्यों बच्छन में कैर।
महल अटारी हम सब त्यागा, त्याग्यो थारो बसनो सहर।
काजल टीकी राणा हम सब त्यागा, भगवीं चादर पहर।
मीरा रे प्रभु गिरधरनागर, इमरित कर दियो जहर॥

राणाजी! तुमने मेरे साथ बैर क्यों रखा हुआ है? राणा को देखकर मुझे ऐसा लगता है मानो वृक्षों में करील का वृक्ष। मैंने महल-अटारी सब त्याग दिया है। यहाँ तक कि तुम्हारे शहर का भी त्याग कर दिया है। राणाजी! इसके अतिरिक्त काजल, टीका भी त्यागकर मैंने भगवा चादर ओढ़ ली है। फिर भी तुम्हें मुझसे किस बात का बैर है? मीरा कहती हैं कि हे प्रभु गिरधरनागर! तुमने कृपा कर जहर को भी अमृत बना दिया। अपना यह प्रेमभाव मुझपर सदैव बनाए रखना।

म्हा मोहणरो रूप लुभाणी।
सुंदर बदन कमल दल लोचण, बाँका चितवण णैण समाणी।
जमणा किनारे कान्हा धेनू चरावाँ, वंशी बजावाँ मीठाँ बाणी।
तन मन धन गिरधर पर वाँरा, चरण कँवल मीरा विलमाणी॥

भक्ति के रस में डूबी मीरा कहती हैं कि मोहन के रूप ने मुझे लुभा लिया है। उनका शरीर अत्यंत सुंदर तथा नयन कमल-दल के समान हैं। उनकी बाँकी चितवन और सुंदर सूरत मेरी आँखों में समाई हुई है। यमुना के किनारे कान्हा गाय चराते हैं और मीठे स्वर में वंशी बजाते हैं। मैं अपना तन-मन-धन गिरधर के ऊपर न्योछावर करती हूँ और तुम्हारे चरण-कमलों में लीन रहती हूँ।

म्हाँरो प्रणाम बाँके बिहारी जी।
मोर मुकट माथयाँ तिलक बिराज्याँ, कुंडल अलकांकरी जी।
अधर मधुर धर वंशी बजावाँ, रीझ रिझावाँ ब्रज नारी जी।
या छब देख्याँ मोह्याँ मीरा, मोहन गिरवधारी जी॥

मेरे बाँके बिहारी जी! मैं तुम्हें प्रणाम करती हूँ। सिर पर मोर-मुकुट, माथे पर चंदन-तिलक और कानों में कुंडल सुशोभित हैं। जब तुम मधुर अधरों पर

वंशी रखकर बजाते हो तो ब्रज की नारियाँ तुम पर मोहित हो जाती हैं। मीरा कहती हैं कि है मोहन गिरधारी! तुम्हारी यह मनोहारी छवि देखकर मैं तुम पर मोहित हो गई हूँ।

मैं तो गिरधर के घर जाऊँ।
गिरधर म्हाँरो साँचो प्रीतम, देखत रूप लुभाऊँ।
रैण पड़ै तब ही उठि जाऊँ, भोर गये उठि आऊँ।
रैणदिना बाके सेंग खेलूँ, ज्यूँ-त्यूँ वाहि रिझाऊँ।
जो पहिरावै होई पहिरूँ, जो दे सोई खाऊँ।
मेरी उणकी प्रीत पुरानी, उण बिन पल न रहाऊं।
जहाँ बैठावें तितही बैठूँ, बेचे तो बि जाऊं।
मीरा रे प्रभु गिरधरनागर, बार बार बलि जाऊं॥

मीरा कहती हैं कि मैं गिरधर के घर जाऊँगी। गिरधर मेरे सच्चे प्रियतम हैं। उन्हें देखते ही मैं उन पर मोहित हो जाती हूँ। रात होते ही मैं उनके पास चली जाती हूँ और भोर होते ही मैं उठकर घर लौट आती हूँ। दिन-रात मैं उन्हीं के साथ खेलती हूँ। हर तरह से मैं उन्हें रिझाने का प्रयत्न करती हूँ। जो वे पहनने को देते हैं, वही पहनती हूँ; जो खाने को देते हैं, वही खाती हूँ। मेरी और उनकी प्रीत बहुत पुरानी है। मैं उनके बिना एक पल भी नहीं रह सकती। जहाँ वे बिठाते हैं, मैं वहीं बैठती हूँ। यदि वे मुझे बेच भी देंगे तो मैं मुसकराते हुए बिक जाऊँगी। मीरा कहती हैं कि हे प्रभु गिरधरनागर! मैं तुम पर बार-बार बलिहारी जाऊँ।

आज म्हाँरो साधु जजनो संगर, राणा म्हाँरा भाग भल्याँ।
साधु जननो संग न करिए, चढ़े तो चौगणो रंग रे।
साकत जननो संग न करिए, पड़े भजन में भंग रे।
अठसठ तीरथ संतों ने चरणों, कोटि कासी ने कोटि गंग रे।
निंदा करसे नरक कुंड मां, जासे थासे आंघला अपंग रे।
मीरा के प्रभु गिरधरनागर, संतोनी रज म्हारे अंग रे॥

राणाजी! आज मुझे साधु-संतों का सान्निध्य मिला, यही मेरा भाग्य था। साधुजन का संग करने से उनका रंग चौगुने वेग से चढ़ता है। निगुरे जन की संगत से बचना चाहिए। इससे भक्ति और भजन में विघ्न पड़ता है। इसके विपरीत संतों के चरणों में ही अड़सठ तीर्थ और करोड़ों काशी व गंगा विद्यमान

होते हैं। इनकी निंदा करनेवाले नरक-कुंड में गिरकर अंधे और अपंग बन जाते हैं। मीरा के प्रभु गिरधरनागर हैं, इसलिए मेरा अंग-अंग संतों की चरणधूलि में लिपटा हुआ है।

आव सजनियाँ बाट में जोऊँ, जेरे कारण रैण न सोऊँ।
जक न परत मन बहुत उदासी, सुंदर स्याम मिलौ अबिनासी।
तेरे कारण सब हम त्यागे, खान पान तै मन नहीं लागे।
मीरा रे प्रभु दरसण दीज्यौ, मेरी अरज कान सुंण लीज्यौ॥

आओ साजन! मैं आपकी प्रतीक्षा कर रही थी। तुम्हारे कारण ही मैं सारी रात नहीं सो पाती। एक पल भी चैन नहीं पड़ता। मन बहुत उदास हो गया है। हे अविनाशी श्याम! मुझसे जल्दी आकर मिलो। तुम्हारे कारण मैंने अपना सबकुछ त्याग दिया है; खाना-पीना भी मन को अच्छा नहीं लगता। हे मीरा के प्रभु! दर्शन दो। मेरी विनती कान लगाकर सुन लो।

थें तो पलक उघाड़ो दीनानाथ।
मैं हाजिर नाजिर कब की खड़ी।
साजनियाँ दुसमण होय बैठ्या, सबने लगूँ कड़ी।
तुम बिन साजन कोई नहीं है, डिगी नाग समंद अड़ी।
दिन नहिं चैण रैण नहिं निदरा सूखूँ खड़ी-खड़ी।
बाण बिरह का लाग्या हिये में, भूलूँ न एक घड़ी।
पत्थर की तो अहिल्या तारी, बन के बीच पड़ी।
कहा बोझ मीरा में कहिए सौ पर एक घड़ी॥

हे श्याम! अब तो अपनी पलकें खोलकर मुझे निहारो। मैं कब से तुम्हारा आदेश मानने के लिए सामने खड़ी हुई हूँ। सभी बंधु-बांधव मेरे शत्रु हो गए हैं; सबको मैं कड़वी और कटु लग रही हूँ। मेरे साजन! तुम्हारे बिना मेरा कोई नहीं है। मेरी डगमगाती हुई नाव बीच सागर में फँस गई है। अब न दिन में चैन मिलता है और न रात को आराम है। बस, तुम्हारी राह तकते हुए सूख रही हूँ। हृदय में विरह का ऐसा तीखा बाण लगा है कि अब तुम्हें एक पल भी भुलाना असंभव है। वन के बीच में पत्थर रूप में पड़ी अहल्या का तुमने उद्धार किया। मीरा कहती हैं कि हे प्रभु! मुझमें तो एक घड़ी (पंसेर) का भार भी नहीं है, फिर मेरा उद्धार करने में इतना विलंब क्यों कर रहे हो?

सखी म्हाँरो कानूड़ो, कलेजे की कोर।
मोर मुगट पीतांबर सोहै, कुंडल की झकझोर।
बिन्द्रावन की कुंज गलिन में, नाचत नंद किसोर।
मीरा रे प्रभु गिरधरनागर, चरण कँवल चितचोर।

हे सखी! कान्हा मेरे हृदय (कलेजे) के टुकड़े हैं। उनके सिर पर मोर-मुकुट, तन पर पीतांबर और कानों में हिलते-डुलते कुंडल सुशोभित हैं। ऐसे सजे हुए नंदकिशोर नाचते हुए ब्रज की गलियों में घूम रहे हैं। हे मीरा के प्रभु गिरधरनागर! तुम्हारे चरण कमल के समान हैं और तुम स्वयं हृदय को चुरानेवाले हो। तुमने मेरे हृदय को चुरा लिया है।

मना तू तो वृक्षन की लत लेइ रे, थारो काँईं करे डर भव रे।
काटनवाला सूँ बेर नहीं है, नहीं सींचन का सनेह रे।
जे कोई बावे कंकर-पत्थर, उनको भी फल देइ रे।
पवन चलावे इंद्र झकोले, दुख-सुख आपहि सहि रे।
सीत गहाम तो शिर पर सहि है, पंछिन को सुख देई रे।
आसन अचल मनसा नहीं डोले, तू ध्यान धणी को धेई रे।
जे तूँ चावे मोझ जीव को, तो नाम निरंजन लेई रे।
जैसे चात्रण धन को रटत है, वैसे चरण चित्त धेई रे।
मीरा कहे प्रभु गिरधरनागर, भक्ति को रस लेई रे॥

जिस प्रकार वृक्ष बिना डरे धैर्यपूर्वक प्रत्येक ऋतु के प्रकोप को सहता है, उसी प्रकार हमें भी संसार के दुःख-कष्टों को निर्विकार भाव से सहना चाहिए। वृक्ष न तो काटनेवाले से शत्रुता करता है और न ही सींचनेवाले से प्रेम। उसी प्रकार भक्त के मन में भी सभी के लिए समभाव होना चाहिए। कंकड़-पत्थर मारनेवाले को भी वृक्ष फल देता है। हवा या वर्षा कितनी भी तेज क्यों न हो, वृक्ष सभी दुःख-सुख चुपचाप सहता है। सर्दी-गरमी के थपेड़ों को सहकर भी पक्षियों को आश्रय देकर उन्हें अपार सुख प्रदान करता है। वृक्ष की भाँति तुम भी अपने मन को अचल कर प्रभु के ध्यान में रम जाओ। यदि जीव मोक्ष चाहता है तो निरंतर भगवान् के नाम का स्मरण करे। जिस प्रकार चातक स्वाति नक्षत्र की बूँद को रटता है, उसी प्रकार भक्त को निरंतर श्रीहरि के नाम का जाप करना चाहिए। मीरा कहती हैं, हे प्रभु गिरधरनागर! मुझे अपनी भक्ति का रस प्रदान करो।

बरजी री म्हाँ स्याम बिणा न रह्याँ।
साधाँ संगत हरि सुख पास्यूँ, जग सूँ दूर रह्याँ।
तण मण म्हाराँ जाँवा जास्याँ, म्हारो सीस लह्याँ।
मण म्हारो लाग्याँ गिरधारी, जगरा बोल सह्याँ।
मीरा रे प्रभु हरि अबिनासी, थारी सरण गह्याँ॥

मुझपर अनेक प्रतिबंध लगाए गए, लेकिन फिर भी मैं अपने श्याम के बिना नहीं रह सकी। साधुजन की संगत में मुझे हरि-सुख प्राप्त होता है और संसार से मैं दूर हो जाती हूँ। चाहे मेरा तन-मन चला जाए; चाहे कोई मेरा सिर काट ले। मुझे अब किसी का भय नहीं। मेरा मन श्रीहरि के चरणों में रम गया है। उनके लिए मैं संसार के कड़वे बोल भी सुन लूँगी। मीरा कहती हैं, हे अविनाशी प्रभु! मैंने तुम्हारा आश्रय ले लिया है, अब मुझे कोई चिंता नहीं है।

स्याम मिलण रो घणो उभावो, नित उठा जोरू बाटड़ियाँ।
दरस बिन मोहि कुछ न सुहावै, जक न पड़त है आँखड़ियाँ।
तलफत बहु दिन बीता, पड़ी बिरह की पाशड़ियाँ।
अब तो बेगि दया करि साहिब, मैं तो तुम्हारी दासड़ियाँ।
नैण दुखी दरसण कूँ तरसै, नाभिन बैठे साँसड़ियाँ।
राति दिवस यह आरति मेरे, कब हरि राखै पासड़ियाँ।
लागि लगन छूटण की नाहीं, अब क्यों कीजै आँटड़ियाँ।
मीरा रे प्रभु कबरे मिलोगे, पूरौ मन की आसड़ियाँ॥

मीरा अपनी व्याकुलता प्रकट करते हुए कहती हैं कि हे सखी! श्याम से मिलने के लिए मैं अत्यंत अधीर हो रही हूँ। प्रतिदिन उठकर मैं उनके इंतजार में पथ पर आँखें बिछा देती हूँ। उनके दर्शन के बिना मुझे कुछ अच्छा नहीं लगता और न ही उन्हें देखे बिना मेरी आँखों को चैन पड़ता है। उनके वियोग में तड़पते हुए अनेक दिन बीत चुके हैं और मैं उनके विरह के पाश में बुरी तरह से जकड़ गई हूँ। हे साहिब! अब तो मुझ पर दया करो और जल्दी आ जाओ। मैं तुम्हारे चरणों की दासी हूँ; दर्शन देकर मुझपर उपकार करो। तुम्हारे दर्शन के लिए मेरे दु:खी नयन भी तरस रहे हैं। मेरे हृदय से दिन-रात केवल एक ही आर्तनाद निकलता है कि श्याम, कब मुझे अपने पास रखेंगे? तुमसे जो लगन लग गई है, वह अब छूटनेवाली नहीं है। फिर तुम क्यों मेरी और मेरे प्रेम की

अवहेलना कर रहे हो? मीरा कहती हैं कि हे प्रभु! तुम कब मिलोगे? कब मेरे हृदय की समस्त आशाएँ पूर्ण करोगे?

सइयाँ तुम बिनि नींद न आवै हो।
पलक-पलक मोहि जुगसे बीतै, छिनि-छिनि विरह जरावै हो।
प्रीतम बिनि तिम जाइ न सजनी, दीपक भवन न भावै हो।
फूलन सेज सूल होई लागी जागत रैण बिहावै हो।
कासूँ कुण मानै मेरी, कह्याँ न को पतियावै हो।
प्रीतम पतंग डस्यो कर मेरो, लहरि लहरि जिव जावै हो।
दादर मोर पपइया बोलैं, कोइल सबद सुणावै हो।
उमिग घटा घन ऊलरि आई, बीजू चमक डरावै हो।
है कोई जग में नाम सनेही, ऐ उरि साल मिठावै हो।
मीरा रे प्रभु हरि अबिनासी, नैणाँ देख्याँ भावै हो॥

मेरे प्रियतम! मुझे तुम्हारे बिना नींद नहीं आती। पलक झपकने मात्र से ही ऐसा अनुभव होता है जैसे अनेक युग बीत गए हों। प्रत्येक क्षण मुझे तुम्हारे वियोग की पीड़ा सताती है। सखी, प्रियतम के बिना मेरे अंतर्मन का अंधकार मिटने वाला नहीं है। भवन का दीपक भी अब मुझे अच्छा नहीं लगता। अर्थात् आत्मा रूपी भवन में केवल हरि रूपी दीपक से ही अज्ञान रूपी अंधकार मिटाया जा सकता है। हरि के बिना फूलों की सेज भी शूलों की सेज लगती है; मेरी सारी रात उनकी प्रतीक्षा में बीत जाती है। हे श्याम! मैं किसे जाकर अपने दर्द के बारे में बताऊँ? कौन मेरे हृदय की पीड़ा पर विश्वास करेगा? सखी! मुझे श्यामरूपी नाग ने डँस लिया है तथा उसका जहर धीरे-धीरे मेरे सारे शरीर में फैल गया है। अर्थात् जब से मुझे हरि की लौ लगी है, तब से मेरे रोम-रोम में केवल श्रीहरि बसते हैं। मेढक, मोर, पपीहे बोल रहे हैं तथा कोयल मीठे स्वर में गा रही है। उमड़-घुमड़कर काली घटाएँ नभ में घिर आई हैं तथा बिजली चमक-दमककर मुझे भयभीत कर रही है। क्या संसार में कोई राम-स्नेही है, जो मेरी पीड़ा को हर सके? मीरा कहती हैं कि हे प्रभु अविनाशी हरि! तुम्हें देखना मेरे नयनों को बहुत अच्छा लगता है। इसलिए दर्शन देकर इन पर उपकार करो।

नींदड़ली नहिं आवै सारी रात, किस विधाँ होय परभात।
चमक उठी सपने सुध भूली, चंद्रकलाव सोहात।

तलफ-तलफ जिव जाय हमारो, कब रे मिले दीनानाथ।
भई हूँ दीवानी तन सुध भूली, कोई न जानी म्हारी बात।
मीरा कहै बीती सोई जानै, मरण-जीवण उन हाथ॥

हे श्याम! जब से मैंने तुमसे प्रीत लगाई है, तब से मुझे नींद नहीं आती; सारी रात जागती आँखों में कट जाती है। कोई तो बताए कि मैं रात का समय किस प्रकार काटूँ, जिससे जल्दी से सुबह हो जाए। आँखें बंद करते ही स्वप्न में आपका स्वरूप दिखाई देने लगता है। चंद्रमा के समान आपका मुखड़ा देखकर मैं सुधबुध भूल जाती हूँ। हे दीनानाथ! तुम कब मिलोगे? तुम्हारे वियोग में मेरा हृदय तड़प रहा है। तुम्हारे प्रेम में दीवानी होकर मैं अपनी सुधबुध भूल चुकी हूँ। मेरे हृदय की बात कोई नहीं जानता। मीरा कहती हैं कि मेरे हृदय की पीड़ा को केवल वे ही जानते हैं जिनके हाथ में जीवन-मृत्यु है।

निंदा म्हारी भलाँई करोनै, सोनैं काट न लागै।
जोग लियो जग जातौ देख्यौ, हरि भजबाकै काजै।
जो कोई करणी में चूक पड़ै, तो सतगुरु म्हारा लाजै।
धन रे लोक थाँरी करणीं, कीड़ीरौ कुंजर बणायौ।
अणदीठी अण साँमले रे, बद बद बाद उठायौ।
कल कूँ छाँडि कडूंबो छाँडयौ, छाँडी मता माई।
और दुनियाँ कौ दावौ छोडयौ,छौडी लोभ बड़ाई।
पर गल दोई में पलो बिछायौ, मन भावै ज्यूँ कहीयौ।
यो जस मीरा बाई गावै, ज्यूँ कहियौ ज्यौं सहियौ॥

तुम्हारे प्रति मेरे प्रेम को देखकर लोग मेरी निंदा करते हैं तथा मेरे लिए कटु एवं अपशब्दों का प्रयोग करते हैं। सांसारिक मायाजाल का त्याग करके जब मैंने जोग लिया तो यह देखकर संसार मेरी हरि-भक्ति का उपहास करने लगा। लेकिन मेरी भक्ति में यदि जरा-सी भी चूक हुई तो मेरे सद्गुरु के लिए अत्यंत शर्म की बात होगी। मीरा व्यंग्यात्मक स्वर में कहती हैं कि हे लोगो! तुम्हारे कर्म धन्य हैं। तुमने कुंजों का निर्माण क्रीड़ा करने के लिए किया है। तुम कामादि विकारों में डूबे हुए हो; हरि-भक्ति के मर्म को समझना तुम्हारे वश में नहीं है। हरि के प्रेम में मैंने कुटुंब छोड़ दिया, माता-पिता और बंधु-बांधव त्याग दिए। भौतिक सुखों से मुँह फेरकर संसार से विरक्त हो गई तथा लोभ, अहंकार,

मान-सम्मान आदि को तिलांजलि दे दी। किंतु अब मैं हरि-प्रीत को नहीं छोड़ सकती। मैं वही करूँगी, जो मेरा मन कहेगा। मीराबाई हरि का यशोगान करते हुए कहती हैं कि अब चाहे संसार कितनी भी निंदा क्यों न करे, मैं चुपचाप सब सहती रहूँगी; लेकिन हरि-भक्ति से मुख नहीं फेरूँगी।

बादल देखाँ झरी स्याम मैं बादल देखाँ झरी।
काला पीला घट्या उमड्या बरस्यौं चार घरी।
जित जोयाँ तित पाणी पाणी प्यासा झूम हरी।
म्हारा पिया परदेसाँ बसताँ, भीज्याँ बार खरी।
मीरा रे प्रभु हरि अविनासी करस्यों प्रीत खरी॥

हे श्याम! बादलों की झड़ी लगी हुई है और मैं बरसते हुए बादलों को देख रही हूँ। काली-काली घटाएँ उमड़-घुमड़कर बरस रही हैं। जिधर नजर जाती है, वहीं चारों ओर जल-ही-जल दिखाई देता है। परंतु फिर भी मैं और मेरा अंतर्मन प्यासा है। क्योंकि मेरे प्रियतम परदेश गए हुए हैं। उनकी राह देखते हुए मैं बाहर खड़ी भीग रही हूँ। मीरा कहती हैं कि हे प्रभु अविनाशी हरि! मैं तुमसे हृदय से प्रेम करती हूँ; मेरी प्रीत सच्ची है। हे श्याम! शीघ्रता से दर्शन देकर मेरी जन्मों की प्यास बुझाओ, मुझे तृप्त करो।

कोई कहे तेरे कहेवा रे दईसे, आपणे हरि भजन माँ रहीरे रे।
उगत भगत बे जुदा बसे छे, तेमाँ भक्तपणु कोने कहीसे रे।
भक्तपणुँ तब जाणीए आपण, सौनणु मेणाँ सहीसे रे।
हीरा ने कंकर एकज रंगा, तेमाँ हीरापण कोने कहीसे रे।
हीरापणुँ तब जाणीए आपण, घाव घणेरा सहीसे रे।
बाई मीरा रे प्रभु गिरधरनागर, चरण कमल पर चित दईसे रे॥

मीरा कहती है कि कोई कुछ भी कहता रहे, लेकिन भक्त को हरि-भजन में लगे रहना चाहिए। जो भक्त स्वयं को ईश्वर से अलग रखते हैं, उन्हें किसी भी तरह से भक्त नहीं कहा जा सकता। स्वयं को पूर्ण भक्त तभी मानना चाहिए जब भक्त पूर्ण रूप से ईश्वर-भक्ति में डूब जाए। संत और संसारी मनुष्य हीरे और कंकड़ के समान होते हैं। इनमें हीरे की पहचान कैसे होती है? हीरा उसे समझना चाहिए, जो धन की चोट खा-खाकर भी स्थिर रहे। संसार की प्रताड़ना सहकर भी जो भक्त बना रहे, वही वास्तविक हीरा है। मीरा

कहती हैं कि हे प्रभु गिरधरनागर! इस दासी को अपने चरण-कमलों में स्थान देने की कृपा करें।

इक अरज सुनो मोरी, मैं बिन संग खेलूँ होरी।
तुम तो जाँच विदेसाँ छाय, हमसे रहै चितचोरी।
तन आभूषण छोड़यो सब ही, तज दियो पाट पटोरी।
मिलन की लग रही डोरी।
आप मिल्या बिन कल न परत हैं, त्याग दियो तिलक तमोली।
मीरा रे प्रभु मिलज्यो माधव, सुणज्यो अरज मोरी।
दरस बिण बिरहणी दोरी॥

हे श्याम! मेरी एक विनती सुनो। मैं किसके साथ होली खेलूँ? तुम विदेश में जाकर बस गए और मेरा हृदय भी चुराकर साथ ले गए। तुम्हारे वियोग से व्यथित होकर मैंने तन से सभी आभूषण अलग कर दिए हैं, साज-श्रृंगार करना छोड़ दिया है। अब तो बस तुमसे मिलन की आस की डोरी जुड़ी हुई है। तुमसे मिले बिना मुझे चैन नहीं मिलेगा। मैंने बिंदिया लगाना और पान खाना भी छोड़ दिया है। मीरा कहती हैं कि हे माधव! मेरी विनती सुन लो। मुझे अपनी शरण में ले लो। मुझे दर्शन दो प्रभु! तुम्हारे दर्शन के बिना यह विरहिणी दुःखी है।

ऐसी लगन लगाई कहाँ तू जासी।
तुम देखे बिन कलि न परत है, तलफि तलफि जिव जासी।
तेरे खातिर जोगण हूँगी करवत लूँगी कासी।
मीरा रे प्रभु गिरधरनागर, चरण कँवल की दासी।

मेरे में हृदय ऐसी लगन लगाकर तुम कहाँ जा रहे हो? अब तुम्हें देखे बिना मेरे हृदय को चैन नहीं मिल रहा। तड़प-तड़पकर मेरा दम निकल रहा है। तुम्हारे लिए मैं सबकुछ त्यागकर जोगन हो जाऊँगी और काशी जाकर बस जाऊँगी। मीरा कहती हैं कि हे प्रभु गिरधरनागर! मैं तुम्हारे चरणों की दासी हूँ, मुझपर कृपा करो।

मिलता जाज्यो हो जी गुमानी, थाँरी सूरत देखि लुभानी।
मेरा नाम बूझि तुम लीज्यो, मैं हूँ बिरह दिवानी।
रात दिवस कल नाहिं परत है, जैसे मीन बिन पानी।

दरस बिना मोहि कुछ न सुहावे, तलफ तलफ मर जानी।
मीरा तो चरणन की चेरी, सन लीजै सुखदानी॥

हे अभिमानी! जाने से पहले मुझे मिलने जाना। तुम्हारी सूरत देखकर मैं मोहित हो गई हूँ। मेरा नाम जान लो। मैं विरह की दीवानी हूँ। दिन-रात मुझे चैन नहीं मिलता। तुम्हारे बिना मेरी दशा वैसी हो गई है जैसे पानी के बिना मछली तड़पती है। तुम्हारे दर्शनों के अतिरिक्त मुझे कुछ नहीं सुहाता। बिना दर्शन के मैं तड़प-तड़पकर मर जाऊँगी। मीरा तेरे चरणों की दासी है। हे सुखदाता! मेरी विनती सुन लो, मुझे अवश्य मिलते जाना।

म्हारे जनम-मरण रा साथी, थाँने नहिं बिसरूँ दिन राती।
थाँ देख्या बिन कलप न पड़त है, जाणत मेरी छाती।
ऊँची चढ़-चढ़ पंथ निहारूँ, रोय-रोय अँखिया राती।
यो संसार सकल जग झूठो, झूठा कुल रा न्याती।
दोउ कर जोड़या अरज करूँ छूँ, सुण लो मेरी बाती।
यो मन मेरो बड़ो हरामी, ज्यूँ मदमातो हाथी।
सतगुरु हाथ धरौ सिर ऊपर, आंकुस दै समझाती।
पल-पल पिव को रूप निहारूँ निरख-निरख सुख पाती।
मीरा रे प्रभु गिरधरनागर, हरि चरणाँ चित राती॥

हे श्याम! तुम मेरे जन्म-मरण के साथी हो। मैं तुम्हें न तो रात को भूल सकती हूँ और न ही दिन में। तुम्हें देखे बिना मेरे हृदय को चैन नहीं मिलता। बैचेन होकर मैं ऊँचाइयों पर चढ़ जाती हूँ और तुम्हारा इंतजार करते हुए मार्ग निहारती हूँ। रोते-रोते मेरी आँखें लाल हो गई हैं। वैसे तो यह संसार झूठा है; इस संसार की रीत भी झूठी है। मैं दोनों हाथ जोड़कर आपसे विनती करती हूँ कि मेरी बात ध्यान से सुनो। मेरा मन मदमस्त हाथी के समान बहुत ही चंचल और उद्‌दंड है। इसलिए हे सतगुरु! मेरे सिर पर अंकुश रूपी अपना हाथ रख दें। हर पल पिया के रूप को निहारती हुई मैं अपार सुख प्राप्त करती हूँ। मीरा कहती हैं कि हे प्रभु गिरधरनागर! मेरा चित्त हरि-चरणों में लीन रहता है। मुझ पर कृपा करो।

म्हारा सतगुरु बेगा आज्यो जी, म्हारे सुख री सीर बुवाज्यो जी।
तुम बीछड़ियाँ दुख पाऊँ जी, मेरा मन माहीं मुरझाऊँ जी।

मैं कोइल ज्यों कुरलाऊँ जी, कुछ बाहरि कहि न जणाऊँ जी।
मोहि बाघण बिरह सतावे जी, कोई कहियाँ पार पावै जी।
ज्यूँ जल त्यागा मीना जी, तुम दरसण बिन खीना जी।
ज्यूँ चकवी रैण न जी, वा ऊगो भाण सुहावै जी।
ऊ दिन कबै करोला जी, म्हारे आगण पाँव धरोला जी।
अरज करै मीरा दासी जी, गुरु-पद-रज की प्यासी जी॥

मेरे सतगुरु! मेरा सुख हरि-चरणों के साथ जुड़ा हुआ है; मेरे सुख को बढ़ाने में मेरी सहायता करो। सतगुरु! आपसे बिछड़कर मैं अत्यंत दुःख भोग रही हूँ। मेरा मन मुरझा गया है। सांसारिक लोगों से बात करने से मैं कतराने लगी हूँ। इसलिए मैंने बाहर जाना भी छोड़ दिया है। मुझे विरह की वेदना सता रही है। कोई बताए मैं इससे कैसे पार पाऊँ? जिस प्रकार जल त्यागने के बाद मछली तड़पती है, उसी प्रकार तुम्हारे दर्शन के लिए मैं तड़प रही हूँ। जिस प्रकार रात में चकवी चकवे के बिछोह से व्यथित होती है, उसी प्रकार मैं भी हरि-दर्शन के लिए व्याकुल हूँ। हे हरि! वह दिन कब आएगा जब तुम हमारे आँगन में अपने पाँव धरोगे अर्थात् हमारे घर आओगे। मीरा विनती करते हुए कहती है कि हे प्रभु! मैं तुम्हारे चरणों की दासी हूँ। दर्शन देकर मुझे कृतार्थ करें। मैं आपके चरणों की धूल की प्यासी हूँ।

आज अनारी ले गयो सारी, बैठी कदम की डारी।
म्हारे गेल पड्यो गिरधारी, हे माय, आज अनारी।
मैं जल जमुना भरन गई थी, आ गयो कृशन मुरारी।
ले गयो सारी अनारी म्हारी, जल में ऊभी उधारी।
सक्खी साइनि मेरी हँसत है, हँसि-हँसि दे मोहिं तारी।
सास बुरी अर नणद हठीली, लरि-लरि दे मोहिं गारी।
मीरा रे प्रभु गिरधरनागर, चरण कमल की बारी॥

इस पद में मीरा गोपी का भाव रखते हुए अपनी माँ से कहती हैं कि कदंब की डाली पर बैठा नटखट कन्हैया मेरी साड़ी ले गया है। माँ, आज वह अनाड़ी मेरे पीछे ही पड़ गया था। मैं यमुना से जल भरने गई थी, वह कृष्ण-मुरारी वहाँ भी आ गया। वह मेरी साड़ी ले गया और मैं जल में निर्वस्त्र खड़ी रही। मेरी इस हालत को देखकर सखियाँ हँसते हुए तालियाँ बजा रही थीं। मेरी सास बहुत बुरी और ननद बहुत हठीली है। वे मुझसे लड़ती-झगड़ती हैं

और गालियाँ देती हैं। किंतु मीरा कहती हैं कि मेरे प्रभु गिरधरनागर हैं। मैं उनके चरण-कमलों पर स्वयं को न्योछावर करती हूँ।

आली री म्हारे णेणा बाण पड़ी।
चित्त चढ़ी म्हारे माधुरी मूरत, हिवड़ा अणी गढ़ी।
कब री ठाड़ी पंथ निहाराँ, अपने भवण खड़ी।
अटक्याँ प्राण साँवरो, प्यारो, जीवण मूर जड़ी।
मीरा गिरधर हाथ बिकाणी, लोक कह्याँ बिगड़ी॥

मीरा कहती हैं कि हे सखी! मेरे नयनों को कृष्ण की सूरत निहारने की आदत हो गई है। मेरे हृदय में उनकी मधुर सूरत ऐसी समा गई है कि किसी और की कोई सुध नहीं रहती। मैं अपने भवन में खड़ी होकर कब से उनकी राह देख रही हूँ। मेरे प्राण साँवरे (कृष्ण) में अटके हुए हैं। वे ही मेरे जीवन का मूल हैं। मीरा कहती हैं कि मैं गिरधर के हाथों बिक चुकी हूँ, लेकिन लोग कहते हैं कि मैं बिगड़ गई हूँ।

आली साँवरों की दृष्टि, मानूँ प्रेम री कटारी हें।
लगन बेहाल भई तन की सुधि बुद्धि गई।
तनह में व्यापी पीर, मन मतवारी हें।
सखियाँ मिलि दोय च्यारी, बावरी भई हें सारी।
हौं तो वाकों नीको जानों, कुंज को बिहारी हें।
चंद की चकोर चाहैं, दीपक पतंग हें।
चंचल बिना मरै मीन ऐसी प्रीत प्यारी है।
बिन देष्याँ कैसे जीवें कल न पड़त हीयै।
जाय वाकूँ ऐसे कहियों मीरा तो तिहारी है॥

साँवरे की दृष्टि ऐसी लगती है मानो प्रेम की कटारी हो। इसके लगते ही बेहाल हो गई, तन की सुधबुध चली गई। शरीर में उनसे मिलने की व्याकुलता व्याप्त हो गई और मन मतवाला है। उनसे मिलने के बाद मेरी दो-चार सखियाँ नहीं, अपितु सभी पगली-सी हो गई हैं। हम तो उसे नेक समझती थीं, लेकिन वह तो कुंज-बिहारी निकला। जिस प्रकार चंद्रमा को चकोर चाहता है, पतंगा दीपक के प्रेम में जल जाता है, जल के बिना मछली मर जाती है, उसी प्रकार प्रेम में विरह-वेदना से तड़पना पड़ता है। साँवरे को देखे बिना मैं कैसे जिऊँ?

उनके बिना हृदय को चैन नहीं मिलता। कोई उन्हें जाकर कह दे कि मीरा उनकी है। फिर उसे इस प्रकार क्यों तड़पा रहे हो?

माई म्हाँ गोविंद, गुण गास्याँ।
चरणम्रति रो नेम सकारे, नित उठ दरसण जास्याँ।
हरि मन्दिर माँ निरत करावाँ घूंघर्‌याँ छमकास्याँ।
स्याम नाम रो झाँझ चलास्याँ, भोसागर तर जास्याँ।
यो संसार बीड़रो काँटो, गेल प्रीतम अटकास्याँ।
मीरा रे प्रभु गिरधरनागर, गुन गावाँ सुख पास्याँ॥

माँ! संसार कुछ भी कहता रहे, लेकिन मैं गोविंद के गुण गाऊँगी। चरणामृत का नियम निभाने के लिए प्रतिदिन प्रातःकाल उठकर उनके दर्शन करने जाऊँगी। हरि के मंदिर में जाकर नृत्य करते हुए घुँघरू छनकाऊँगी। श्याम-नाम का झाँझ बजाते हुए भवसागर तर जाऊँगी। यह संसार बेरी के काँटों के समान प्रतीत होता है। मेरा प्रियतम मुझे यहाँ अटकाकर न जाने कहाँ चला गया है। मीरा कहती हैं कि हे प्रभु गिरधरनागर! तुम्हारे गुण गाने से मुझे असीमित सुख प्राप्त होता है। इसलिए मैं सदैव तेरे ही गुण गाऊँगी।

माई म्हाणो सुपणा माँ परण्याँ दीनानाथ।
छप्पन कोटा जणाँ पधारयाँ दूल्हो सिरी व्रजनाथ।
सुपणाँ माँ म्हारे परण गया पायाँ अचल सुहाग।
मीरा रो गिरधर मिल्यारी, पुरब जणम रो भाग।

माँ! मेरे स्वप्न में दीनानाथ (कृष्ण) ने मेरे साथ विवाह कर लिया है। बारात में छप्पन करोड़ देवी-देवता पधारे थे तथा दूल्हे के रूप में ब्रजनाथ (कृष्ण) थे। स्वप्न में ही मुझे तोरण बाँधा गया, स्वप्न में ही मेरा विवाह हो गया और मैंने अचल सुहाग को पा लिया है। चाहे स्वप्न में ही सही, मीरा को गिरधर मिल गया। अवश्य यह पूर्वजन्म का पुण्य ही था।

म्हाँ गिरधर आगाँ नाच्याँ री।
णाच णाच म्हाँ रसिक रिझावाँ, प्रीत पुराँतन जाँच्याँ री।
स्याम प्रीत री बाँधि घूँघर्‌याँ मोहण म्हारो साँच्याँ री।
लोक लाज कुलरा मरज्यादाँ जगमाँ णेकणा रख्याँ री।
प्रीतम पल छब णा बिसरावाँ, मीरा हरि रंग राच्याँरी॥

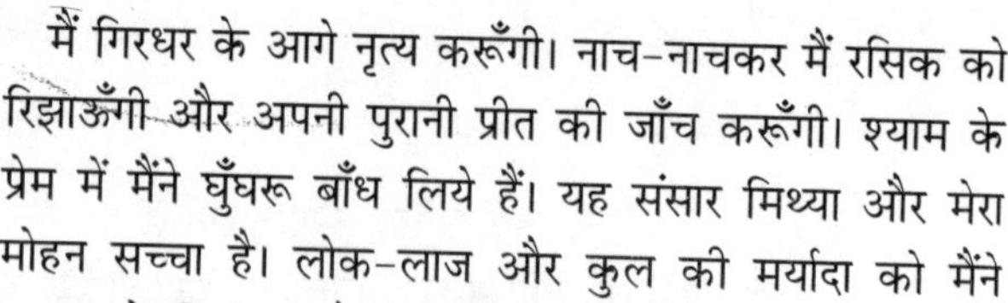

मैं गिरधर के आगे नृत्य करूँगी। नाच-नाचकर मैं रसिक को रिझाऊँगी और अपनी पुरानी प्रीत की जाँच करूँगी। श्याम के प्रेम में मैंने घुँघरू बाँध लिये हैं। यह संसार मिथ्या और मेरा मोहन सच्चा है। लोक-लाज और कुल की मर्यादा को मैंने त्याग दिया है। एक पल के लिए भी मैं प्रियतम की छवि को नहीं भूल सकती। मीरा पूरी तरह से हरि के रंग में रच-बस गई है।

माई री म्हालियाँ गोबिंदाँ मोल।
थें कह्याँ छाणे म्हाँ काँ चोड्डे, लियाँ बजंता ढोल।
थे कह्याँ मुँहोघो म्हाँ सस्तो लिया री तराजाँ तोल।
तण वाराँ म्हाँ जीवण वाराँ, वराँ अमोलक मोल।
मीरा कूँ प्रभु दरसण दीज्याँ पूरब जन्म को कोल॥

माँ! मैंने गोविंद को मोल ले लिया है। तुम कहती हो कि मैंने उसे चोरी-छिपे मोल लिया है। लेकिन मैं कहती हूँ कि मैंने ढोल बजाकर खुल्लेआम उसे मोल लिया है। तुम कहती हो कि यह सौदा मुझे बहुत महँगा पड़ा है। लेकिन मैं कहती हूँ कि यह बड़ा ही सस्ता सौदा है। मैंने इसे तराजू में अच्छी तरह से तौल भी लिया है। मैंने अपने तन, मन व जीवन को न्योछावर कर ऐसा अनमोल सौदा किया है जिसका मूल्य नहीं चुकाया जा सकता। मीरा कहती हैं कि हे प्रभु! पूर्वजन्म का वचन निभाओ, मुझे दर्शन देकर कृतार्थ करो।

म्हाराँ री गिरधर गोपाल दूसराँ णा कूयाँ।
दूसरा णाँ कूयाँ साधाँ सकल लोक जूयाँ।
भाया छाँणयाँ, वंधा छाँड्याँ सगाँ भूयाँ।
साधाँ ढिग बैठ बैठ, लोक लाज सूयाँ।
भगत देख्याँ राजी ह्याँ, ह्याँ जगत देख्याँ रूयाँ।
दूध मथ घृत काढ़ लयाँ डार दया छूयाँ।
राणा विषरो प्याला भेज्याँ, पीय मगण हूयाँ।
मीरा री लगण लग्याँ होणा हो जो हूयाँ।

मेरा केवल गिरधर गोपाल है, इसके अतिरिक्त दूसरा कोई नहीं है। सारे लोक छानने के बाद भी मुझे इसके समान दूसरा कोई नजर नहीं आया। इसके लिए मैंने भाई-बंधु और सगे-संबंधियों को भी त्याग दिया। साधुओं की संगत करके मैंने लोक-लाज भी त्याग दी है। हरि-भक्त को देखते ही मेरे मन में

प्रसन्नता और आनंद उमड़ आता है, जबकि जगत् को देखकर मेरा मन उदास और खिन्न हो जाता है। मैंने दूध को मथकर घी निकाल लिया और छाछ फेंक दी है। राणा ने विष का प्याला भेजा जिसे पीकर मैं मग्न हो गई मीरा कहती हैं कि मैंने तो गिरधर से लगन लगा ली है। अब जो होगा, होने दो।

माई, मैं तो लियो रमैया मोल।
कोई कहै छानी, कोई कहै चोरी, लियो है बजता ढोल।
कोई कहै कारो, कोई कहै गोरो, लियो है अखीं खोल।
कोई कहै हलका, कोई कहै महँगा, लियो है तराजू तोल।
तन का गहना मैं सब कुछ दीन्हा, दियो है बाजूबंद खोल।
मीरा रे प्रभु गिरधरनागर, पूरब जनम का कोल॥

माई! मैंने रमैया (कृष्ण) को मोल ले लिया है। कोई कहता है कि मैंने लुक-छिपकर लिया है तो कोई कहता है कि मैंने चोरी की है। लेकिन मैंने तो इसे ढोल बजाकर मोल लिया है। कोई कहता है कि रमैया काला है तो कोई कहता है कि वह गोरा है। जबकि मैंने आँखें खोलकर अर्थात् भली-भाँति जाँच-परखकर इसे लिया है। कोई कहता है कि हलका है तो कोई कहता है महँगा है। लेकिन मैंने तराजू में तौलकर लिया है। रमैया के मिलने के बाद किसी वस्तु का मोह नहीं रहता। इसलिए मैंने उसके बदले में तन के सभी गहने दे दिए हैं; बाजूबंद भी खोलकर दे दिया है। मीरा कहती हैं कि हे प्रभु गिरधरनागर! पूर्वजन्म का वचन निभाते हुए मेरी लाज रखो।

माई म्हारी हरिहूँ न बूझयाँ बात।
पंड माँसूँ प्राण पापी, निकसि क्यूँ णा जात।
पटा णाँ खोल्या मुखां णा बोल्या, साँझ भयाँ प्रभात।
अबोलणाँ जुग बीतण लगा कायाँरी कुसलता।
सावण आवण हरि आवण री, सुण्या म्हाणे बात।
घेर रैंणाँ बीजु चमकाँ बार निणताँ प्रभात।
मीरा दासी स्याम राती, ललक जीवणाँ जात॥

माई! हरि ने मुझसे कोई बात नहीं पूछी। उनकी ऐसी निष्ठुरता देखकर मेरे शरीर से प्राण क्यों नहीं निकल जाते। रात से सुबह हो गई, लेकिन न तो उसने मेरा घूँघट खोला और न ही मुख से कुछ कहा। उनका न बोलना मेरे लिए

अत्यंत कष्टदायक था। उस समय एक-एक पल एक-एक युग के समान प्रतीत हो रहा था। मैंने सुना है कि सावन के आने पर हरि आता है। घनघोर रात है; बार-बार बिजली चमक रही है और मैं उनके इंतजार में एक-एक पल गिनते हुए सुबह कर देती हूँ। मीरा कहती हैं कि श्याम-नाम की दासी श्याम के चरणों में ही लीन होकर उनके दर्शनों की लालसा लिये जीवन बीता रही है।

सीसोद्यो रूठ्यो तो म्हाँरो काँई करलेसी।
महें तो गुण गोबिंद का गास्याँ, हो माई॥
राणा जी रूठयो बाँरो देस रखासी।
हरि रूठयाँ कुम्हलायाँ, हो माई॥
लोक लाज की काणा न मानूँ।
निरभै निसाण घुरास्यां, हो माई॥
स्याम नाम का झाँझ चलास्याँ।
भवसागर तर जास्याँ हो माई॥
मीरा सरण सबल गिरधर की।
चरण कँवल लपटास्याँ हो माई॥

माँ! मैं अब केवल गोविंद का ही गुणगान करूँगी। इससे राणा रूठ जाए तो अपना देश अपने पास रख ले। राणा के रूठने का मुझपर कोई असर नहीं पड़ेगा। भले ही उसकी प्रजा रूठ जाए, लेकिन यदि हरि रूठ गया तो मेरा जीवन कुम्हला जाएगा। हरि-प्रीत में मुझे लोक-लाज का कोई भय नहीं रहा। हे माँ! मैं बिना किसी डर के अपने लक्ष्य (श्रीहरि) को देखूँगी और उसे प्राप्त करने का प्रयास करूँगी। मैं केवल श्याम-नाम की झाँझ बजाऊँगी। हे माँ! इस प्रकार हरि से प्रीत लगाकर मैं संसार रूपी भवसागर से पार हो जाऊँगी। हे माँ! अब मैं गिरधारी की शरण में हूँ तथा सदैव उनके चरणों से लिपटी रहूँगी। मुझे उनसे कोई अलग नहीं कर सकता।

स्याम मिलण रे काज सखी, उर आरति जागी।
तलफ तलफ कल ना पड़ाँ, विरहानल लागी।
निसदिन पंथ निहाराँ पिवरो, पलक ना पल भर लागी।
पीव पीव म्हाँ रटाँ रैण दिन, लोक-लाज कुल त्यागी।
बिरह भवगम डस्याँ कलेजा माँ, लहर हलाहल जागी।
मीरा व्याकुल अति अकुलाणी, स्याम उमाँगा लागी॥

हे सखी! श्याम से मिलने की बेचैनी के कारण ही मेरे हृदय में यह पीड़ा उत्पन्न हुई है। तड़प-तड़पकर मेरी यह दशा हो गई है कि अब एक पल के लिए चैन नहीं मिलता। मैं विरह की अग्नि में जल रही हूँ। प्रियतम के इंतजार में मैं प्रतिदिन उसका पथ निहारती हूँ और एक पल के लिए भी अपनी पलक नहीं झपकती। रात-दिन मैं 'पिया-पिया' रटती रहती हूँ। हरि के प्रेम में मैंने लोक-लाज और कुल-मर्यादा भी त्याग दी है। विरह-वेदना इतनी पीड़ादायक है कि मानो श्याम ने नाग बनकर मेरे हृदय पर डँस लिया हो और उसका जहर मेरे संपूर्ण तन-बदन में फैल गया हो। मीरा कहती हैं कि हे श्याम! तुम्हारे बिना मैं आकुल-व्याकुल होकर तड़प रही हूँ। मुझे श्याम-नाम की उमंग लग गई है।

स्याम सुंदर पर वाराँ जीबड़ा डाराँ स्याम।
थारे कारण जग जण त्यागा, लोक लाज कुल डाराँ।
थे देख्याँ बिण कल णा पड़ताँ, पोणां चलता धाराँ।
क्यासूँ कहवाँ कोण बुझावाँ, कठण बिरहरी धाराँ।
मीरा रे प्रभु दरशण दीस्यो थे चरणाँ अधाराँ॥

हे मेरे श्यामसुंदर! मैंने अपना संपूर्ण जीवन तुम्हारे ऊपर न्योछावर दिया है। तुम्हारे कारण ही मैंने इस मायाग्रस्त संसार और इसके समस्त सुखों को त्याग दिया, लोक-लाज और कुल-मर्यादा को एक ओर फेंक दिया। अब तो तुम्हें देखे बिना मेरे अंतर्मन को एक पल के लिए चैन नहीं पड़ता। नयनों से निरंतर आँसुओं की धारा बहती रहती है। मैं अपने हृदय की व्यथा किसे जाकर सुनाऊँ? मैं जानती हूँ कि विरह की धाराएँ बहुत कठोर और पैनी होती हैं; लेकिन मेरे दर्द को कौन समझेगा? मीरा कहती हैं कि हे प्रभु! तुम्हारे चरण ही मेरे आधार हैं। दर्शन देकर मुझ दासी का उद्धार करो।

सखी री, मैं तो गिरधर के रंग राती।
पचरंग मेरा चोला रँगा दे, मैं झुरमुट खेलन जाती।
झुरमुट में मेरा साँई मिलेगा, खोल अडंबर गाती।
चंदा जाएगा, सूरज जाएगा, जाएगा धरण अकासी।
पवन पाणी दोनों ही जाएँगे, अटल रहे अबिनासी।
सुरत निरत का दिवला सँजो ले, मनसा की कर बाती।
प्रेम हटी का तेल बना ले, जगा करे दिन राती।

जिनके पिय परदेस बसत हैं, लिखि-लिखि भेजें पाती।
मेरे पिय मो माहिं बसत है, कहूँ न आती जाती।
पीहर बसूँ न बसूँ सासघर, सतगुरु सब्द सँगाती।
ना घर मेरा ना धर तेरा, मीरा हरि रँग राती॥

हे सखी! मैं अपने गिरधर के साथ खेलने जाती हूँ। मैं अपने आत्मा रूपी चोले को हरि के रंग में रंगकर नेत्रों के केंद्र रूपी झुरमुट में खेलने जाती हूँ। इस झुरमुट में मुझे मेरा साईं (कृष्ण) मिलेगा। चंद्रमा, सूरज, धरती, आकाश, वायु, प्राणी इत्यादि सहित संपूर्ण सृष्टि नष्ट हो जाएगी। रह जाएगा तो केवल अविनाशी हरि। अर्थात् श्रीहरि के अतिरिक्त संपूर्ण ब्रह्मांड नाशवान है। वे अपने स्थान पर स्थिर रहेंगे। हे प्राणी! तुम अपने हृदय रूपी मंदिर में श्रीहरि की मूरत बसाओ। मनरूपी बाती में प्रेम का तेल डालकर दिन-रात उसकी वंदना करो। हे श्याम! जिनके प्रियतम परदेश में रहते हैं, वे संदेश लिख-लिखकर भेजते हैं। लेकिन मेरे प्रियतम आत्मारूप में मेरे अंदर बसते हैं, इसलिए उन्हें ढूँढ़ने के लिए मुझे कहीं आने-जाने की आवश्यकता नहीं है। मुझे न तो पीहर में बसना है और न ही ससुराल में। मेरे लिए सतगुरु की संगति ही श्रेष्ठ है। यह संसार न तो तेरा है और न ही मेरा। इसलिए मीरा हरि के रंग में रँगकर उद्धार की विनती कर रही है।

सुरता सवागण नार, कुँवारी क्यूँ रही।
सतगुरु मिलिया नाँय, कुँवारी बीरा यूँ रही।
सतगुरु बेगि मिलाय, छिन में सवा सोदिया।
झटपट लगन लखाय, ब्याव बेगो छड़िया।
अड़द सुड़द के बीच, रतन चँवरी रची।
हर हतलेवा जोड़, सुरत फेरा फरे।
भाभल दीयो डाइजो रतन धन चार पदारथ प्रेम रा।
गेणो म्हारे ज्ञान रो, पेरायो हार हर नाम रा।
छोड़या छोड़या मामा मोसाल भुवा दस बेनड़ी।
छोड़ायो म्हारी सहेल्याँ रो साथ गुरा आगे जा खड़ी।
परण परणाय घणा दिन रही म्हारा बाप रे।
अब म्हूँ चढ़ गई ढोल बजाय घर चाली आपणे।
भँवर गुफा रे माँय पुरुष एक सार है।
सत सत कहे मीरा दास वही भरतार है।

मीरा की दृष्टि में आत्मा का परमात्मा से मिलन ही विवाह कहलाता है। जब आत्मा रूपी नवविवाहित ससुराल रूपी परमधाम में पहुँचती हैं तो अन्य आत्माएँ प्रश्न करती हैं कि तुम अब तक कुँवारी क्यों रही? मीरा उत्तर देते हुए कहती है कि अभी तक मुझे श्रीहरि के रूप में सतगुरु नहीं मिला था, इसलिए मैं कुँवारी अर्थात् अज्ञानी थी। सतगुरु के मिलने के बाद ही मुझे हरि की महिमा का ज्ञान हुआ। मैंने शीघ्रता से उसके साथ प्रीत लगा ली और उसे अपना साँवरिया मान लिया। मीरा कहती है कि मैं अनेक जन्मों से कुँवारी थी, क्योंकि उस समय सतगुरु नहीं मिला था। लेकिन उन्हें पाने के बाद ही मुक्ति-मार्ग का ज्ञान होता है। मीरा कहती है कि हरि ने मेरे अंतर्मन में विवाह का मंडप रचाया है। उन्होंने दहेज में प्रेम रूपी रत्न, ज्ञान रूपी गहने तथा नामदान का हार दिया है। मेरी आत्मा शब्द रूपी ढोल के साथ दैवी मंडलों पर चढ़कर पतिगृह अर्थात् परमधाम पहुँच गई है।

भज मन चरण कँवल अवणासी।
जेताई दीसाँ धरण गगन माँ, तेताई उठ जासी।
तीरथ बरताँ ग्याँण कथंता, कहा लियाँ करवत कासी।
या देही रो गरब णा करणा माटी माँ मिल जासी।
यो संसार चहर री बाजी, साँझ षड्याँ उठ जासी।
कहाँ भयाँ थाँ भगवाँ पहर्याँ, घर तज लयाँ संन्यासी।
जोगी होयाँ जुगत णाँ जाणा, उलट जणम फिर फाँसी।
अरज करा अबला कर जोरया, स्याम तुम्हारी दासी।
मीरा रे प्रभु गिरधरनागर, काट्याँ म्हारो गाँसी॥

हे मेरे मन! तू अविनाशी श्रीहरि के चरण-कमलों की वंदना कर। इस धरती और गगन में तुम्हें जो कुछ दिखाई दे रहा है, वह सब नाशवान है अर्थात् एक दिन सबकुछ नष्ट हो जाएगा। ईश्वर-प्राप्ति के लिए व्रत या ज्ञान-चर्चा करना, तीर्थाटन अथवा काशी में जाकर आश्रय लेना इत्यादि सब व्यर्थ है। हरि को प्राप्त करना है तो सिर्फ सच्चे हृदय से श्रद्धापूर्वक उसकी वंदना करो। इस देह पर कभी गर्व या अहंकार मत करो, क्योंकि एक दिन यह मिट्टी में मिल जाएगी। इस मायाग्रस्त संसार को उस चिड़िया के खेल की भाँति समझो जिसने संध्या होते ही उड़ जाना है। भगवा वस्त्र धारण करने या घर त्यागकर संन्यासी होने से ईश्वर की प्राप्ति नहीं होती। न ही यह मोक्ष-प्राप्ति के साधन हैं। यदि

जीवन-मृत्यु के चक्र से मुक्त होना चाहते हो तो केवल हरि की वंदना करो। ऐसे जोगी होने का कोई लाभ नहीं कि सिद्धि-विधि ही नहीं जानी जा सके और बार-बार जन्म के आवागमन की फाँसी गले में लगी रहे। हे श्याम! यह अबला हाथ जोड़कर विनती करती है कि मैं आपके चरणों की दासी हूँ। मुझपर अपनी कृपादृष्टि बनाए रखें। मीरा कहती हैं कि हे प्रभु गिरधरनागर! सांसारिक बंधनों को काटकर मुझ दासी को मुक्ति प्रदान करो।

भर मारी रे बाना मेरे सतगुरु बिरह लगाय के।
पाँवन पंगा कानन बहिरा, सूझत नाहीं नैना।
खड़ी खड़ी रे पंथ निहारूँ, मरम न कोई जाना।
सतगुरु औषधा ऐसी दीन्ही, रूम-रूम भई चैना।
सतगुरु जस्या बैद न कोई, पूछो बेद पुराना।
मीरा रे प्रभु गिरधरनागर अमरलोक में रहना।

मेरे सतगुरु! तूने विरह के तीर से मुझे घायल कर दिया है। मैं सुधबुध खो चुकी हूँ। मेरे पैर बेजान और कान बहरे हो गए हैं; नयनों को तुम्हारे अतिरिक्त कुछ भी दिखाई नहीं देता। अर्थात् हरि-भक्ति में डूबी मीरा बाहरी क्रियाएँ त्यागकर अंतर्मन में बसी हरि-छवि में लीन हो गई है। द्वार पर खड़ी-खड़ी मैं तुम्हारा मार्ग निहारती हूँ। विरह-वेदना से मेरा हृदय पीड़ित है। लेकिन सतगुरु के अतिरिक्त कोई भी मेरे मर्म को नहीं जानता। सतगुरु ने मुझे ऐसी औषधि दी है जिससे मेरे रोम-रोम को चैन मिल गया है। अर्थात् सतगुरु द्वारा दिए गए ज्ञान से मेरा अज्ञान रूपी अंधकार सदा के लिए मिट गया है। सतगुरु जैसा ज्ञानवान संसार में दूसरा कोई नहीं है। चाहे वेद-पुराण लिखनेवालों से पूछ लो।

अब तो निभायाँ, बाँह गह्याँरी लाज।
असरण सरण काह्याँ गिरधारी, पतित उधारत पाज।
भो सागर मझधार अधाराँ थें बिण घणो अकाज।
जुग जुग भीर हराँ भगतारीं, दीरयों मोच्छ नेवाज।
मीरा सरण गहाँ चरणाँरी, लाज रखाँ महाराज।।

मीरा श्रीकृष्ण से कहती हैं कि अब तो मेरी बाँह पकड़कर मेरी लाज निभा दो। हे गिरधारी! तुम अशरण को भी शरण देने वाले हो, पतितों का भी उद्धार करते हो। तुम्हारे बिना मैं भवसागर की मझधार में डूबती-उतरती हूँ।

युगों-युगों से तुम भक्तों के संकट हर उन्हें मोक्ष प्रदान कर रहे हो। हे महाराज! मीरा आपके चरणों की शरण में है। मुझ पर कृपा कर मेरी लाज रखो।

अब कोऊ कुछ कहो दिल लागा रे।
जाकी प्रीति लगी लालन से, कंचन मिला सुहागा रे।
हंसा की प्रकृति हंसा जाने, का जाने मर कागा रे।
तन भी लागा, मन भी लागा, ज्यों बाभण लग धागा रे।
मीरा रे प्रभु गिरधरनागर, भाग हमारा जागा रे॥

अब कोई कुछ भी कहता रहे, मेरा हृदय श्रीकृष्ण से लग गया है। जिसकी प्रीति श्रीकृष्ण से लग जाती है, उसका जीवन सोने पे सुहागे की तरह हो जाता है। उसके हृदय की प्रसन्नता और आनंद का अनुभव केवल वही कर सकता है। हंस की प्रकृति केवल हंस जान सकता है, भला कौआ उसके बारे में क्या जाने! श्रीकृष्ण के प्रेम में मेरा तन-मन ऐसा रम गया है जैसे ब्राह्मण के गले में जनेऊ। मीरा के प्रभु गिरधरनागर हैं। उनसे प्रीति लगाकर मेरा भाग्य जाग गया है।

अरे राणा पहले क्यों न बरजी, लागी गिरधरिया से प्रीत।
मार चाहे छाँड़ राणा, नहीं रहूँ मैं बरजी।
सगुन साहिब सुमरताँ रे, मैं थारे, कोठे खटकी।
राणाजी ने भेज्या विष रा प्याला, कर चरणामृत गटकी।
दीनबंधु साँवरिया है रे, जाणत है घट-घट की।
म्हारे हिरदा माँहि बसी है, लटकन मोर मुकुट की।
मीरा रे प्रभु गिरधरनागर मैं हूँ नागर नट की॥

अरे राणाजी! जब गिरधारी से मुझे प्रेम नहीं हुआ था, तब तुमने मुझे क्यों नहीं रोका? चाहे मुझे मार डालो या छोड़ दो, लेकिन अब मैं किसी तरह से नहीं रुकने वाली। मेरा मन श्याम के प्रेम में डूब गया है; मैं निरंतर उनका स्मरण करती हूँ, इसलिए मैं तुम्हारे मन में खटक रही हूँ। राणाजी ने मुझे मारने के लिए विष का प्याला भेजा था। लेकिन मैं उसे चरणामृत समझकर गटक गई। मेरे श्याम दीनबंधु और दयालु हैं। वे घट-घट के बारे में जानते हैं और अपने भक्तों पर आँच नहीं आने देते। मेरे हृदय में उनके मोर-मुकुट की झंकार बसी हुई है। मीरा कहती हैं कि हे प्रभु गिरधरनागर! मैं नटनागर के चरणों की दासी हूँ।

आसा प्रभु जाण, न दीजै हो।
तन-मन-धन की करि वारणै, हिरदे धरि लीजै, हो।
आव सखी मुख देखिए, नैणाँ रस पीजै, हो।
जिह-जिह विधि रीझै हरि सोई विधि कीजै, हो।
सुंदर श्याम सुहावणा, देख्याँ जीजै हो।
मीरा रे प्रभु रामजी, बड़ भागण रीझै हो॥

हे सखी! मन को मोहित करनेवाले प्रभु को स्वयं से दूर नहीं जाने देना चाहिए। अपना तन-मन-धन न्योछावर करके उसे अपने हृदय में बसा लेना चाहिए। आओ सखी! प्रभु का सुंदर मुख दो, उनके नयनों के रस का पान करो। जिन-जिन विधि से हरि रीझते हैं, उन्हीं-उन्हीं विधि से उन्हें मोह लें। ऐसे सुंदर-सलोने श्याम को देखने से अपार सुख मिलता है। मीरा कहती हैं कि प्रभु राम (श्रीकृष्ण) बड़े भाग्यवान् पर ही रीझते हैं।

आजु शुण्या हरी आवाँ रही, आवाँ री मण भावाँ री।
घरि ण आवाँ गेउ लखावाँ, बाण पड्या ललचावाँ री।
णेणा म्हारा कह्याँ ण माणा, णीर झरयाँ निश जावां री।
काँई करयाँ कछु णा बस म्हारो, णा म्हारे पंख उड़वाँ री।
मीरा रे प्रभु गिरधरनागर, बाट जोहाँ थें आवाँरी॥

आज सुना है कि हरि आने वाले हैं, मेरे मनभावन आनेवाले हैं। अभी वे घर नहीं पहुँचे, मार्ग में उन्हें देखा है। उन्हें देखते ही मेरा हृदय ललचा गया। मेरे नयन वश में नहीं रहे; ये मेरा कहना नहीं मानते। इनसे निरंतर नीर बरस रहा है। क्या करूँ, इन पर मेरा वश नहीं रहा। न मेरे पंख हैं, जो उड़कर उनके पास चली जाऊँ। मीरा कहती हैं कि मेरे प्रभु गिरधरनागर हैं। मैं उन्हीं के आने की बाट देख रही हूँ।

आज्यो आज्यो गोविंदा म्हारे म्हैल,
निहाराँ थारी बाटड़ली खड़ी जी, म्हारै आज्यो।
तन का त्यागूँ कापड़ा जी, ऊगंते परभात।
खड़ी जोवती राह में जी, सतगुरु पोंछे आय।
पियालो लियाँ हाजिर खड़ी जी।
साधु हमारी आतमा जी, हम साधुन की देह।
रोम रोम में रम रही जी, ज्यूँ बादल में मेह।

सुरत हरि नाम से लगी जी।
मीरा हरि की लाडिली जी, तुम मीरा के स्याम।
मीरा रे प्रभु गिरधरनागर, दरसण द्यो म्होर राम।
सुरत निज नाम से लगी जी॥

आओ, आओ गोविंद! हमारे महल में आओ। मैं कब से खड़ी हुई तुम्हारी राह देख रही हूँ; मेरे पास आ जाओ। हे गोविंद! भोर होते ही यदि तुमने दर्शन नहीं दिए तो मैं अपने तन रूपी वस्त्र का त्याग कर दूँगी। दरवाजे पर खड़ी हुई मैं तुम्हारी राह देख रही हूँ। हाथ में प्याला लिये मैं हाजिर खड़ी हूँ। साधु (हरि) मेरी आत्मा हैं और मैं साधु (हरि) का शरीर हूँ। जिस प्रकार बादल में पानी समाता है, उसी प्रकार हरि मेरे रोम-रोम में समा गए हैं। हरि नाम की सूरत से मेरा मन लग गया है। मीरा हरि की लाड़ली है और श्याम मीरा के हैं। मीरा कहती है कि हे प्रभु गिरधरनागर! दर्शन देकर मुझपर कृपा करो राम। मेरा मन अब तुम्हारे नाम की सूरत में लग गया है।

कोई कछु कहो रे रंग लाग्यो, रंग लाग्यो भ्रम भाग्यो।
लोक कहैं मीरा भई बाबरी, भ्रम दूनी ने खाग्यो।
कोई कहै रंग लाग्यो।
मीरा साधाँ में यूँ रम बैठी, ज्यूँ गूदड़ी में तागो।
सोने में सुहागो।
मीरा सूती अपने भवन में, सतगुरु आप जगाग्यो।
ज्ञानी गुरु आप जगाग्यो॥

आज कोई कुछ भी कहता रहे, लेकिन मैं श्याम के रंग में पूरी तरह से रँग गई हूँ। उनके प्रेम का रंग लगते ही मेरे सारे भ्रम दूर हो गए हैं। लोग कहते हैं कि मीरा बावरी हो गई है। लेकिन यह दुनिया का भ्रम है। कोई कहता है कि मीरा को श्याम का रंग लग गया है। मीरा साधुओं के बीच में इस प्रकार रम गई है जैसे गूदड़ी में धागा समाहित हो जाता है। और फिर सोने पे सुहागा। मीरा कहती हैं कि मैं अज्ञानी अपने भवन में निद्रामग्न थी। सतगुरु ने आकर मुझे उठाया और श्याम के रंग में रँग गए। ज्ञानी गुरु के जगाने से मेरे समस्त भ्रम दूर हो गए हैं।

कोई स्याम मनोहर ल्योरी, सिर धरे मटकिया डोले।
दधि को नाँव बिसर गई ग्वालन, 'हरिल्यो हरिल्यो' बोलै।

मीरा रे प्रभु गिरधनागर, चेरी भई बिन मोलै।
कृष्ण रूप छकी है ग्वालिन, औरहि औरै बोलै॥

श्याम की दीवानी गोपियों ने सिर पर दूध-दही की मटकियाँ रखी हुई हैं। मटकियाँ हिल-डुल रही हैं और श्याम के रंग में रँगी हुई गोपियाँ निरंतर उनकी यादों में खोई हुई हैं। उनपर श्याम का रंग इस प्रकार चढ़ गया है कि वे दही का नाम भूलकर 'हरि ले लो' कह रही हैं। मीरा कहती हैं कि हे प्रभु गिरधरनागर! ये गोपियाँ बिना मूल्य के ही तुम्हारे चरणों की दासियाँ बन गई हैं। कृष्ण के स्वरूप का छककर पान करके सभी ग्वालिनें बहक-सी गई हैं और कुछ-का कुछ बोल रही हैं।

उर में माखनचोर पड़े।
अब कैसे हुँ निकसत नहिं ऊधो, तिरछे ह्वै जे अड़े।
णेणा बणज बसावाँ री, म्हारा साँवरा आवाँ।
णैणा म्हाँला साँवरा राज्याँ, डरता पलक णा लावाँ।
म्हारां हिरदां बस्ताँ मुरारी, पल-पल दरसण पावाँ।
स्याम मिलण सिंगार सजावाँ, सुखरी सेज बिछावाँ।
मीरा रे प्रभु गिरधरनागर, बार-बार बलि जावाँ॥

मेरे हृदय में माखनचोर बस गए हैं। हे उद्धव! अब उन्हें किस प्रकार हृदय से निकालूँ? वे तो तिरछे होकर हृदय में गड़ गए हैं। पलकें झपकने से भी अब डर नहीं लगता। इससे मैं अपने कृष्ण के दर्शन कर लेती हूँ। मेरे हृदय में मुरारी बसते हैं और मैं पल-पल उनके दर्शन करती हूँ। श्याम से मिलने के लिए ही मैं शृंगार करती हूँ, सुख की सेज सजाती हूँ। मीरा कहती हैं कि हे प्रभु गिरधरनागर! तुम पर मैं बार-बार बलिहारी जाऊँ।

को विहरिणी को दुःख जाणै हो।
जा घट बिरहा सोई लख है, कै कोई हरि जन मानै हो।
रोगी अंतर वैद बसत है, वैद ही ओखद जाणै हो।
विरह करद उरि अंतर माँहि, हरि बिन सुख कानै हो।
दुग्धा आरत फिरै दुखारि, सुरत बसी सुत मानै हो।
चातग स्वाति बूंद मन मांहि, पिव-पिव उकताणै हो।
सब जग कूड़ो कंटक दुनिया, दरध न कोई पिछाणै हो।
मीरा के पति आप रमैया, दूजा नहिं कोई छाणै हो॥

भला कौन विरह-वेदना से पीड़ित (विरहिणी) का दर्द जान सकता है? जिसका हृदय विरह की वेदना से पीड़ित है अथवा जो हरि का भक्त है, केवल वह ही इसका अनुभव कर सकता है। जिस प्रकार रोगी के मन में वैद्य बसता है और वैद्य ही उसकी औषधि जानता है, उसी प्रकार मेरे हृदय में विरह की कटार घुस गई है। अब हरि के बिना मेरे हृदय को सुख नहीं मिल सकता। वे ही मेरी वेदना का उपचार कर सकते हैं। विरह-वेदना से पीड़ित होकर मैं दुखियारी मारी-मारी भटक रही हूँ। मेरे हृदय में जिसकी सूरत बसी हुई है, उसी की प्राप्ति में मेरा सुख निहित है। चातक के हृदय में स्वाति नक्षत्र की बूँद की चाह होती है। उसे प्राप्त करने के लिए वह व्याकुल होकर 'पिया-पिया' का उच्चारण करता है। मेरी अवस्था भी चातक के समान हो गई है। मेरा हृदय निरंतर हरि-नाम का जाप करता है। उनके अतिरिक्त सारा जगत् मुझे मिथ्या और संसार काँटों से भरा प्रतीत होता है। यहाँ कोई किसी के दर्द को नहीं पहचानता। मीरा कहती हैं कि हे रमैया! आप ही मेरे पति हैं। आपके अतिरिक्त कोई दूसरा मेरा रक्षक नहीं हो सकता।

काहू की मैं बरजी नाहीं रहूँ।
जो कोई मोकूँ एक कहै मैं एक की लाख कहूँ।
सास की जाई मेरी ननद हठीला, यह दुःख किनसे कहूँ।
मीरा रे प्रभु गिरधरनागर, जग उपहास सहूँ॥

आज मैं किसी के रोकने से रुकनेवाली नहीं हूँ। कृष्ण से मेरा नाता कभी नहीं टूट सकता। यदि इस विषय में कोई मुझे एक सुनाएगा तो मैं उसे एक के बदले लाख बातें सुना दूँगी। सास से पैदा हुई मेरी ननद बहुत हठीली है; अपना दुःख किससे कहूँ? मीरा कहती हैं कि हे प्रभु गिरधरनागर! तुमसे प्रीति लगाकर मैं जगत् का उपहास भी सह लूँगी, लेकिन अपने मार्ग से कभी पीछे नहीं हटूँगी।

कैसे जिऊँ री माई, हरि बिन कैसे जिऊँ री।
उदक दादुर पीनवत है जल से ही उपजाई।
पल एक जल कूँ मीन बिसरे, तलफत मर जाई।
पिया बिन पीली भई रे, ज्यों काठ घुन खाय।
औषध मूल न संचरै, रे बाला बैद फिरि जाय।
उदासी होय बन बन फिरूँ, रे बिथा तन छाई।
दासी मीरा लाल गिरधर, मिल्या है सुखदाई॥

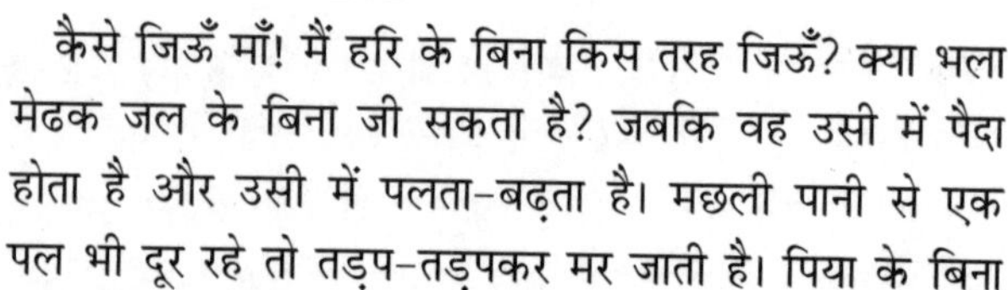

कैसे जिऊँ माँ! मैं हरि के बिना किस तरह जिऊँ? क्या भला मेढक जल के बिना जी सकता है? जबकि वह उसी में पैदा होता है और उसी में पलता-बढ़ता है। मछली पानी से एक पल भी दूर रहे तो तड़प-तड़पकर मर जाती है। पिया के बिना मैं भी पीली पड़ गई हूँ। मेरी दशा ऐसी हो गई है मानो काठ (लकड़ी) को घुन खा गया हो। हे श्याम! औषधि से मेरे रोग का निदान असंभव है। वैद्य आकर देखता है और निराश होकर लौट जाता है। तुम्हारे वियोग में उदास होकर मैं वन-वन घूम रही हूँ। मेरे तन पर व्यथा छा गई है। मीरा कहती हैं कि हे गिरधरलाल! मैं तुम्हारे चरणों की दासी हूँ। तुमसे नाता जोड़कर मुझे अपार सुख मिला है।

कहाँ कहाँ जाऊँ तेरे साथ कन्हैया।
बिंद्रावन की कुंज गलिन में, गहे लीनो मेरो हाथ।
दध मेरो खायो मटकिया फोरी, लीना भूज भर साथ।
लपट झपट मोरी गागर पटकी, साँवरी सलोने लोने गात।
कबहुँ न दान लियो मनमोहन, सदा गोकल आत-जात।
मीरा रे प्रभु गिरधरनागर, जनम-जनम के नाथ॥

हे कन्हैया! मैं तुम्हारे साथ कहाँ-कहाँ जाऊँ? वृंदावन की कुंज गलियों में तुमने मेरा हाथ थाम लिया, दही खाकर मेरी मटकी फोड़ दी और मुझे अपनी बाँहों में भर लिया, फिर मेरे साँवरे-सलोने ने लिपटते-झपटते मेरी गागर तोड़ दी। गोकुल में आते-जाते मनमोहन ने कभी कुछ नहीं माँगा। जिस वस्तु की इच्छा हुई उसे झपटकर ले लिया। मीरा कहती हैं हे प्रभु गिरधरलाल! तुम मेरे जन्म-जन्म के स्वामी हो। मुझे अपने साथ ले चलो।

कोई कहियौ रे प्रभु आवन की, आवन की मनभावन की।
आप न आवै लिख नहिं भेजै, बाँण पड़ी ललचावन की।
ऐ दोई नैणा कह्यौ नहिं मानैं, नदियाँ बहै जैसे सावन की।
कहा करूं कुछ नहिं बस मेरो, पाँख नहिं उड़ जावन की।
मीरा कहै प्रभु कब रै मिलोगे, चेरी भई हूँ तेरे दावँण की॥

मीरा कहती है कि हैं प्रभु! कभी तो आने की बात करो, आकर मेरे मन को प्रसन्न करो। किंतु आप न तो आते हो और न ही आने का कोई संदेश भेजते हो। ऐसा लगता है कि शायद आपको मुझे तड़पाने की आदत हो गई है। मेरे ये

नयन भी मेरा कहना नहीं मानते। इनसे उसी प्रकार निरंतर आँसू बहते रहते हैं जिस प्रकार सावन की नदियाँ बहती हैं। क्या करूँ, मेरे वश में कुछ नहीं है। पंख नहीं हैं, अन्यथा मैं उड़कर तुम्हारे पास आ जाती। मीरा कहती हैं कि हे प्रभु! आप कब दर्शन दोगे? मुझसे कब मिलोगे? मैं तो आपके दामन की दासी बन गई हूँ।

मेरे घर आवौ सुंदर स्याम।
तुम आया बिन सुष नाहीं मेरे, पीरी परी जैसे पान।
मेरे आसा और न स्वामी, एक तिहारो ध्यान।
मीरा रे प्रभु बेगि मिलौ, अब राषा जी मेरो मान॥

मेरे घर आओ, मेरे सुंदर श्याम। तुम्हारे आए बिना मुझे सुख नहीं मिल सकता। तुम्हारे बिना मैं ऐसी पीली हो गई हूँ जैसे पान का पत्ता। हे स्वामी! मेरी आशा केवल आपसे ही जुड़ी हुई है। मैं हर पल एक आपका ही ध्यान करती हूँ। आप ही मेरे मन-मस्तिष्क में बसे हुए हैं। मीरा कहती हैं कि हे प्रभु! जल्दी आकर मिलो और मेरा मान रखो।

म्हारे घर आवो स्याम, गोठडी कराइयै।
आनंद उछाव करूँ तन मन भेंट धरूँ।
मैं तो हूँ तुम्हारी दासी, ताकूँ तौ चितारियै।
गगन गरजि आयौ, बदरा बरसि भायौ।
सारंग सबद सुनि, ब्रिहनी पुकारियै।
घर आवो स्याम तेरे, मैं तो लागूँ पाँय तेरे।
मीरा कूँ सरणि लीजै, बलि बलिहारियै॥

मेरे घर आओ, हे श्याम। हम दोनों बैठकर बातें करेंगे। तुम्हारे आने से मैं आनंद और प्रसन्नता का अनुभव करूँगी और अपना तन-मन आपको भेंट कर दूँगी। मैं तुम्हारी दासी हूँ, फिर भी मेरी खोज-खबर नहीं लेते। आकाश गरज रहा है और बादल बरस रहे हैं। पपीहे के बोल सुनकर मेरा हृदय व्याकुल हो रहा है और तड़पकर पुकार रहा है, हे श्याम! अब तो मेरे घर आओ। मैं तुम्हारे पैर पड़ती हूँ। मीरा को शरण में ले लो। मैं तुम पर बलिहारी हूँ।

म्हारे घर रमतो ही जोगीया, तू आवँ।
कानाँ विच कुंडल गले विच सेली, अंग भभूत रमाय।

तुम देख्याँ बिन कल न पड़त है, ग्रिह अँगणो न सुहाय।
मीरा रे प्रभु हरि अबिनासी, दरसख द्यौन मोकूँ आय॥

जोगिया (कृष्ण)! घूमते-फिरते कभी तो मेरे घर आओ। आकर देखो कि तुम्हारी विरह में मैंने कानों में कुंडल और गले में माला डालकर तन पर भभूत लगा ली है। तुम्हें देखे बिना मुझे चैन नहीं पड़ता। तुम्हारे बिना घर-आँगन भी नहीं सुहाते। मीरा कहती हैं कि हे प्रभु अविनाशी हरि! अब बिना विलंब किए मुझे दर्शन देकर कृतार्थ करो।

म्हारे घर आज्यो प्रियतम प्यारा, तुम बिन सब जग खारा।
तन-मन-धन सब भेंट करूँ, ओ भजन करूँ मैं थारा।
तुम गुणवंत बड़े गुणसागर, मैं हूँ जी औगणहारा।
मैं निगुणी गुण एकौ नाहीं तुम हो बगसण हारा।
मीरा कहे प्रभु कबहि मिलौगे, थाँ बिन नैण दुष्यारा॥

मेरे प्रियतम! मेरे प्यारे! मेरे घर आओ। तुम्हारे बिना सारा संसार सारहीन है। मैं अपना तन-मन-धन सबकुछ आपके चरणों में अर्पित कर दूँगी और दिन-रात निरंतर आपका भजन करूँगी। सारा संसार जानता है कि तुम गुणों से युक्त गुणसागर हो और मैं गुण-विहीन हूँ। मुझ निगुणी में एक भी गुण नहीं है। इसलिए मेरे अवगुणों पर ध्यान मत देना। मीरा कहती हैं कि हे प्रभु! मुझसे कब मिलोगे? कब अपने दर्शन दोगे? तुम्हारा इंतजार करते-करते मेरे नयन भी थक गए हैं।

म्हारे घर होता आज्यो महाराज।
नेण बिछास्यूँ, हिवड़ो, सर पर राखूँ विराज।
पाँवड़ाँ म्हारो भाग सवारण, जगत उधारण काज।
संकट मेट्या भगत जणाराँ थाप्याँ पुन्न रा पाज।
मीरा रे प्रभु गिरधरनागर बाँह गह्यारी लाज॥

हे महाराज (कृष्ण)! मेरे घर होकर जाना। तुम्हारे मार्ग पर मैंने नयन बिछा रखे हैं; तुम्हें हृदय में समाहित कर सिर पर बिठा लिया है। जगत् का उद्धार करते समय मेरे घर में तुम्हारे चरण पड़ने से मेरा भाग्य सँवर जाएगा। तुमने सदा भक्तों के संकटों को मिटाया है, पाप का नाश करके पुण्य की स्थापना की है। मीरा कहती हैं कि हे प्रभु गिरधननागर! मैंने तुम्हारी बाँह थाम ली है, मेरी लाज रखना।

म्हारो ओलगिया घर आज्यो जी।
तरणी ताप मिट्याँ सुख पास्याँ, हिलमिल मंगल गाज्यो जी।
घणरी घुण सुण मोर मगण भयाँ, म्हारे आँगल आज्यो जी।
चंदा देख कमोदण फूलाँ, हरख भयाँ म्हारे छाज्यो जी।
यम रूम म्हारो सीतल सजणी, मोहन आँगण आज्यो जी।
सब भगताँरा कारज साधाँ, म्हारा परण निभाज्यो जी।
मीरा विरहण गिरधरनागर, मिल दुख दंदा छाज्यो जी॥

मेरे परदेसी! मेरे घर आ जाओ। तुम्हारे आने से मेरे तन का ताप नष्ट हो जाएगा और मेरे हृदय को अपार सुख मिलेगा। तब हम मिल-जुलकर मंगल गीत गाएँगे। बादलों का गर्जन सुनकर मोर मग्न हो गया है। ऐसे सुहावने मौसम में तुम हमारे आँगन में आओ। चंद्रमा को देखकर कुमुदिनी प्रसन्नता से फूलने लगती है। उसी प्रकार तुम हर्ष बनकर मेरे घर आ जाओ। तुम्हारे आने से मेरे तन का रोम-रोम शीतल हो जाएगा। सभी जानते हैं कि तुम भक्तों के कार्य संपन्न करते हो। तो अब मेरा प्रण भी निभाओ। मीरा विरह-वेदना से तड़पती हुई कहती हैं कि हे गिरधरनागर! मेरे दुःख-द्वंद्वों को हर लो।

म्हारे डेरे आज्यो जी महाराज।
चुणि-चुणि कलियाँ रेज बिछायो, नख-सिख पहर्यो साज।
जनम जनम की दासी तेरी, तुम मेरे सिरताज।
मीरा रें प्रभु हरि अबिनासी, दरसण दीज्यौ आज॥

अब तो मेरे घर आओ महाराज (कृष्ण)। कलियाँ चुन-चुनकर मैंने सेज सजाई है तथा नख से शिख तक सजकर बैठी हूँ। मैं तुम्हारी जन्म-जन्म की दासी हूँ और तुम मेरे सरताज हो। मीरा कहती हैं कि हे प्रभु अविनाशी हरि! आज दर्शन देकर मुझे कृतार्थ करो।

माई साँवरे रंग राँची।
साज-सिंगार बांध पग घूंघर, लोक-लाज तज नाँची।
गयाँ कुमत लयाँ साधाँ, संगत स्याम प्रीत जग साँची।
गायाँ गायाँ हरि गुण निसदिन, काल व्याल री बाँची।
श्याम बिणा जग खाराँ लागाँ जगरी बाताँ काँची।
मीरा सिरी गिरधर नट नागर, भगति रसीली जाँची।

माँ! मैं साँवरे के रंग में रच-बस गई हूँ। उनके प्रेम के वशीभूत होकर मैंने साज-श्रृंगार त्यागकर पैरों में घुँघरू बाँध लिये हैं और लोक-लाज त्यागकर श्याम के सम्मुख नाचती हूँ। साधु जन की संगत में जाते ही मेरी कुमति नष्ट हो गई मैं जान चुकी हूँ कि इस संसार में केवल श्याम की प्रीत ही सच्ची है। अब मैं प्रतिदिन हरि-गुण का गान करती हूँ। यही कारण है कि मैं काल-व्याल से सुरक्षित हूँ। श्याम के बिना यह सारा संसार सारहीन तथा संसार की सारी बातें लक्ष्यहीन लगती हैं। श्याम से प्रीत लगाने के बाद सबकुछ मिथ्या लगने लगता है। मीरा कहती हैं कि हे गिरधर नटनागर! तुम्हारे रँग में रँगने के बाद मुझे केवल भक्ति ही रसीली प्रतीत होती है।

माई मेरो मोहने मन हर्‌यो।
कहा करूँ कित जाऊँ सजनी, प्रान पुरुष सूँ बर्‌यो।
हूँ जल भरने जात थी सजनी, कलस माथे करयो।
साँवरी सी किसोर मूरत, कछुक टोनो करयो।
लोक साज बिसरि डारी, तबहीं कारज सरयो।
दासि मीरा लाल गिरधर, छान ये वर बरयो॥

माँ! मोहन ने मेरे मन को चुरा लिया है। सखी! अब मैं क्या करूँ, कहाँ जाऊँ? मेरे प्राण उसी पुरुष (कृष्ण) में अटके हुए हैं। सखी! सिर पर कलश रखकर मैं जल भरने जा रही थी। मार्ग में साँवरी-सी किशोर मूरत दिखाई दे गई। उसने न जाने कैसा जादू-टोना कर दिया कि मैं सुधबुध खो बैठी। मैंने लोक-लाज को भुला दिया, उसके बाद ही मेरा कार्य सिद्ध हुआ। अर्थात् संसार से नाता तोड़ने के बाद ही हरि की प्राप्ति होती है। मीरा कहती हैं कि हे गिरधरनागर! मैं तुम्हारी दासी हूँ। मैंने चुनकर तुम्हें वर के रूप में स्वीकार किया है।

म्हाणो चाकर राखाँ जी गिरधारी लाल चाकर राखाँ जी।
चाकर रहस्यूँ बाग लगास्यूँ नित उठ दरसण पास्यूँ।
बिंद्रावन री कुंज गलिन माँ, गोविंद लीला गास्यूँ।
चाकरी में दरसण पास्यूं, जणम जणम री तरसी।
मोर मुकुट पीतांबर सोहां, गल बैजंती मालो।
बिंद्रावन माँ धेण चरावाँ मोहन मुरली वालो।
हर हरे ण्वा कुंज लगास्यूँ, बीचा बीचा बारी।

सॉंवरिया रो दरसण पास्यूँ पहण कुसुम्बी सारी।
मीरा रे प्रभु गिरधरनागर, हिवड़ो घणो अधीरा।
आधी रात प्रभु दरसण दीस्यो, जमण जी रे रीता॥

हे गिरधारी लाल! मैं विनती करती हूँ कि मुझे अपनी दासी बनाकर रख लो। नौकरानी बनकर मैं आपके बाग-बगीचे की देखभाल करूँगी और प्रतिदिन उठते ही आपके दर्शन करूँगी। वृंदावन की कुंज गलियों में गोविंद-लीला का गान करूँगी। चाकरी करने के बदले मुझे आपके दर्शन मिलेंगे। इसके लिए मैं जन्म-जन्म से तरस रही हूँ। सिर पर मोर-मुकुट, तन पर पीतांबर और गले में वैजंती माला सुशोभित हैं। वृंदावन में मैं मुरलीवाले की गायों को चराया करूँगी। हरे-हरे वृक्ष (कुंज) लगाकर उनके बीच में बाड़ खड़ी करूँगी। कुसुम की साड़ी पहनकर प्रतिदिन सॉंवरिया के दर्शन करूँगी। मीरा कहती हैं कि हे प्रभु गिरधरनागर! मेरा हृदय अधीर हो रहा है। हे प्रभु! आधी रात को यमुना के किनारे दर्शन दो।

म्हारे मन राधा स्याम बसी।
कोई कहै मीरा भई बावरी, कोई कहै कुलनासी।
खोल के घूँघट प्यार के गाती, हरि ढिग नाचत गासी।
बृंदावन की कुंज गलिन में, भाल तिलक उर लासी।
विष को प्याला राणा जी भेज्याँ, पीवत मीरा हांसी।
मीरा रे प्रभु गिरधरनागर, भक्ति मार्ग में फँसी॥

भक्ति में डूबी मीरा कहती हैं कि मेरे मन में राधा-कृष्ण बसे हैं। मेरी दशा देखकर कोई कहता है कि मीरा बावरी हो गई है तो कोई कहता है कि वह कुल का नाश करती है। घूँघट खोलकर अर्थात् लोक-लाज छोड़कर वह कृष्ण संग नाचते हुए प्रेम के गीत गाती है। मस्तक और हृदय पर तिलक लगाकर वह वृंदावन की कुंज गलियों में कृष्ण के साथ भटकती है। मीरा की निर्लज्जता देखकर राणाजी ने उसे मारने के लिए विष का प्याला भेजा था। लेकिन मीरा उसे हरि का चरणामृत समझकर हँसते-हँसते पी गईं। मीरा कहती हैं कि हे प्रभु गिरधरनागर! मैं भक्ति मार्ग में इस प्रकार फँस गई हूँ कि अब मुझे किसी बात का होश नहीं।

मुझ अबला ने मोटी नीरांत थई रे।
छामली धरेणु मारे साँचु रे।

बाली घड़ावुँ बिट्ठल बर केरी, हार हरि नो मारे हइये रे।
चित्त माला चतुरभुज चुड़लो, शिव सोनरी धरै जइये रे।
झाँझरिया जगजीवन केरा, कृष्णजी कड़ला ने काँवी रे।
बीछिंया घुंघरा रामनारायण नाव अणवट अंतरजामी रे।
पेटी घड़ावुँ पुरुषोत्तम केरी, शीकम नाम नूँ तालूँ रे।
कूची कराबूँ करुणानंद फेरी, तेमाँ घरेणु मारूँ घालुं रे।
सासर वासो सजी, से बैठो, हवे नथी कँई काँचूँ रे।
मीरा रे प्रभु गिरधरनागर, हरिने चरण जाँचूँ रे॥

मुझ अबला को अब किसी बात की चिंता नहीं है। मुझे अपने हरि-प्रेम पर गहरा विश्वास है। उसी से खिंचा-खिंचा हरि मेरे घर आया है। मैं अपने विट्ठल (कृष्ण) के लिए बाली बनवाऊँ? मेरे पास हरि-नाम का हार है। चतुर्भुज कृष्ण के रूप में चूड़ा और चित्त में माला भी है। फिर किसलिए मैं सुनार के घर जाऊँ? झाँझरिया संसार के लिए है। मेरे हाथों में कृष्ण का कड़ा और पैरों में कृष्ण की पायल है। रामनारायण के रूप में बिछुए, घुँघरू और छल्ले उपलब्ध हैं। मैं पुरुषोत्तम नाम की पेटी और त्रिविक्रम की ताली बनवाऊँगी। करुणानंद की ताल बनवाकर उसे घर के अंदर सँभालकर रखूँगी। कृष्ण मुझे लेने आया है। मैं सज-धजकर बैठी हुई हूँ, लेकिन मेरे तन पर चोली नहीं है। मीरा कहती हैं कि हे प्रभु गिरधरनागर! मैं बस हरि-चरणों का भजन करती हूँ।

म्हाँ गिरधर रंग राती, सैयाँ म्हाँ।
पंचरंग चोला पहरया सखी म्हाँ, झिरमिट खेलण जाती।
वाँ झरमिट माँ मिल्यो साँवरो, देख्याँ तण-मण राती।
जिणरो पिया परदेस बस्याँरी, लिख लिख भेज्याँ पाती।
म्हारा पियाँ म्हारे हीयड़े बसताँ णा आवाँ णा जाती।
मीरा रे प्रभु गिरधरनागर मग जोवाँ दिण राती॥

मेरे सैंया! मैं तो गिरधर के रंग में रँग गई हूँ। हे सखी! पाँच रंग का चोला पहनकर मैं झिरमिट (घड़े के ऊपर घड़े रखना और उसपर दीप रखकर नाचना) खेलने जाती हूँ। वहाँ झिरमिट में मुझे साँवरा मिल गया। उसे देखकर मैं तन-मन से उसकी दीवानी हो गई। जिनके पिया परदेश में जाकर बस गए हैं, वे उन्हें पत्र लिख-लिखकर भेजती हैं। लेकिन मेरे पिया तो मेरे हृदय में

बसते हैं। इसलिए मुझे कहीं आना-जाना नहीं पड़ता। मीरा कहती हैं कि हे प्रभु गिरधरनागर! मैं तो हरि-चरणों का ही भजन करती हूँ।

मुरलिया बाजा जमणा तीर।
मुरली म्हारो मण हर लीन्हो चित्त धराँ णा धीर।
स्याम कण्हैया स्याम कमरयाँ, स्याम जमणरो नीर।
धुण मुरली शुण सुध बुध बिसरां, जर जर म्हारो सरीर।
मीरा रे प्रभु गिरधनागर, बेग हर्‌याँ म्हा पीर॥

यमुना के किनारे मुरली बज रही है। मुरली के स्वरों ने मेरे मन को चुरा लिया है। अब मेरा चित्त धैर्य नहीं रख पा रहा है। मेरा कन्हैया श्याम रंग का है; उसकी कमर श्याम वर्ण की तथा यमुना का पानी भी श्याम वर्ण है। मुरली की धुन सुनकर मैं अपनी सारी सुध-बुध खो बैठी हूँ। मेरे शरीर का एक-एक भाग जड़ हो गया है। मीरा कहती हैं कि हे प्रभु गिरधरनागर! तुम्हारी मुरली ने मेरे होश छीन लिये हैं। अब शीघ्र आकर मेरी पीड़ा हर लो।

मीरा मगन भई हरि के गुण गाय।
साँप पिटारा राणा भेज्यों, मीरा हाथ दिया जाय।
न्हाय धोय जब देखण लागी, सालिगराम गई पाय।
जहर का प्याला राणा भेज्या, अमृत दीन्ह बनाय।
न्याह धोय जब पीवण लागी, हो अमर अंचाय।
सूल सेज राणा ने भेजी, दीज्यो, मीरा सुलाय।
साँझ भई मीरा सोवण लागी, मानो फूल बिछाय।
मीरा रे प्रभु सदा सहाई, राखे बिघन हटाय।
भजन भाव में मस्त बोलती, गिरधर पै बलि जाय॥

मीरा मग्न होकर हरि-गुण गा रही हैं। इससे क्रोधित होकर राणाजी ने विषैले सर्पों की टोकरी भिजवाई और लानेवाले ने वह टोकरी मीरा के हाथों में थमा दी। नहा-धोकर जब मीरा ने टोकरी खोली तो उसमें से उसे शालिग्राम प्राप्त हुआ। तब राणाजी ने अमृत कहकर जहर का प्याला भेजा। नहा-धोकर जब मीरा उसे पीने लगीं तो वह जहर वास्तव में अमृत बन गया। राणा ने शूलों की सेज भेजी और उस पर मीरा को सोने के लिए कहा। साँझ को जब मीरा उस पर सोईं तो लगा मानो वह फूलों की सेज में बदल गई हो। मीरा कहती

हैं कि हे प्रभु! तुम भक्तों की सदैव रक्षा करते हो। उनके मार्ग के सभी विघ्न दूर कर देते हो। मीरा भजन-भाव में मग्न होकर डोलती हैं और गिरधर पर बलिहारी जाती हैं।

म्हारो साँवरो ब्रजवासी।
जग सुहाग मिथ्यारी सजणी, होवाँ हो मट ज्यासी।
बरन कर्‌याँ अबिनासी म्हारो, काल व्याल णा खासी।
म्हारो प्रीतम हिरदाँ, दरस लह्याँ सुखरासी।
मीरा रे प्रभु अबिनासी, सरण गह्याँ थें दासी॥

मीरा कहती हैं कि मेरा साँवरिया (कृष्ण) ब्रजवासी है। सखी, ये सांसारिक सुहाग मिथ्या हैं। एक-न-दिन सब मिट जाएँगे। इसलिए इनका होना, न होना व्यर्थ है। मैंने वर-रूप में उस अविनाशी हरि का वरण कर लिया है, जिसे काल रूपी सर्प भी नहीं खा सकता। मेरे प्रियतम मेरे हृदय में बसते हैं। उनके दर्शन करके अपार सुख मिलता है। मीरा कहती हैं कि हे प्रभु अविनाशी! ये दासी तुम्हारी शरण में है। मुझपर अपनी कृपा करें।

मतवारो बादर आए रे, हरि को सनेसो कबहुँ न लाए रे।
दादर मोर पपइया बोलै, कोयल सबद सुणाए रे।
गकारी अँधियारी बिजली चमकै, बिरहरिण, अति डरपाए रे।
गाजै बाजै पवन मधुरिया, मेहा अति झड़ लाए रे।
कारी नाग बिरह अति जारी, मीरा मन हरि भाए रे॥

मतवाले बादल आ हुए हैं, किंतु वे हरि का संदेश नहीं लाए। मेढक, मोर और पपीहे की बोलियाँ सुनाई पड़ रही हैं; कोयल भी मधुर स्वर सुना रही है। ऐसे मादक और अँधियारे वातावरण में बिजली चमकती है तो विरहिणी अत्यंत भयभीत हो जाती है। गरजती और शोर मचाती पवन मधुर वेग में बह रही है। मेघ वर्षा की झड़ी लाए हैं। विरह का नाग दहक रहा है। लेकिन फिर भी मीरा सबकुछ सह रही हैं क्योंकि उनके हृदय में हरि बसे हुए हैं।

म्हाँरो सुध ज्यूँ जानो ज्यूँ लीजो जी।
पल-पल भीतर पथ निहारूँ दरसण म्हाँने दीजो जी।
मैं तो हूँ बहु औगुणहारी, औगुण चित मत दीजो जी।
मैं तो दासी धारे चरण कँवल की, मिल बिछुरन मत कीजो जी।
मीरा तो सतगुरु जी सरणे, हरि चरणाँ चित दीजो जी॥

तुम जिस तरह चाहो, मेरी सुध ले लो। मैं पल-पल तुम्हारी राह निहार रही हूँ। मुझे दर्शन देने की कृपा करो, जिससे मेरे हृदय को शांति मिल सकें मुझमें बहुत से अवगुण हैं। लेकिन तुम उन पर ध्यान मत दो। मैं तो तुम्हारे चरण-कमल की दासी हूँ। मुझसे मिलने के बाद बिछड़ना मत। मीरा सतगुरु की शरण में है। उसने अपना चित्त हरि-चरणों में अर्पित कर दिया है।

मैं तो तोरे चरन लागी गोपाल।
जब लागी जब कोई न जाने, अब जानी संसार।
किरपा कीजौ दरसण दीजौ, सुध लीज्जौ ततकाल।
मीरा कहै प्रभु गिरधरनागर , चरण कमल बलिहार॥

हे गोपाल! मैं तो तेरे चरणों में हूँ। जब मुझे तुम्हारी प्रीत लगी थी तब कोई भी नहीं जान पाया। लेकिन अब सारा संसार जान गया है। हे श्याम! मुझपर कृपा करो; मुझे दर्शन दो। प्रभु! मेरी शीघ्र सुध लो। मीरा कहती हैं कि हे प्रभु गिरधर नागर! मैं तुम्हारे चरण-कमलों पर बलिहारी हूँ। दर्शन देकर मेरी लाज रखो प्रभु।

मेरे प्रियतम प्यार राम कूँ लिख भेजूँ रे पाती।
स्याम सनेसो कबहुँ न दीन्हौ, जानि बूझ गुझबाती।
डगर बुहारूँ पथ निहारूँ, जोइ जाइ आखियाँ राती।
राति दिवस मोहि कल न पड़त है, हीयो फटत मेरी छाती।
मीरा रे प्रभु कबरे मिलोगे, पूरब जनम का साथी॥

मेरे प्रियतम! प्यारे राम! मैं तुम्हें पत्र लिख भेजती हूँ। लेकिन श्याम ने कभी भी संदेश नहीं भेजा। वे जानबूझकर अपनी बातें छिपाते हैं। मैं प्रतिदिन उनका मार्ग साफ करती हूँ और उनकी राह देखती हूँ। उनका इंतजार करते-करते मेरी आँखें लाल हो गई हैं। किसी पल भी मुझे चैन नहीं मिलता, दिन-रात तड़पती हूँ। विरह-वेदना से मेरी छाती फटने को हो गई है। मीरा कहती हैं कि हे प्रभु! मुझसे कब मिलोगे? कब दर्शन देकर मुझे कृतार्थ करोगे? तुम मेरे पूर्वजन्म के साथी हो। फिर इस जन्म में इतनी देर किसलिए?

म्हाणे क्या तरसावाँ।
थारे कारण कुल जग छाड्याँ अब थे क्याँ बिसरायाँ।
बिरह बिथा ल्याया उर अंतर, थें आस्याँ णा बुझावाँ।

अब छाड्या णा बणे मुरारी, सरण गह्याँ बड़ जावाँ।
मीरा दासी जनम जनम री, भगताँ पेजणि भावाँ॥

हे श्याम! मुझे क्यों तरसा रहे हो? तुम्हारे कारण ही मैंने कुल के साथ-साथ संसार का भी त्याग कर दिया। लेकिन तुमने मुझे फिर भी ठुकरा दिया। मेरे हृदय को तुमने ही विरह-व्यथा से भरा है। लेकिन तुम उसे नहीं बुझा रहे। मेरे मुरारी! मैं तुम्हारी शरण में हूँ। अब मैं इसे नहीं छोड़ सकती। मीरा कहती हैं कि हे प्रभु! मैं तुम्हारी जन्म-जन्म की दासी हूँ। फिर भक्तिन की सुध क्यों नहीं लेते?

म्हारे आज्यो जी रामाँ, थारे आवत आस्याँ सामाँ।
तुम मिलियाँ मैं बोहो सुख पाऊँ, सरै मनोरथ कामा।
तुम बिच हम बिअंतर नाहिं, जैसे सूरज घामा।
मीरा के मन अवर न माने, चाहे सुंदर स्यामाँ॥

मेरे राम! मेरे घर आओ। तुम्हारे आते ही मुझे शांति मिल जाएगी। तुम मिलोगे तो मुझे सुख मिल जाएगा, मेरे सारे मनोरथ सिद्ध हो जाएँगे। जिस प्रकार सूरज और धूप में कोई अंतर नहीं कर सकता, उसी प्रकार तुम्हारे और मेरे बीच में कोई अंतर नहीं है। मीरा कहती हैं कि मेरा मन किसी की बात नहीं मानता। वह सिर्फ श्यामसुंदर को ही चाहता है।

म्हा लागा लगण सिरि चरणा री।
दरस बिणा म्हाणो कछु णा भावाँ जग माया या सुपणा री।
भो सागर भय जग कुल बंधण, डार दयाँ हरि चरणा री।
मीरा रे प्रभु गिरधरनागर, आस गह्याँ थे सरणा री॥

मुझे श्रीहरि के चरणों से लगन लग गई है। उनके दर्शन बिना मुझे कुछ अच्छा नहीं लगता। यह सारा संसार माया या स्वप्न प्रतीत होता है। अब मुझे भवसागर का कोई भय नहीं है, क्योंकि मैं कुल-मर्यादा के बंधन तोड़कर हरि-चरणों में लीन हो गई हूँ। मीरा कहती हैं कि हे प्रभु गिरधरनागर! मुझे तुम्हारी शरण की आशा है। दर्शन देकर मुझपर कृपा करो।

मैंने सारा जंगल ढूँढा रे, जोगिड़ा न पाया।
काना बिच कुंडल, जोगी गले बिच सेली घर घर।

अलख जगाए रे।
अगर चंदन की धुनो जोगी धकाई,
अंग बिच भभूत लगाए रे।
मीरा रे प्रभु गिरधरनागर, सबद का ध्यान लगाए रे॥

मैंने सारे वन में ढूँढ़ लिया है, किंतु जोगिया कहीं भी नहीं मिला। हे जोगी! अब तो मैं भी कानों में कुंडल डालकर और गले में माला डालकर घर-घर उसके नाम की पुकार लगा रही हूँ। हे जोगी! मैंने अगर व चंदन की धूनी जलाकर अंगों पर भभूत लगा ली है। मीरा कहती हैं कि हे प्रभु गिरधरनागर! मैं तुम्हारे ध्यान में लीन हूँ। दर्शन देकर मुझे कृतार्थ करो।

म्हारो मण हर लीण्या रणछोड़।
मोर मुगट सिर छत्र बिराँजाँ कंडल री छब ओर।
चरण पखार्याँ रतणागर री, धारा गोमत जोर।
धका पताकाँ तट तट राजाँ झाँलर री झकझोर।
भगत जणारो काज सँवार्या म्हारा प्रभु रणछोर।
मीरा रे प्रभु गिरधरनागर, गह्यो नंदकिशोर॥

मेरे मन को रणछोड़ ने चुरा लिया है। उस रणछोड़ की छवि बड़ी ही मनमोहक है। उसके सिर पर मोर-मुकुट और छत्र सुशोभित है। कानों में कुंडल की छवि अत्यंत मोहक है। समुद्र मेरे कान्हा के चरण गोमती की तेज धारा से धो रहा है। तट पर उसकी ध्वजा व पताकाएँ सजी हुई हैं और हवा झालरों को झकझोर रही है। प्रभु रणछोड़ इतना दयावान् है कि भक्तों के सभी बिगड़े कामों को सँवार देता है। मीरा कहती हैं कि हे प्रभु गिरधरनागर! मैं तुम्हारी शरणागत हूँ। दर्शन देकर मुझपर कृपा करो।

मेरे मन राम बसी।
तेरे कारण स्याम सुंदर, सकल जोगाँ हाँसी।
कोई कहे मीरा भई बावरी, कोई कहै कुलनासी।
कोई कहै मीरा दीप आग रही, नाम पिया सूँ रासी।
खांड धार भक्ति की न्यारी, काटी है जम की फाँसी॥

मेरे मन में राम बस गए हैं। मेरे श्यामसुंदर! तुम्हारे कारण ही यह संसार मेरी हँसी उड़ाता है। कोई कहता है कि मीरा बावरी हो गई है तो कोई मुझे कुल

का नाश करनेवाली कहता है। कोई कहता है कि मीरा अग्नि की भाँति दहक रही है। चाहे कोई कुछ भी कहता रहे, लेकिन मैं अपने पिया का नाम लेने में लीन हूँ। भक्ति की तलवार की धार बड़ी ही निराली है। इसके वार से मृत्यु का पाश भी कट जाता हैए अर्थात् मोक्ष की प्राप्ति होती है।

म्हारे नैणाँ आगे रहाजो जी, स्याम गोविंद।
दास कबीर घर बालद जो लाया, नामदेव की छान छबंद।
दास घना को खेत निपजायो, गज की टेर सुनंद।
भीलणी का बेर सुदामा का तन्दुल, भर मुठड़ी बुकंद।
करमाबाई को खींच आरोग्यो, होई परसण पाबंद।
सहसा गोप बिच स्याम विराजे, ज्यों तारा बिच चंद।
सब संतों का काज सुधारा, मीरा सूँ दूर रहंद॥

मेरे श्याम गोविंद! सदा मेरे नयनों के सामने ही रहना। तुमने कबीरदास के घर बैल बाँधे, नामदेव की छप्पर तानी। धन्नादास का खेत उपजा दिया, हाथी की पुकार सुनकर उसका उद्धार किया। भीलनी के जूठे बेर खाए, सुदामा के मुट्ठी भर चावल खाएँ। करमाबाई की खिचड़ी खाकर प्रसन्नतापूर्वक उसका भोग लगाया और उसे आरोग्यता प्रदान की। गोपों के बीच विराजमान मेरा श्याम ऐसा लग रहा है मानो तारों के बीच में चंद्रमा। तुमने संतों के सभी कार्य सँवारे हैं, लेकिन मुझसे दूर-दूर रहते हो। मीरा कहती हैं कि.है प्रभु! मुझे दर्शन दो।

मैं तो तेरी सरण परी रे रामा, ज्यूँ जाणो त्यूँ तार।
अड़सठ तीरथ भ्रमि-भ्रमि आयो, मन नाहीं मानी हार।
या जग में कोइ नहिं अपणाँ, सुणियौ श्रवण मुरार।
मीरा दासी राम भरोसे, जग का फंदा निवार॥

हे राम! मैं तुम्हारी शरण में हूँ। जैसा तुम्हें ठीक लगे वैसे ही मेरा उद्धार करो। अड़सठ तीर्थों का मैंने भ्रमण कर लिया है, लेकिन मन ने अभी भी हार नहीं मानी है। इस संसार में तुम्हारे अतिरिक्त मेरा कोई नहीं है। इसलिए हे श्रवण-मुरारी! मीरा तुम्हारी दासी है और उसे एकमात्र तुम्हारा ही भरोसा है। तुम ही संसार का फंदा काटकर उसका उद्धार करो।

म्हारों जणम रो साथी, थाँने णा बिसार्‌याँ दिन राती।
थाँ देख्याँ बिण कलन पड़ताँ, जाणे म्हारी छाती।

ऊँचा चढ़-चढ़ पंथ निहार्‌याँ कलप कलप अँखियाँ राती।
भो सागर जग बँधण झूँठाँ, झूँठा कुलरा न्याती।
पल पथ थारो रूप निहाराँ निरख निरखती मदमाँती।
मीरा रे प्रभु गिरधरनागर, हरि चरणाँ चित्त राँती॥

हे श्याम! तुम मेरे जन्म-जन्म के साथी हो। अब न तो दिन में तुम्हें भूल पाती हूँ और न ही रात को। तुम्हें देखे बिना मेरे हृदय को चैन नहीं मिलता। तुम्हारी प्रीत हर पल मुझे तड़पाती है। मेरी पीड़ा केवल मेरा हृदय ही जानता है। ऊँचाइयों पर चढ़कर मैं तुम्हारी राह निहारती हूँ; रो-रोकर मेरी आँखें लाल पड़ गई हैं। भवसागर रूपी इस संसार के बंधन झूठे और मिथ्या हैं; कुल के सगे-संबंधी भी झूठे हैं। हर पल तुम्हारे रूप को मन-ही-मन निहारकर मैं मदमाती और प्रसन्न होती रहती हूँ। मीरा कहती हैं कि हे प्रभु गिरधरनागर! मेरा चित्त हरि-चरणों में रम गया है।

म्हारे गोकल रो ब्रजवासी।
ब्रजलीला लख जण सुख पावाँ, ब्रजबणताँ सुखरासी।
णाच्याँ गावाँ ताल बजावाँ, पावाँ आणद हांसी।
णंद जसोदा पुन्न रो प्रगटह्याँ, प्रभु अबिनासी।
पीतांबर कट उर बैजणतां, कर सोहाँ री बाँसी।
मीरा रे प्रभु गिरधरनागर, दरसण दीज्यो दासी॥

हे गोकुल ब्रजवासी! तुम मेरे हो। तुम्हारी ब्रजलीलाएँ देखकर लाखों लोगों को सुख प्राप्त होता है। ब्रज की बालाएँ तो अनंत सुख प्राप्त करती हैं। वे नाचती हैं, ताली बजाती हैं और आनंद में भरकर हँसती हैं। किसी पुण्य के कारण ही नंद और यशोदा के घर अविनाशी भगवान् प्रकट हुए हैं। कमर में पीतांबर, हृदय पर वैजयंती माला और हाथ में बाँसुरी सुशोभित है। मीरा कहती हैं कि हे प्रभु गिरधरनागर! मैं तुम्हारी शरण में हूँ। मुझ दासी को दर्शन दो।

मेरी कानाँ सुणज्यौ जी करुणा निधान।
रावलो बिड़द म्हाणो रूढ़ो लागाँ, पीड़त म्हाणो प्राण।
संगा सनेहाँ म्हारै णां क्याँई, बैरयाँ सकल जहान।
ग्राह गह्याँ गजराज उबार्‌याँ, अछत कर्‌याँ वरदान।
मीरा दासी अरजाँ करता म्हारो सहारो णा आण॥

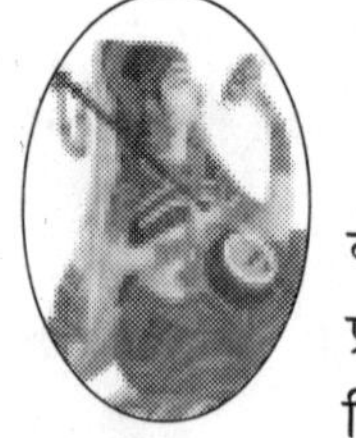

हे करुणानिधान! मेरी बात जरा कान लगाकर सुनना। तुम्हारी कीर्ति मुझे अत्यंत प्रिय लगती है, लेकिन तुम्हारे विरह में मेरे प्राण पीड़ित हैं। कोई भी मेरा सगा-संबंधी नहीं है; यहाँ तक कि सारा संसार मेरा बैरी है। ग्राह (मगरमच्छ) से गज (हाथी) को बचाकर तुमने उसका उद्धार किया था। मीरा विनती करती हैं कि हे प्रभु! मैं तुम्हारी दासी हूँ। तुम्हारे बिना मेरा कोई सहारा नहीं है। हे प्रभु! मेरा वरदान भी पूर्ण करो।

मनखा जनम पदारथ पायो, ऐसी बहुर न आती।
अबके मोरस ज्ञार विचारो, राम नाम मुख गाती।
सतगुरु मिलिया सुंज पिछाणी, ऐसा ब्रह्म में पाती।
सगुरा सूरा अमृत पीवे, गिनुरा प्यासा जाती।
मगन भया मेरा मन सुख में, गोबिंद का गुण गाती।
साहब पाया आदि अनादि, नातर भव में जाती।
मीरा कहे इक आस आपकी, औराँ सूँ सकुचाती॥

मनुष्य-जन्म ईश्वर का वरदान है, जो बार-बार नहीं मिलता। इस बार मेरे मन में ज्ञान का विचार है और मैं निरंतर राम-नाम का गुण गाती हूँ। सतगुरु के मिलने से मेरा अज्ञान दूर हो गया है और इस सतगुरु को मैं आप अर्थात् ब्रह्म में पा रही हूँ। जो सगुण अर्थात् गुणों से युक्त होता है, वह अपने गुणों के बल पर अमृत पी लेता है। लेकिन अवगुणों से युक्त प्यासा ही रह जाता है। मेरा मन हरि-प्रेम के सुख में मगन हो गया है और मैं निरंतर गोविंद का गुणगान करती हूँ। मैंने ऐसा प्रियतम पा लिया है, जो आदि-अंत से रहित है। मीरा कहती हैं कि हे प्रभु! मुझे केवल आपकी ही आस है। आपसे ही मुझे सत्य का ज्ञान हुआ है। मैं यह बात दूसरों को कहने से सकुचाती हूँ।

मेरो मन रामहि राम रटै रे।
राम नाम जप लीजै प्राणी, कोटिक पाप कटै रे।
जनम जन के खत जु पुराने, नामहि लेत फटै रे॥
कनक कटोरे अमृत भरियो, पीवत कौन नटै रे।
मीरा रे प्रभु हरि अबिनासी, तन मन ताहि पटै रे॥

मेरा मन निरंतर राम-नाम रटता रहता है। हे प्राणी! तुम भी सच्चे हृदय से राम-नाम का सुमिरन कर लो। इससे तुम्हारे समस्त पापों का नाश हो जाएगा।

राम-नाम लेते ही जन्म-जन्म के पाप भी नष्ट हो जाएँगे। अर्थात् राम-नाम के अस्त्र से प्राणी अपने समस्त पापों और बुराइयों को काट सकता है। स्वर्ण रूपी कटोरे अर्थात् सतगुरु में ज्ञान रूपी अमृत भरा हुआ है। उसे पीने के योग्य कौन है? केवल वही जिसने हरि के साथ प्रीत लगा ली है। मीरा कहती हैं कि हे प्रभु अविनाशी हरि! मैं अपना तन-मन सब आपको अर्पित कर दिया है।

मैं तो तेरी सरण पड़ी रे रामाँ, ज्यूँ जाणे ज्यूँ तार।
अड़सठ तीरथ भ्रमि-भ्रमि आयो, मन नाहीं पानी हार।
या जग में कोई नहीं अपणाँ, सुनियो स्त्रवन मुरार।
मीरा दासी राम भरोसे, जन का फंद निवार॥

मीरा कहती हैं कि हे राम! मोह-माया का त्याग कर मैं तुम्हारी शरण में हूँ। अब तुम्हें जैसे ठीक लगे, मेरा उद्धार करो। अर्थात् संसार रूपी भवसागर से मेरी रक्षा करो। अड़सठ तीर्थों का भ्रमण करने के बाद भी मेरा मन वश में नहीं है, इसलिए अब मैं तुम्हारी शरण में हूँ। हे मुरारी! इस संसार में कोई अपना नहीं है अर्थात् संसार के सभी संबंध झूठे हैं। मीरा कहती हैं कि हे प्रभु! मैं दासी राम के भरोसे हूँ। अब वे ही इस भवसागर से मेरा उद्धार करेंगे।

मोहे लोगी लगन गुरु चरनन की।
चरन बिना कछुवै नहिं भावै, जग-माया सब सपनन की।
भवसागर सब सूखि गयौ है, फिकर नहीं मोहि तरनन की।
मीरा रे प्रभु गिरधरनागर, आस वही गुरु सरनन की॥

मीरा कहती हैं कि मुझे हरि-चरणों के दर्शन करने की लगन लग गई है। अब उनके चरणों के अतिरिक्त मुझे कुछ और नहीं चाहिए-अर्थात् हरि की शरण ही मेरा एकमात्र ध्येय है। यह सारी सांसारिक माया एक सपना है। इससे विरक्त होकर मैं हरि-चरणों की शरण चाहती हूँ। हरि-कृपा होते ही भवसागर सूख गया है। अब मुझे उससे पार जाने की कोई फिक्र नहीं है। मीरा कहती हैं कि हे प्रभु गिरधरनागर! मुझे हरि-चरणों की लालसा है। मैं गुरु की शरण में हूँ; मुझपर कृपा करो।

मैं ओलग्यो रामरो, जाकूँ विलग न लागे काँई ए।
चढ़ी विलोले नाँव रे, जाको बाण न लागे आई ए।

बायाँ ऐ बायाँ, बेनड्याँ बायाँ, थासु भगत न होए ए।
भगति करे कोइ सूरमाँ, ज्याका धड़ सीस न कोई ए।
शूरा खेत बुहारणा, हरि मिलवा कै काज लड़ाई ए।
कायर-कायर भाजिया, शूरा रह्या रण माँह्य रे।
मीरा कहे जग जाय है, यामें रहतो न दीसे कोई ए।
रहेसी रामजी रा साधव, ज्यारे कुलवद्धा हो होई ए॥

मीरा हरि-प्रेम में मग्न होकर कहती हैं कि मुझमें राम इस प्रकार समा चुके हैं कि मुझे उनसे अलग करना अब संभव नहीं है। जिस प्रकार किनारे की बाधाएँ लहरों पर बहती नाव के मार्ग में रुकावट नहीं डाल सकतीं, उसी प्रकार हरि-भक्ति में डूबे मन पर सांसारिक मोह-माया का कोई असर नहीं रहा। हरि-भक्ति केवल वही व्यक्ति कर सकता है, जो अपने सिर अर्थात् मान, लोभ, क्रोध, वासना, दंभ आदि का त्याग कर सकता हो। ऐसे सूरमा हरि-मिलन के लिए सांसारिक मोह-माया से लड़ने अर्थात् उन्हें त्यागने से भी पीछे नहीं हटते। ऐसे में उनकी जीत निश्चित होती है। जो कायर अर्थात् मायाजाल में उलझ जाते हैं, वे भक्ति रूपी युद्धभूमि से पीठ दिखाकर भाग जाते हैं। मीरा कहती हैं कि यह संसार छूटता है तो छूट जाए, मुझे कोई फर्क नहीं पड़ता। यहाँ कोई मेरा अपना नहीं है। मैं तो हरि की दासी और उनकी कुलवधू हो गई हूँ।

म्हाँरी बात जगत सूँ छानी, साधां सूँ नहीं छानी री।
साधू मात-पिता कुल मेरे, साधू निरमल ग्यानी री।
राणा ने समझायो बाई, ऊँदाँ मैं तो एक न मानी री।
मीरा रे प्रभु गिरधरनागर, संतन हाथ बिकानी री॥

मैं हरि-प्रेम में डूबी हुई हूँ; मेरे मन की यह बात संसार नहीं जानता, न ही हरि-प्रीत का मार्ग उनकी समझ में आएगा। लेकिन साधुओं से यह बात छिपी हुई नहीं रह सकती, क्योंकि साधु ही मेरे माता-पिता और मेरा कुल-परिवार हैं, साधु ही निर्मल ज्ञानी हैं। राणा ने अनेक बार मुझे समझाया, ननद ऊदाँ की बात भी मैंने नहीं मानी। मीरा कहती हैं कि हे प्रभु गिरधरनागर! मैं तो संतों के हाथ बिक गई हूँ। अब भक्ति के अतिरिक्त मुझे और कोई काम नहीं है।

मैं जाणयो नहीं प्रभु को मिलन कैसे होय री।
आए मोरे सजना, फिरी गए अँगना,
मैं अभागण रही सोय री।

फारूँगी चीर, करूँ गलकंथा, रहूँगी वैराग्य होय री।
चूड़ियाँ फोरूँ माँग बिखेरूँ, कजरा मैं डारूँ धोय री॥

मैं नहीं जानती कि प्रभु से मिलन किस प्रकार होगा? मेरे प्रियतम मेरे घर आए थे, लेकिन आँगन से ही लौट गए। क्योंकि मैं अभागन उस समय सो रही थी। अब मैं अपने कपड़े फाड़ लूँगी, गले और कंधे को बाँध लूँगी और वैरागिन बनकर रहूँगी। चूड़ियाँ तोड़कर माँग बिखेर लूँगी और आँखों का काजल धो डालूँगी। उनकी विरह-वेदना ने मेरे हृदय को बेध दिया है। अब उनसे बिछुड़ने का दुःख सहा नहीं जाता। हे प्रभु! आपका और मेरा मिलन कब होगा?

गोहनें गुपाल फिरूँ, ऐसवी आवत मन में।
अवलोकन बारिज बदन, बिबस भई तन में॥
मुरली कर लकुट लेऊँ, पीत बसन धारूँ।
काछी गोप भेष मुकट, गोधन संग चारूँ॥
हम भई गुलफाम लता, बृंदावन रैना।
पशु पंछी मरकट मुनी, श्रवण सुनत बैनाँ॥
गुरुजन कठिन कानि कासौं री कहिए।
मीरा प्रभु गिरधर मिलि ऐसे ही रहिए॥

मेरे मन में विचार आता है कि मैं सदैव गोपाल के साथ-साथ घूमूँ-फिरूँ। उसका कमल के समान सुकोमल चेहरा देखकर मेरा मन व तन बेबस हो जाते हैं। मेरा मन करता है कि मैं पीले वस्त्र धारण करके मुरली और छड़ी हाथों में धारण करूँ। फिर गोप का वेश धारण कर गौओं के साथ भ्रमण करूँ। इस कल्पना से मीरा अत्यंत मुग्ध हो गईं और स्वयं को वृंदावन की धूल समझते हुए पशु-पक्षी, वानर और मुनिजन की वाणी सुनने लगीं। गुरुजन की मर्यादाएँ अत्यंत कठोर हैं। मैं किस प्रकार उनसे अपने मन की बात कहूँ? मीरा कहती हैं कि हे प्रभु गिरधर! जैसी मैंने कल्पना की है, आप वैसे ही मेरे साथ मिलकर रहें।

गोविंद गाढ़ा छौजी, दीलरा मिंत।
वार निहारूँ पंथ बुहारूँ, ज्यूँ सुष पावै चिंत॥
मेरे मन की तुमही जानौ, मेरो ही जीव निचिंत।
मीरा रे प्रभु हरि अबिनासी, पूरब जनम का कंत॥

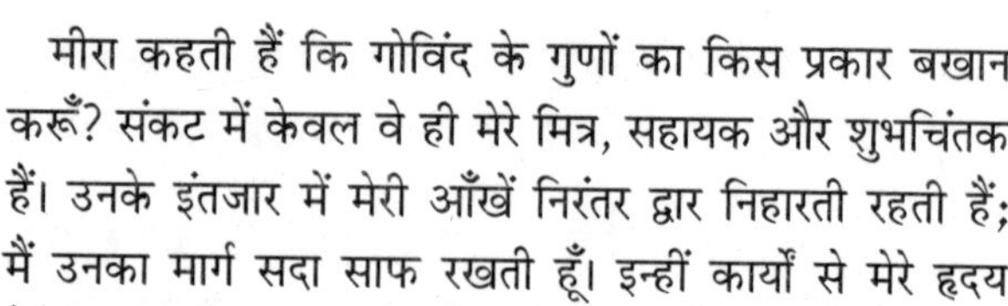

मीरा कहती हैं कि गोविंद के गुणों का किस प्रकार बखान करूँ? संकट में केवल वे ही मेरे मित्र, सहायक और शुभचिंतक हैं। उनके इंतजार में मेरी आँखें निरंतर द्वार निहारती रहती हैं; मैं उनका मार्ग सदा साफ रखती हूँ। इन्हीं कार्यों से मेरे हृदय को सुख मिलता है। हे प्रभु! मेरे मन की बात केवल तुम ही जानते हो। इसलिए मैं पूरी तरह से निश्चिंत हूँ। मीरा कहती हैं कि प्रभु अविनाशी हरि! तुम मेरे पूर्वजन्म के प्रेमी हो और मैं तुम्हारी प्रेयसी। हमारा प्रेम जन्म-जन्म का है।

गिरधर रूसणूँ जी कौन गुनाह।
कछु इक ओगुण काढ़ो म्हाँ छै, म्हें जी कानाँ सुणा।
मैं दासी थारी जनम-जनत की, थे साहिब सुगणाँ।
काँई बात सूँ करवौ रूसणूँ, क्यों दुख पावौ छौ मना।
किरपा करि मोहि दरसण दीज्यो, बीते दिवस घणाँ।
मीरा रे प्रभु हरि अबिनासी, थाँरो ही नाँव गणाँ॥

हे गिरधर! मैंने ऐसा कौन सा अपराध किया है, जो आप मुझसे रूठ गए हैं? आप कम-से-कम मेरा एक अवगुण तो बताएँ जिसे मेरे कान सुन सकें। हे श्याम! मैं जन्म-जन्म से तुम्हारी दासी हूँ और तुम गुणों से परिपूर्ण मेरे साहिब हो। ऐसी कौन-सी बात है जिसके कारण आप मुझसे रूठकर मेरे हृदय को दुःख पहुँचा रहे हो? हे प्रभु! अनेक दिन बीत गए हैं, अब तो दर्शन देकर मुझपर कृपा करो। मीरा कहती है कि हे प्रभु अविनाशी हरि! मैं निरंतर तुम्हारे नाम का गुणगान करती हूँ। फिर भी आप मुझसे क्यों रूठे हुए हो?

गोविंद सूँ प्रीत करत तब ही क्यूँ न हटकी।
अब तो बात फैल गई, जैसे बीज बट की॥
बीच को बिचार नाहीं, छाँय परी तट की।
अब चूकौ तो और नाहीं, जैसे कला नट की॥
जल के बुरी गाँठ परी, रसना गुन रटकी।
अब तो छुड़ाय हारी, बहुत बार झटकी॥
घर-घर में घोल मठोल, बानी घट-घट की।
सब ही कर सीस धरी, लोक-लाज पटकी॥
मद की हस्ती समान, फिरत प्रेम लटकी।
दासी मीरा भक्ति बूँद, हिरदय बिच गटकी॥

हे गोविंद! जब मैं तुमसे प्रेम करने लगी थी, तभी तुमने मुझे क्यों नहीं रोका? जिस प्रकार बीज बढ़कर वृक्ष का रूप ले लेता है, उसी प्रकार तुम्हारे प्रति मेरे प्रेम की बात चारों ओर फैल चुकी है। अब सोचने का समय ही नहीं रहा; चारों ओर तट की छाया पड़ गई है। यदि अब मैं प्रीत से चूक गई तो मेरी दशा उस नट के समान होगी, जो खेल दिखाते हुए चूक जाता है। जिस प्रकार जली हुई रस्सी की गाँठ नहीं खुल सकती, उसी प्रकार मेरी जिह्वा हरि-गुण रटना नहीं छोड़ सकती। लोगों के व्यंग्य और तानों से बचने के लिए अनेक बार मैंने स्वयं से हरि-प्रेम को छुड़ाने का प्रयत्न किया, अनेक बार उसकी प्रीत को झटकने का प्रयास किया; किंतु हर बार असफल रही। आज घर-घर में मेरी प्रीत की बातें हैं; हर कोई मेरी बातें ही करता है। मैंने सबकी बातें सिर झुकाकर चुपचाप सुन ली हैं और अब मैंने लोक-लाज को एक ओर पटक दिया है। हरि-प्रेम की मदिरा पीकर मैं मदमस्त हाथी की तरह विचर रही हूँ। हे श्याम! तुम्हारी मीरा दासी ने तुम्हारी भक्ति की बूँद हृदय में गटक ली है। अब उसे हरि-प्रेम से कोई विमुख नहीं कर सकता।

गिरधर रीसाणा कौन गुणाँ।
कछुक औगुण हम में काढ़ो, मैं भी कान सुणाँ।
मैं तो दासी थाराँ जनम-जनम की, थें साहब सुगणा।
मीरा कहे प्रभु गिरधरनागर, थारोई नाम भणा॥

हे गिरधर! मेरी किस बात से तुम रूठ गए हो? मेरे कुछ तो अवगुण बताओ; मैं भी अपने कानों से उन अवगुणों को सुनूँ। हे श्याम! मैं तुम्हारी जन्म-जन्म की दासी हूँ और तुम मेरे गुणों से युक्त साहिब हो। मीरा कहती हैं कि हे प्रभु गिरधरनागर! सोते-जागते मैं तुम्हारे नाम का ही सुमिरन करती हूँ। फिर भी किस कारण से तुम मुझसे रूठे हुए हो?

गिरधारी शरणा थारी आयाँ, राख्याँ किर्पानिधान।
अजामील अपराधी तार्‍याँ तार्‍या नीच सदाण।
डूबताँ गजराज राख्याँ गणिका चढ्या बिमाण।
अवर अधम बहुता थें ताँर्‍याँ, भाख्याँ सणत सुजाण।
भीलण कुबजा तार्‍याँ गिरधर, जाण्याँ सकल जहाण।
बिर बखाणाँ गणताँ णा जाणा, थाकाँ वेद पुराण।
मीरा प्रभु री शरण रावली, विणता दीस्यो काण॥

हे गिरधारी! मैं तुम्हारी शरण में आई हूँ। हे कृपानिधान! मुझ शरणागत पर अपनी कृपा करो। तुमने दुराचारी अजामिल को तथा सदना जैसे नीच को उबार दिया। डूबते हुए गजराज का उद्धार किया तथा गणिका (वेश्या) को दिव्य विमान पर बिठाकर बैकुंठ लोक पहुँचा दिया। इसके अतिरिक्त तुमने अनेक अधर्मियों का भी उद्धार किया। तुम्हारी इस दयालुता का बखान साधु-संत भी करते हैं। हे गिरधर! सारा संसार जानता है कि तुमने कुब्जा नामक भीलनी को तार दिया। तुम्हारी कीर्ति का बखान करना असंभव है। वेद-पुराण भी इसका वर्णन करते-करते थक गए हैं। मीरा कहती हैं कि हे प्रभु! अब मैं तुम्हारी शरण में हूँ। कृपा कर मेरी विनती कान लगाकर सुनो और दर्शन देकर मुझे कृतार्थ करो।

गोकुला के बासी भले ही आए, गोकुला के बासी।
गोकुल की नारि देखत, आनंद सुखरासी।
एक गावत एक नाँचत, एक करत हाँसी।
पीतांबर फेटा बाँधे, अरगजा सुबासी।
गिरधर के सुनवल ठाकुर, मीरा सी दासी॥

हे गोकुलवासी! अच्छा किया कि आप गोकुल पधारे। आपको देखकर गोकुल की नारियाँ अत्यंत आनंद और सुख का अनुभव कर रही हैं। चारों ओर उत्सव का वातावरण बन गया है। कोई गा रही है, कोई नाच रही है तो कोई हँस रही है। सिर पर पीतांबर की पगड़ी बाँधी हुई है तथा संपूर्ण तन सुगंधित है। आपकी इस मनोहारी छवि को देखकर सभी मोहित हो गए हैं। मेरा ठाकुर गिरधर-सा सुंदर है और उसकी मीरा-सी दासी।

गली तो चारों बंद हुईं, मैं हरि से मिलूँ कैसे जाय।
ऊँची नीची रह लपटीली, पाँव नहीं ठहराय।
सोच-सोच पग धरूँ जतन से बार-बार डिग जाय।
ऊँचा नीचाँ महल पिया का, म्हाँ सूँ चढ़यो न जाय।
पिया दूर पंथ म्हाँरो झीणो, सुरत झकोला खाय
कोस-कोस पर पहरा बैठ्या पैंड-पैंड बटमार।
या बिधना कैसी रच दीनी, दूर बसायो म्हाँरो गाँव।
मीरा रे प्रभु गिरधरनागर, सतगुरु दई बताय।
जुगन-जुगन से बिछड़ी मीरा घर में लीनी लाय॥

हे प्रभु! आप तक पहुँचने का मार्ग चारों ओर से बंद है। अब मैं हरि से मिलने किस प्रकार जाऊँ? तुम तक पहुँचने का मार्ग ऊँचा-नीचा और अत्यंत पथरीला है; इस पर मेरा पाँव नहीं ठहरता। बहुत सोच-विचार कर तथा प्रयत्न से मैं इस मार्ग पर पैर रख रही हूँ, लेकिन बार-बार मेरा पैर डगमगा जाता है। अर्थात् इस मोह-माया से ग्रस्त संसार में प्रभु-प्राप्ति की राह अत्यंत कठिन है। मोह, मद, लोभ, क्रोध तथा काम आदि विकार मनुष्य को सांसारिक बंधनों की ओर खींचते हैं। मीरा कहती हैं कि इन विकारों को जीतकर वह प्रभु की अग्रसर है, किंतु इनका प्रभाव बार-बार उसके मार्ग में अवरोध पैदा करता है। प्रियतम का महल बहुत ऊँचा-नीचा है। मुझसे उस पर चढ़ा नहीं जाता। प्रियतम से मिलने का मार्ग अत्यंत कठिन और लंबा है। इस पर चलते हुए अनेक बार मैं डगमगा जाती हूँ। इस मार्ग में आशा और तृष्णा पहरे पर बैठे हुए हैं, जो तुमसे मिलन में बाधा उत्पन्न कर रहे हैं। मीरा कहती हैं कि हे प्रभु गिरधरनागर! सतगुरु द्वारा बताए गए मार्ग से मैं हरि तक पहुँच गई हूँ। गुरु की कृपा से ही युगों से बिछड़ी मीरा अपने हरि से मिल गईं।

गिरधर रूसणूँजी कोंण गुन्हाँ।
कछु इक ओगुण काढो म्हाँमैं, म्हे भी कानाँ सुणाँ।
मैं तो दासी थारी जनम-जनम की, थे साहिबा सगुणाँ।
काँईं बातसूँ करयो रूसणूं, क्यों दुख पावो छो मनाँ।
किरपा करि मोहि दरसण दीज्यो, बीते दिवस घणाँ।
मीरा रे प्रभु हरि अनिवासी, थारो ही नाँव भणाँ॥

हे गिरधर! किस अपराध के कारण आप मुझसे रूठ गए हैं? हे हरि! मुझमें किसी एक अवगुण को निकालो, जिसे मैं अपने कानों से सुन सकूँ। मैं जन्म-जन्म से तुम्हारी दासी हूँ और तुम गुणों से युक्त मेरे साहिब हो। हे श्याम! मेरे किस अपराध के कारण आप रूठे हुए हो और अपने दर्शनों के लिए मुझे दुःख दे रहे हो? अनेक दिन बीत चुके हैं, अब तो दर्शन देकर मुझपर कृपा करो। मीरा कहती हैं कि हे प्रभु अविनाशी हरि! मैं निरंतर आपके नाम का सुमिरन करती हूँ। फिर इस प्रकार मुझसे क्यों रूठे हुए हो?

गुरु ये कहियुँ करण माँ हो शामिलियाजी।
जप-तप तीरथ चार पदारथ ये मारा,

गुरुजीना चरण माँ हो शामलियाजी।
प्रेम करिने मारे मंदिरे पधारो वहाला,
न जोशो जात वरण माँ हो शामलियाजी।
बाई मीरा कहे प्रभु गिरधर ना गुण वहाला,
आड़े आवजो मारा मरण माँ हो शामलियाजी॥

मीरा कहती हैं कि यह ज्ञान मुझे गुरु द्वारा ही प्राप्त हुआ है। जप, तप तथा चारों तीर्थों का पुण्य गुरु-चरणों में विद्यमान होता है। हे हरि! मेरे प्रेम के मंदिर में पधारो, क्योंकि आपके चरणों में ही परम ज्ञान और मोक्ष का द्वार है। मीराबाई कहती हैं कि हे प्रभु गिरधर! मेरे अवगुणों को क्षमा कर मेरे हृदय में निवास करो। मैं विनती करती हूँ कि मृत्यु समय आप मेरी सुधि ले, मेरे सामने रहें।

घेलाँ, अमे घेलारे, अमने घेलाँ माँ गुण लाध्यो।
आगे तो अमे काँइ न जाण्युँ, मन माया माँ बाँध्युँ।
भवासागर माँ भुला पडीयाँ, मारग मलीया माधुँ।
घेलाँ तो अमे हरीनाँ घेलाँ, दुरजनीया शुँ जाणे।
जे रस देवी ने दुर्लभ, ते रस घेलाँ माणे।
घेलां तो अमने हरीए कीधाँ, निरमल कीधाँ नाथे।
पुरब जनम नी प्रीतलडी हमने, हरीए झाल्याँ हाथे।
घेलाँ घेलाँ तमे शुँ करो, घेलाँनुँ काम हरि करशे।
सुखनँ केताँ दुखज लागे, ते नर क्याँथी मरशे।
घेलाँ तो अमें काँइ न जाणताँ, साधु चरणों सेव्यां।
मीरा कहे प्रभु गीरधरना गुण समजे कारज सीध्यां॥

भक्ति और प्रीत करनेवाले सुध-बुध खोकर परमात्मा में लीन रहते हैं। इसलिए उन्हें पागल समझा जाता है। सांसारिक मनुष्य द्वारा इनकी आंतरिक भावनाओं को समझना अत्यंत कठिन है। मीरा कहती हैं कि मैं हरि-भक्ति में इतनी डूब चुकी हूँ कि संसार मुझे भी पागल कहता है। लेकिन यह पागलपन मुझे अत्यंत प्रिय है, क्योंकि इससे मुझे हरि-नाम की अमूल्य निधि मिली है। अनेक जन्मों से मैं भटक रही थी; मेरा मन मोह-माया के बंधनों में जकड़ा हुआ था। परंतु हरि-प्रीत के पागलपन ने मुझे सत्य के दर्शन करवा दिए। इस पागलपन में निहित आनंद और सुख को भला मायाजाल में उलझे मनुष्य क्या जाने? यह आनंद साधु-संतों के लिए भी दुर्लभ है। इस पागलपन ने विकारों से

घिरे मेरे मन को स्वच्छ कर दिया है। यह मेरे पुनर्जन्म का ही पुण्य था, जो मुझे हरि का सान्निध्य प्राप्त हुआ। हे सांसारिक मनुष्यो! तुम जिसे पागल कहते हो, उसके समस्त कार्य हरि स्वयं संपन्न करते हैं। संसार के समस्त सुख हरि-प्रेम में ही निहित हैं। हरि-कृपा से अब मैं जीवन-मृत्यु के चक्र से मुक्त हूँ। साधु-संतों की सेवा के अतिरिक्त अब मुझे कुछ और नहीं आता। मीरा कहती हैं कि हे प्रभु गिरधर! इस प्रीत रूपी पागलपन से मैंने हरि को प्राप्त कर लिया है। वे ही मेरे समस्त कार्य संपन्न करेंगे।

घड़ी चेण णा आवड़ाँ थें दरसण बिण मोय।
धाम ना भावाँ नींद न आवाँ, बिरह सतावाँ मोय।
घायल री घूमा फिरा म्हारो दरद णा जाण्या कोय।
प्राण गमायाँ झूरताँ रे, नैण गुमायाँ रोय।
पंथ निहारां डगर मझारा, ऊभी मारग जोय।
मीरा रे प्रभु कब रे मिलोगाँ, थें मिल्याँ सुख होय॥

हे श्याम! तुम्हारे दर्शन किए बिना मुझे एक पल भी चैन नहीं आता। अब न तो मुझे घर अच्छा लगता है और न ही रातों को नींद आती है। दिन-रात मुझे विरह-वेदना सताती रहती है। विरह से घायल होकर मैं भटकती रहती हूँ। किंतु मेरे हृदय का दुःख कोई नहीं समझता। इस दर्द के कारण मैंने अपने प्राण गँवा दिए, रोते-रोते आँखों की ज्योति खो दी। तुम्हारे इंतजार में मैं मार्ग निहारती रहती हूँ। मीरा कहती हैं कि हे प्रभु! तुम कब आकर मुझसे मिलोगे? कब मुझे मिलन का सुख प्रदान करोगे?

णेणाँ लोभाँ अटकाँ शक्याँणा फिर आय।
रूँम रूँम नखशिख लख्याँ, ललक-ललक अकुलाय।
म्हाँ ठाढ़ी घर आपणो, मोहन निकल्याँ आय।
बदन चंद परगासतां, मंद मंद मुसकाय।
सकल कुटंबाँ बरजताँ, बोल्या बोल बनाय।
णेणा चंचल अटक णा माण्या, परहथ गयाँ बिकाय।
भलो कह्याँ काँइ कह्याँ बुरोरी सब लया सीस चढ़ाय।
मीरा रे प्रभु गिरधरनागर, बिण पल रह्याँ णा जाय।

श्याम के रूप पर मेरे नयन अटक गए हैं; उन्हें वापस लौटाने में मैं

असमर्थ हूँ। उनके नख से शिख तक रूप, उनके रोम-रोम को देखने के लिए मेरे नयन व्याकुल हो रहे हैं। एक दिन मैं अपने घर में खड़ी हुई थी कि तभी उस ओर श्याम निकल आए। उनका मुख चंद्रमा के समान प्रकाशमान था तथा वे मंद-मंद मुसकरा रहे थे। मैं सुध-बुध खोकर निरंतर कृष्ण को निहार रही थी। मेरी यह दशा देखकर मेरे परिवारजन सकते में रह गए और मुझे प्रताड़ित करते हुए उलाहने देने लगे। लेकिन मेरे नयनों ने किसी की बात नहीं सुनी और पराए के हाथ बिक गए। मैंने सभी के भले-बुरे को चुपचाप सुना और सिर चढ़ाया। मीरा कहती हैं कि हैं प्रभु गिरधरनागर! आपके बिना एक पल भी रहना मेरे लिए असंभव है। मैं तुमसे प्रेम का नाता नहीं तोड़ सकती, फिर चाहे परिवारजन सहित सारा संसार ही मेरा शत्रु क्यों न हो जाए।

णातो साँवरो री म्हासूँ, तनक नल तोड़्याँ जाय।
पानाँ ज्यूँ पीली पड़ी रही, लोग कहयाँ पिंडवाय।
वावल बैद बुलाइया री, म्हारी बाँह दिखाय।
बैंबदा मरण ण जाणाँ री म्हाँरो विड़ो कराँ जाय।
मीरा व्याकुल बिरहणी री प्रभु दरसण दीन्यो आय॥

साँवरे (कृष्ण) से मेरा नाता इतना गहरा हो गया है कि उसे तोड़ना अब असंभव है। हरि-रंग में रँगकर मैं पान के पत्ते की तरह पीली पड़ गई हूँ, लेकिन लोग कहते हैं कि मुझे पीलिया हो गया है। मेरे परिवारजन भी मेरी पीड़ा को समझ नहीं सके और अज्ञानवश वैद्य को बुलाकर मेरी बाँह दिखाईं मेरा हृदय विरह-वेदना से तड़प रहा था, परंतु वैद्य भी इसका कारण समझ नहीं पाया। विरह-वेदना से व्याकुल होकर मीरा कहती हैं कि हे प्रभु! मेरा-तुम्हारा नाता जन्मो-जन्मो का है। कृपा दर्शन देकर मेरी पीड़ा का नाश करें।

चालाँ अगम वा देस काल देख्याँ डराँ।
भराँ प्रेम रा होज, हंस केल्याँ कराँ।
साधा संत रो संग, ग्याण जुगताँ कराँ।
घराँ साँवरो ध्यान चित्त उजलो कराँ।
सील घूँघराँ बाँध तोस निरता कराँ।
साजाँ सोल सिंगार, सोणारो राखड़ा।
साँवलियाँ सूँ प्रीत, औराँ सूँ आँखड़ा॥

हे श्याम! इस लोक में अब मेरा मन नहीं लगता। इस लोक में सभी कल को देखकर डरते हैं। इसलिए मैं अगम लोक को चलती हूँ। वहाँ प्रेम का तालाब भरा पड़ा है, जहाँ जीव रूपी हंस केलि-क्रीड़ा करते हैं। वहाँ मुझे साधु-संतों का संग मिलेगा, जिससे मेरे ज्ञान में अभूतपूर्व वृद्धि होगी। वहाँ साँवरे का चिंतन करके मैं अपने हृदय को उज्ज्वल करूँगी। पैरों में घुँघरू बाँधकर वहाँ मैं प्रतिदिन नृत्य करूँगी। सोलह श्रृंगार करके सजूँगी और सोने का चूड़ा पहनूँगी। मीरा कहती हैं कि मुझे केवल साँवरिया से प्रेम है, दूसरे से मुझे क्या लेना-देना।

चालाँ वाही देस प्रीतम पावाँ, चालाँ वाही देस।
कहो कसूमल साड़ी रँगावाँ, कहो तो भगवा भेस।
कहो तो मोतियन माँग भरावाँ, करों छिटकावाँ केस।
मीरा रे प्रभु गिरधरनागर, सुणज्या बिड़द नरेस॥

चलो, उस देश की ओर चलो जहाँ मुझे प्रियतम मिलेगा। हे प्रियतम! तुम जिसमें कहोगे, मैं उसी वेश में मिलूँगी। अगर तुम कहो तो कुसुम वर्ण की साड़ी पहन लूँ, तुम कहो तो भगवा वस्त्र धारण कर लूँ। कहो तो माँग में मोती भर लूँ अथवा अपने बाल खोलकर उन्हें बिखरा लूँ। मीरा कहती हैं कि हे प्रभु गिरधरनागर! मैंने तुम्हारा यशोगान सुन रखा है। तुम्हारी इच्छा मेरे लिए आदेश है। इसलिए बताएँ, मैं किस वेश में आपसे मिलूँ?

चालाँ मण वा जमणा काँ तीर।
वा जमणा का निरमल पाणी, सीतल होयाँ सरीर।
बंसी बजावाँ गाँवा कान्हाँ, संग लियाँ बलवीर।
मोर मुगट पीताम्बर सोहाँ, कुंडल झलकणा हीर।
मीरा रे प्रभु गिरधरनागर, क्रीड्या संग बलवीर॥

हे मेरे मन! चलो, यमुना के किनारे चलो। उस यमुना का पानी अत्यंत निर्मल है। उसके स्पर्श मात्र से मेरा शरीर शीतल हो जाएगा। अर्थात् मेरे मन के सभी विकार नष्ट हो जाएँगे। वहाँ कान्हा बंसी बजाते हुए गीत गाते हैं। उनके साथ बलराम भी हैं। उनके सिर पर मोर मुकुट, शरीर पर पीतांबर और कानों के कुंडलों में झिलमिलाते हीरे सुशोभित हैं। कृष्ण के स्वरूप से मोहित होकर मीरा कहती हैं कि हे प्रभु गिरधरनागर! बलवीर के साथ क्रीड़ा करते हुए तुम कितने सलोने लगते हो।

जोगिया जी निसदिन जोऊ बाट।
पाँव न चालै पंथ दूहेलो; आड़ा ओघट घाट।
नगर आई जोगी रस गया रे, मो मन प्रीत न पाइ।
मैं भोली भोलापन कीन्हो, राख्यौ नाहिं बिलमाइ।
जोगिया कूँ जोवत बोहो दिन बीता, अजहूँ आयो नाहिं।
बिरह बुझावण अंतरि आवो, तपन लगी तन माहिं।
कै तो जोगी जग में नाहीं, केर बिसारी मोइ।
काँइ करूँ कित जाऊँरी सजनी नैण गुमायो रोइ।
आरति तेरा अंतरि मेरे, आवो अपनी जाँणि।
मीरा व्याकुल बिरहिणी रे, तुम बिनि तलफत प्राणि॥

हे जोगिया (कृष्ण)! मैं प्रतिदिन तुम्हारा इंतजार करती हूँ। प्रेम की डगर बहुत कठिन है। इस सँकरे और आड़े-तिरछे मार्ग पर पैर रखना जोखिम से भरा हुआ है। नगर (मथुरा) में जाकर जोगी (कृष्ण) इस प्रकार रम गया है कि उसे मेरे मन की प्रीत का अनुमान नहीं रहा। मैं भोली सदा भोलापन ही करती रही, इसलिए उसे अपने प्रेमपाश से बाँध न सकी। जोगी को गए हुए बहुत दिन बीत चुके हैं, लेकिन अभी तक वह लौटकर नहीं आया। अर्थात् मेरी कोई सुध-बुध नहीं ली। हे जोगी! मेरे हृदय में विरह-वेदना की अग्नि जल रही है; मेरा संपूर्ण शरीर तप रहा है। कम-से-कम उसे बुझाने के लिए आ जाओ। एक बार दर्शन देकर मुझे शीतल करो। मुझे लगता है कि शायद मेरा जोगी संसार में कहीं खो गया है अथवा उसने मुझे भुला दिया है। हे सखी! मैं क्या करूँ, कहाँ जाऊँ? विरह में रो-रोकर मैंने अपनी आँखों की ज्योति भी खो दी है। हे जोगी! तुम्हारे वियोग में मेरा हृदय तड़प रहा है। मुझे अपनी मानकर आ जाओ। मीरा कहती हैं कि हे प्रभु! तुम्हारी विरह में व्याकुल विरहिणी हो गई हूँ; तुम्हारे बिना मेरे प्राण तड़प रहे हैं। अतः दर्शन देकर मेरी तड़प को शांत करो।

तुम आवो जी प्रीतम मेरे, नित बिरहणी मारग हेरे।
दुःख मेटण सुख दाइक तुम हो, किरपा करिल्यौ नेरे।
बहुत दिनाँ की जोऊँ मारग, अब क्यूँ करो रे अबेरे।
आतर अधिक कहूँ कि जागै, आज्यो, मित सवेरे।
मीरा दासी चरन की, हम तेरे तुम मेरे॥

मेरे प्रियतम! प्रतिदिन मैं विरहिणी तुम्हारा मार्ग निहार रही हूँ, अब जल्दी आ जाओ। तुम ही दुखियारों के दु:खों का नाश करके उन्हें सुख प्रदान करने वाले। हे कृपालु! दर्शन देकर मुझे कृतार्थ करो। बहुत दिनों से मैं तुम्हारा मार्ग निहार रही हूँ, फिर क्या कारण है कि तुम आने में इतना विलंब कर रहे हो? अपनी बेचैनी का वर्णन किससे और कहाँ तक करूँ? हे श्याम! अब तुम बिना विलंब किए जल्दी आ जाओ। मीरा कहती हैं कि हे प्रभु! मैं तुम्हारे चरणों की दासी हूँ और तुम जन्मों से मेरे हो। फिर ऐसी कठोरता किसलिए? हे प्रभु! शीघ्र दर्शन दो।

जोगिया जी आज्यो जी इण देस।
नैणज देखूँ नाथ नै धाइ करूँ आदेस।
आया सावण भदवा भरीया जल थल ताल।
रावल कुण बिलमाई राखो, बिरहनि है बेहाल।
बरस्या वौ हो दिन भया बल बरस्यौ पलक न जाइ।
एक बेरी देह फेरी, नगर हमारे आइ।
वा मूरित म्हारे मन बसे छिन भरि रह्योइ न जाइ।
मीरा रे कोई नाहिं दूजौ, दसरण दीज्यौं आइ॥

हे जोगी! मेरे देश में आ जाओ, जिससे मैं तुम्हें अपने नयनों से देख सकूँ; तुम्हारे आदेश का पालन कर सकूँ। देखो, सावन-भादों भी आ गया है। जमीन और तालाबों में चारों ओर जल-ही-जल भर गया। मेरे पिया (रावल) को किसने रोक रखा है? तुम्हारी प्रतीक्षा में मैं विरहिणी व्याकुल और बेहाल हो रही हूँ। तुमसे बिछड़े हुए बहुत दिन बीत गए हैं, अब मुझे एक पल भी तुम्हारा वियोग सहन नहीं होता। एक बार तो अपनी देह को मोड़कर हमारे नगर आने की कृपा करो। तुम्हारी मूरत मेरे हृदय में बसी हुई है। अब मैं तुम्हारे बिना एक क्षण भी नहीं रह सकती। मीरा कहती हैं कि कृष्ण के बिना मेरा कोई और नहीं है। इसलिए दर्शन देकर मेरा उद्धार करो।

जोगी मत जा मत जा मत जा, पाँइ परूँ मैं तेरी चेरी हौं।
प्रेम भगति की पैड़ों ही न्यारा, हमक गैल बता जा।
अगर चंदण की चिता बणाऊँ, अपणे हाथ जला जा।
जल बल भई भस्म की ढेरी, अपणे अंग लगा जा।
मीरा कहे प्रभु गिरधरनागर, जोत में जोत जगा जा॥

हे जोगी! मुझे छोड़कर मत जाओ। मैं तुम्हारे पैर पड़ती हूँ; मैं तुम्हारी दासी हूँ। प्रेम-भक्ति का मार्ग बड़ा ही विचित्र है। अब तुम ही मुझे राह बता जाओ। लेकिन तुम तो दूर देश में हो। तुम्हारे बिना जीने का क्या लाभ? इसलिए मैं अगर और चंदन की चिता बनाती हूँ और तुम आकर उसे अपने हाथ से जला जाना। जलकर मैं भस्म का ढेर बन जाऊँगी और तुम उसे अपने अंगों से लगा लेना। मीरा कहती हैं कि हे प्रभु गिरधरनागर! मेरी जीवन-ज्योति को स्वयं में समाहित कर लो; जीवन-मृत्यु के चक्र से मेरा सदा के लिए उद्धार हो जाएगा।

जावादे जावादे जोगी किसका मीत।
सदा उदासी रहै मोरि सजनी, निपट अटपटी रीत।
बोलत बचन मधुर से मानूँ, जोरत नाहीं प्रीत।
मैं जाणूँ या पार निभैगी, छाँड़ि चले अधबीच।
मीरा रे प्रभु स्याम मनोहर प्रेम पियारा मीत॥

हे सखी! जाने दे, जोगी को जाने दे। जोगी भला किसका मीत हुआ है? जोगी से प्रीत लगाकर उदासी और दुःख ही मिलता है, क्योंकि इसकी रीत बहुत निपट और अटपटी है। मैं मानती हूँ कि वह बड़े प्रेम से मधुर वचन बोलता है, किंतु किसी से प्रीत नहीं जोड़ता। मैं सोचती थी कि उसके साथ प्रीत लगाने से मैं भवसागर के पार हो जाऊँगी। परंतु वह तो बीच मझधार में छोड़कर ही चले गए। मीरा कहती हैं कि हे प्रभु! हे श्याम मनोहर! तुम मेरे प्यारे मीत हो। इस प्रकार मुझे छोड़कर क्यों चले गए? मैं तुम्हारे वियोग में तड़प रही हूँ। दर्शन देकर मेरी तपन शांत करो।

जोगिया ने कहज्यो जी आदेस।
जोगियो चतुर सुजाण सजनी, ध्यावै सकर सेस।
आऊँगी में नाह रहूँगी (रे म्हारा) पीव बिना परदेस।
करि किरपा प्रतिपाल मो परि, रखो न आपण देस।
माला मुदरा मेखला रे बाला, खप्पर लूँगी हाथ।
जोगिण होई जग ढूँढसूँ रे, म्हांरा रावलियारी साथ।
सावण आबण कह गया बाला, कर गया आँगलिया रेख।
गिणता-गिणता धँस गई रे, म्हांरा आँगलियाँ रेख।
पीव कारण पीली पड़ी बाला, जीवन बाली बेस।
दास मीरा राम भजि कै, तन मन कीन्हौं पेस॥

हे सखी! जोगिया को मेरा संदेश देना है कि वह बहुत ही चतुर और यशस्वी है। भगवान् शिव और शेषनाग भी तुम्हारा ध्यान करते हैं। तुम परदेश में हो और अब मैं तुम्हारे बिना एक पल भी नहीं रह सकती। इसलिए मैं तुम्हारे पास अवश्य आऊँगी। हे कृपानिधान! मुझ पर कृपा करो, मुझे अपने देश में अपने पास रख लो। प्रियतम! तुम्हारे लिए मैं संसार के सारे सुख त्यागकर माला और करधनी धारण करके हाथों में खप्पर उठा लूँगी। इस प्रकार जोगिन बनकर मैं तुम्हें सारे संसार में ढूँढ़ती फिरूँगी और तुम्हारे साथ सारी जिंदगी बिता दूँगी। वल्लभ! तुमने कहा था कि तुम सावन में आओगे। लेकिन तुम्हारे इंतजार में दिन गिनते-गिनते मेरी उँगलियाँ भी घिस गईं। हे श्याम! तुम्हारे विरह में मेरे यौवन की कच्ची बेल पीली पड़ गई है। मीरा कहती हैं कि राम-भजन करते हुए मैंने स्वयं का तन-मन उन्हें अर्पित कर दिया है।

जोगी म्हाँने दरस दियाँ सुखं होइ।
नातिर दुख जग माहिं जीवड़ो, निस दिन झूरै तोइ।
दरद दिवानी भई बाबरी, डोली सबही देस।
मीरा दासी भई है पंडर पलट्या काला केस॥

हे जोगी! मुझे दर्शन दो, तभी मेरे तड़पते हृदय को सुख प्राप्त होगा। अन्यथा जीवन भर मैं दुःख भोगती रहूँगी और दिन-रात विरह-वेदना से तड़पती रहूँगी। तुम्हारे वियोग के दर्द से मैं दीवानी होकर पागल हो गई हूँ तथा देश-विदेश में भटक रही हूँ। मीरा कहती हैं कि मैं तुम्हारी दासी हूँ। तुम्हारे वियोग में मेरे काले केश भी सफेद हो गए हैं।

जाणाँ रे मोहणा, जाँणा थारी प्रीति।
प्रेम भगति रो पैडा म्हारो अवरुण जाणाँ रीति।
इमरत पाइ विषाँ क्यूं दीज्याँ कूँण गाँव री रीत।
रीराँ रे प्रभु हरि अबिनासी, अपणो जणारो मीत॥

मीरा कहती हैं कि हे मोहन! मैं तुम्हारी प्रीत अच्छी तरह से जान चुकी हूँ। प्रेम और भक्ति मार्ग अतिरिक्त मैं किसी और रीति-नीति के बारे में नहीं जानती। इसलिए मैं सदा इसी मार्ग पर चली हूँ। हे श्याम! तुमने पहले तो मुझे अमृत चखा दिया और अब विरह का विष क्यों पिला रहे हो? भला यह कौन से गाँव की रीत है? मीरा कहती हैं कि हे प्रभु अविनाशी हरि! मैं पराई नहीं,

आपकी अपनी हूँ। इसलिए आप भी मुझे अपना मानो और दर्शन देकर मेरी अंतरात्मा की पीड़ा को सदा के लिए हर लो।

जोगिया से प्रीति कियां दुख होई।
प्रीत कियाँ सुख ना मोरी सजनी, जोगी मिंत न कोइ।
रात दिवस कल नाहिं परत है, तुम मिलियाँ बिनी मोइ।
ऐसी सूरत या जग माहीं फेरि न दिखी सोइ।
मीरा रे प्रभु कबरे मिलोगे मिलियाँ आणद होइ॥

जोगिया से प्रीत लगाना अत्यंत दुःखदायी होता है, यह बात अब मैं भली-भाँति जान चुकी हूँ। हे सखी! प्रीत चाहे किसी से भी करो, उसमें सुख मिलना अत्यंत कठिन है। तुमसे मिले बिना मेरा हृदय दिन-रात बेचैन और अशांत रहता है। तुम्हारी जैसी सूरत संसार में कभी दोबारा नहीं देखी। मीरा कहती हैं कि हे प्रभु! तुम कब मुझे दर्शन दोगे, कब मुझसे मिलोगे? तुमसे मिलने के बाद ही मुझे आनंद और सुख प्राप्त होगा।

जगमाँ जीवणा थोड़ा कुणे लयाँ भवसार।
मात पिता जग जन्म दियाँ री, करम दियाँ करतार।
खायाँ खरचाँ जीवण जावाँ, कोई कर्‌या उपकार।
साधो संगत हरिगुण गास्या, और णा म्हारी लार।
मीरा रे प्रभु गिरधरनागर, थें बल उतर्‌या पार॥

संसार में जो कुछ मिलता है, वह बहुत थोड़े समय के लिए होता है। इसलिए भवसागर रूपी संसार के भोग-विलासों में डूबने का क्या लाभ? अर्थात् मद, लोभ, काम, अहंकार आदि विकारों में डूबने का कोई लाभ नहीं है। माता-पिता ने तो केवल संसार में तुम्हें जन्म दिया है; लेकिन तुम्हें वही कर्म करने हैं, जो ईश्वर ने तुम्हारे लिए निर्धारित किए हैं। मायाजाल में उलझकर तुम अपना जीवन खर्च कर डालते हो। इसका प्रयोग न तो परोपकार के लिए करते हो और न ही ईश्वर-प्राप्ति के लिए। परंतु मैं साधु-संतों की संगत कर हरि-गुण का गान करती हूँ। इसके अतिरिक्त मुझे किसी और से कोई लगाव नहीं है। मीरा कहती हैं कि हे प्रभु गिरधरनागर! इस भवसागर में केवल तुम्हारी शक्ति द्वारा ही पार उतारा जा सकता है।

जागो बंसी वारे ललना, जागो मोरे प्यारे।
रजनी बीती भोर भयो है, घर घर खुले किंवारे।
गोपी दही मथत सुनियत है कँगना के झनकारे।
उठो लाल जी मेरे भोर भेयो है, सुन नर ठाढ़े द्वारे।
ग्वाल-बाल सब करत कुलाहल, जय-जय सबद उचारे।
माखन-रोटी हाथ में लीनी, गउवन के रखवारे।
मीरा रे प्रभु गिरधरनागर, सरण आयाँ कूँ तारे॥

मेरे बंसीवाले लला, जागो। मेरे प्यारे जागो। रात बीत चुकी है और दिन चढ़ आया है। घर-घर के दरवाजे खुल गए हैं। गापियाँ दही मथ रही हैं और उनके कंगनों की झनकार स्पष्ट सुनाई दे रही है। मेरे लाल! उठो, सुबह हो चुकी है। देवता और मनुष्य तुम्हारे दर्शन हेतु द्वार पर खड़े हुए हैं। सभी ग्वाल-बाल एकत्रित होकर कोलाहल करते हुए तुम्हारी जय-जयकार कर रहे हैं। हे गौओं के रखवाले! मैं भी हाथ में मक्खन-रोटी लेकर तुम्हारे उठने की प्रतीक्षा कर रही हूँ। मीरा कहती हैं कि हे प्रभु गिरधरनागर! तुम्हारी शरण में जो भी आता है, तुम उसका उद्धार करते हो।

जाण्याँ णा प्रभु मिलण क्याँ होय।
आया म्हारे आगणाँ फिर गया मैं जाण्या खोय।
जोवताँ मग रैण बीताँ दिवस बीताँ जोय।
हरि पधाराँ आगणाँ गया मैं अभागण सोय।
बिरह व्याकुल अनल अन्तर कलणाँ पड़ता दोय।
दासी मीरा लाल गिरधर मिल णा बिछड़याँ कोय॥

मीरा कहती हैं कि मुझे नहीं पता कि प्रभु-मिलन क्या होता है? वह हमारे आँगन में आया और फिर वापस लौट गया। उन्हें खोने के बाद ही मैं यह बात जान सकी। अब उनकी राह देखते-देखते दिन-रात बीत जाते हैं। हरि मेरे आँगन में पधारे थे और मैं अभागिन उस समय सो रही थी। विरह की अग्नि से पीड़ित मेरा व्याकुल अंतर्मन बार-बार मुझे झकझोर रहा है। मीरा अपने गिरधर की दासी है। क्या कोई इस प्रकार मिलकर बिछड़ता है?

जावो हरि निमोहिड़ा, जाणी थाँरी प्रीत।
लगन लगी जब प्रीत और ही, अब कुछ अवली रीत।

अभ्रित प्याय कै विष क्यूँ दीजै, कूण गांव की रीत!
मीरा कहै प्रभु गिरधरनागर, आप गरज के मीत॥

हे हरि! तुम बड़े निर्मोही हो। तुम्हारी प्रीत कैसी है, मैं अच्छी तरह से जान चुकी हूँ। जब मुझे लगन लगी थी, तब तुम्हारी प्रीत कुछ और ही थी। लेकिन अब कुछ और ही रीत है। अमृत पिलाने के बाद विष पिलाना भला किस गाँव की रीत है? मीरा कहती हैं कि हे प्रभु गिरधरनागर! आपके प्रेम में यह परिवर्तन मेरे लिए असहनीय है। ऐसा लगता है मानो आप स्वार्थी हैं।

जोगियाजी निसदिन जाऊँ बाट।
पाँव न चाले पैथ दुहेलो आड़ा औघट घाट॥
नगर आड़ जोगी रम गया रे, मो मन न पाइ।
मैं भोली भोलापण कीन्हो, राख्यौ नहिं बिलमाइ॥
जोगिया कूँ जोवत बोहो दिन बीत्या, अजहुं न आयो नहिं।
बिरह बुझावण अंतरि आवो, तपत लगी तन माँहिं॥
कै तो जोगी जग में नाहीं, कैरी बिसार मोइ।
काँई करूँ कित जाऊँरी सजनी, नैण गुमाया रोइ॥
आरति तेरी अंतरि मेरे, आवो अपणी जाण।
मीर व्याकुल विरहिणी से, तुम बिन तलफत प्राण॥

हे जोगिया (कृष्ण)! मैं प्रतिदिन तुम्हारा इंतजार करती हूँ। तुम्हें ढूँढ़ने के लिए मार्ग पर चलते-चलते मेरे पैरों में छाले पड़ गए हैं। मैंने अनेक घाट छान लिये, लेकिन आप कहीं भी नहीं मिले। आप नगर में रम गए हो, यह सोचकर मैं नगर में भी पहुँची; किंतु आप वहाँ भी नहीं मिले। मैं कितनी भोली-भाली हूँ जो मेरे हृदय में तुम्हारे लिए क्रोध नहीं है। अभी भी मैं तुमसे बहुत प्रेम करती हूँ। हे जोगिया! बहुत दिन बीत चुके हैं, परंतु तुम आज तक लौटकर नहीं आए। हे श्याम! जल्दी से लौट आओ और मेरे अंतर्मन में तपती हुई अग्नि को शांत करो। मुझे तो लगता है कि या तो जोगी संसार में नहीं है अथवा उसने मुझे भुला दिया है। हे सखी! मैं क्या करूँ? कहाँ जाऊँ? उनकी विरह में रो-रोकर मैंने अपने नयनों की ज्योति खो दी है। मेरा हृदय तुम्हारे लिए तड़प रहा है। मुझे अपनी समझकर लौट आओ। मीरा कहती हैं कि हे प्रभु! तुम्हारे वियोग में मैं व्याकुल विरहिणी के समान तड़प रही हूँ। तुम्हारे बिना मेरे प्राण तड़प-तड़पकर

निकल जाएँगे। अत: जल्दी लौट आओ और दर्शन देकर मेरे अंतर्मन को शीतल करो।

जागो म्हारा जगपतिराइ, हँसि बालो क्यूँ नहीं।
हरि थे छो जी हिरदा माँहि, पट खोलो क्यूँ नहीं।
तन मन सुरति सँजोइ, सीस चरणाँ धरूं।
जहाँ-जहाँ देखूँ म्हारो राम जहाँ सेवा करूं।
सदकै करूँ जी सरीर, जुगै जुगै वारणौं।
छोड़ी-छोड़ी कुल की लाज, साहिब तेरे कारणौं॥

हे जगपति हरि! अब तो जागो। तुम मुझे बोलते क्यों नहीं हो? ईश्वर सदैव मनुष्य के हृदयरूपी मंदिर में बसता है। उसे केवल अंतर्मन की आँखों से देखा जाता है। ऐसा तभी संभव होता है जब मनुष्य-मन से मोह-माया का परदा हट जाता है। हे हरि! आप मेरे हृदय में निवास करते हैं। कृपया मेरे अंतर्मन की आँखों को खोलो जिससे मं तुम्हारा दर्शन कर सकूँ। मैं अपना तन, मन, धन और आत्मा को तुम्हारे प्रेम में डुबोकर तुम्हारे चरणों में अर्पित करना चाहती हूँ। जहाँ-जहाँ मुझे राम दिखाई देंगे, वहाँ-वहाँ जाकर मैं सेवा करूँगी। मैंने अपना शरीर तुम पर न्योछावर कर दिया है तथा अपनी आत्मा को युगों-युगों से तुम्हारे अधीन कर दिया है। हे साहिब! तुम्हारे प्रेम में मैंने कुल की मर्यादा और लोक-लाज भी त्याग दी है। अब तो मुझे शरण में लेकर मेरा उद्धार करो।

झटक्यो मेरी चीर मुरारी।
गागर रंग सिरते झटकी, बेसर मुर गई सारी।
छुरी अलक कुंडल में उरझी, झड़ गई कोर किनारी।
मनमोहन रसिकनागर भए, हो अनोखे खिलारी।
मीरा रे प्रभु गिरधरनागर, चरण कमल सिरधारी॥

मीरा स्वयं में गोपी का भाव रखते हुए कहती हैं कि जब मैं दही की मटकी सिर पर रखकर जा रही थी तब मार्ग में मुरारी ने मेरे वस्त्र को झटक दिया। इससे गागर सरककर सिर से नीचे गिर गई और साड़ी से उलझकर मेरी मोतियोंवाली नथ मुड़ गई मेरे खुले हुए केश कुंडल में उलझ गए और कोर-किनारी टूट गई मेरे मनमोहन ऐसे ही रसिकनागर बन गए हैं। उनके जैसा अनोखा खिलाड़ी दूसरा कोई नहीं है। मीरा कहती हैं कि हे प्रभु गिरधरनागर! मैंने आपके चरणों में अपना सिर रख दिया है। अब आप मुझ शरणागत पर कृपा करें।

डरि गयो मनमोहन पासी।
आँबाँ की डालि कोइल इक बोले, मेरो मरण अरू जग केरी हाँसी।
बिरह की मारी मैं बन बन डोलूँ, प्रान तजूँ करवत ल्यूँ कासी।
मीरा रे प्रभु हरि अबिनासी, तुम मेरे ठाकुर मैं तेरी दासी।

मनमोहन मेरे गले में प्रेम का बंधन डाल गया है। उसके प्रेमपाश में बँधकर मैं अपनी सुधबुध खो बैठी हूँ। आम की डाली पर एक कोयल बोल रही है। उसकी वाणी ने मेरे मन की तड़प को और बढ़ा दिया है। मैं हरि के वियोग में मरी जा रही हूँ, परंतु संसार मेरी दशा देखकर हँस रहा है। विरह से पीड़ित होकर मैं वन-वन भटक रही हूँ। समझ में नहीं आता कि मैं प्राण त्याग दूँ या काशी जाकर करवट लूँ। मीरा कहती हैं कि हे प्रभु अविनाशी हरि! तुम मेरे ठाकुर हो और मैं जन्म-जन्म से तुम्हारी दासी हूँ। हे नाथ! दर्शन देकर मुझपर कृपा करो।

तनक हरि चितवाँ म्हारी ओर।
हम चितवाँ थें चितवो णा हरि, हिबड़ो बड़ो कठोर।
म्हारी अरसा चितवनि यारी, ओर णा दूजा दार।
ऊभ्यां ठाड़ी अरज करूँ छूँ, करताँ करताँ।
मीरा रे प्रभु हरि अबिनासी, देस्यूँ प्राण अँकोर॥

हे हरि! तनिक मेरी ओर भी देखो। मैं निरंतर तुम्हें देखती हूँ, लेकिन फिर भी तुम मेरी ओर नहीं देखते। तुम्हारा हृदय बड़ा कठोर है। मेरी आशा का आधार यही है कि तुम मेरी ओर देखो। इसके अतिरिक्त कोई दूसरी इच्छा नहीं है। मैं तुमसे विनती करती हूँ, मेरी ओर अपनी कृपादृष्टि करो। मीरा कहती हैं कि हे प्रभु अविनाशी हरि! यदि तुमने मुझपर अपनी कृपादृष्टि नहीं की तो मैं अपने प्राण तुम्हारे चरणों में अर्पित कर दूँगी।

तुमर कारण सब सुख छोड्याँ, अब मोही क्यूँ तरवासा हो।
बिरह बिथा लागी उर अन्तर, सो तुम आन बुझावो हो।
अब छोड़त नाहिं बणै प्रभुजी, हँसि कर तुरंत बुलावौ हो।
मीरा दासी जनम-जनम की, अंग से अंग लगावौ हो॥

हे कृष्ण! तुम्हारे प्रेम के कारण मैंने सब सांसारिक सुखों का त्याग कर दिया है। लेकिन अब तुम मुझे क्यों तरसा रहे हो? मेरे हृदय में विरह की अग्नि

लगी हुई है; पल-पल मैं इसमें जल रही हूँ। तुम जल्दी से आकर इसे अपने प्रेम से बुझाओ। प्रभु, मैंने अपने परिवारजन और सांसारिक बंधनों का त्यागकर तुमसे प्रीत की। अब किसी भी दशा में मैं इसे छोड़ नहीं सकती। इसलिए तुम हँसते हुए मुझे अपने पास बुला लो, मुझे अपनी शरण में ले लो। मीरा कहती हैं कि हे प्रभु! मैं जन्म-जन्म से तुम्हारे चरणों की दासी हूँ। अतः शरण में लेकर मेरे दुःखों का नाश करो और मुझे सुख एवं आनंद प्रदान करो।

थें म्हारे घर आवो जी प्रीतम प्यारा।
चुन-चुन कलिया मैं सेज बनाऊँ, भोजन करूँ मैं सारा।
तुम सगुषाँ मैं अवगुण धारी, तुम छो बगसण धरा।
मीरा रे प्रभु गिरधर नागर, तुम बिनि दैन दुखियारा॥

मेरे प्रियतम! मेरे प्यारे! मेरे घर पधारो। मैं कलियाँ चुन-चुनकर तुम्हारे लिए सेज सजाऊँगी तथा स्वादिष्ट भोजन करवाऊँगी। हे श्याम! तुम गुणों से युक्त हो और मैं अवगुणों की खान हूँ। तुम क्षमाशील हो, इसलिए मेरे अवगुणों पर ध्यान मत देना। मीरा कहती हैं कि हे प्रभु गिरधरनागर! तुम्हें देखे बिना मेरे नयन बहुत दुख रहे हैं। अतः दर्शन देने की कृपा करो।

थें बिण म्हारे कोण खबर ले, गोबरधन गिरधारी।
मोर मुकुट पीतांबर शोभाँ, कुंडल री छव न्यारी।
भरी सभाँ माँ द्रुपद सुता री, राख्या लाज मुरारी।
मीरा रे प्रभु गिरधरनागर, चरण कँवल बलिहारी॥

हे गोवर्धन गिरधारी! तुम्हारे बिना मेरी खबर लेनेवाला भला दूसरा कौन है? तुम्हारे सिर पर मोर मुकुट तथा तन पर पीतांबर सुशोभित है; कुंडलों की छवि निराली है। हे मुरारी! तुमने ही भरी सभा में द्रौपदी के पुकारने पर उसकी लाज रखी थी। मीरा कहती हैं कि हे प्रभु गिरधरनागर! मैं तुम्हारे चरण-कमलों पर बलिहारी हूँ। अर्थात् मैं तुम्हारी शरणागत हूँ, मुझपर कृपा करो।

थरी छब प्यारी लागे राज, राधावर महाराज।
रतन-जटित सिर पेच कलंगी, केसरिया सब साज।
मोर मुकुट मकराकृत कुंडल, रसिकाराँ सिरताज।
मीरा रे प्रभु गिरधरनागर, म्हारे मिल गया ब्रजराज॥

हे राज राधावर महाराज! तुम्हारी छवि अत्यंत मनोहारी और प्यारी लगती

है। सिर पर रत्नजड़ित कलंगी, तन पर केसरिया रंग के वस्त्र, सिर पर मोर-मुकुट तथा कानों में मकराकृति के कुंडल सुशोभित हैं। तुम्हारा यह स्वरूप मोहित कर देने वाला है। इस वेश में तुम रसिकों के भी सरताज लगते हो। मीरा कहती हैं कि हे प्रभु गिरधरनागर! मुझे सलोनी छविवाले महाराज मिल गए हैं। इसके अतिरिक्त मुझे और कुछ नहीं चाहिए।

थारो रूप देख्याँ अटकी।
कुल कुटंब सजण सकल बार-बार हटकी।
बिसर्‌याँ णा लगण लगाँ मोर मुकट नटकी।
म्हाँरो मण मगण स्याम लोक कह्याँ भटकी।
मीरा प्रभु सरण गह्याँ जाण्या घट-घट की॥

हे साँवरे! तुम्हारे रूप को देखकर मैं दीवानी हो गई हूँ। कुल-कुटुंब ने बार-बार मुझे रोकने का प्रयास किया, लेकिन मोर-मुकुटधारी नटवर से ऐसी लगन लगी है कि उसे भुलाना मेरे लिए असंभव है। मेरा मन श्याम के स्वरूप में मग्न है। परंतु लोग सोचते हैं कि मैं न जाने किस राह पर भटक गई हूँ। मीरा कहती हैं कि मैंने उस प्रभु की शरण ली है, जिसे घट-घट का ज्ञान है।

थें जीम्याँ गिरधरलाल।
मीरा दासी अरज कर्‌याँ छे, म्हारो लाल दयाल।
छप्पण भोग छतीशाँ बिंजण, पावाँ जन प्रतिपाल।
राजभाग आरोगयाँ गिरधर, सम्मुख राखाँ थाल।
मीरा दासी सरणाँ ज्याशीं, कीज्याँ बेग निहाल॥

हे गिरधारीलाल! तुमने भोजन कर लिया है। मीरा दासी विनती करती है कि हे मेरे लाल दयाल! जन-प्रतिपालक को छप्पन भोग और छप्पन व्यंजन सहज ही प्राप्त हैं। गिरधर सामने थाल रखकर राजभोग ग्रहण करते हैं। मीरा कहती हैं कि मैं दासी तुम्हारी शरण में हूँ। कृपा कर मुझे निहाल करो। तुम्हारे अतिरिक्त मुझे और कुछ नहीं चाहिए।

थाँणे काँई काँई बोल सुणावा, म्हाँरा साँवराँ गिरधारी।
परूबर जगण री प्रीत पुराणी, जावा णा गिरधारी।
सुंदर बदन जोवताँ साजण, थारी छबि बलहारी।
म्हाँरे आँगण स्याम पधारो, मँगल गावाँ नारी।

मोती चौक पुरावाँ णोंणाँ, तण मण डाराँ बारी।
चरण सरण री दासी मीरा, जणम-जणम री क्वाँरी॥

हे मेरे साँवरे गिरधारी! तुम्हें क्या-क्या बोल सुनाऊँ जिससे तुम्हें प्रसन्नता हो? हमारी प्रीत पूर्वजन्म की है; मुझे इस प्रकार छोड़कर मत जाओ। मेरे साजन! मैं तुम्हारे सुंदर तन को निहार रही हूँ। तुम्हारी छवि पर मैं बार-बार बलिहारी हूँ। हे श्याम! मेरे आंगन में पधारो। मंगल-गीत गाते हुए नारियाँ तुम्हारा स्वागत करेंगी। मोती चौक को नयनों से पूर दिया है; तन-मन तुम पर वार दिया है। मीरा तुम्हारे चरणों की दासी है। मैं जन्म-जन्म से कुँवारी रहकर तुम्हारी प्रतीक्षा कर रही हूँ।

दरस बिण दूखाँ म्हारा णैण।
सबदाँ सुणताँ मेरी छतियाँ काँपाँ मीठों थारो बैण।
बिरह बिथा काँसूँ री कह्याँ पेठाँ करवत अैण।
कल णा परताँ पल हरि भग जोवाँ भयाँ छमासी रैण।
थें बिछड्याँ म्हाँ कलपाँ प्रभुजी, म्हारो गया सब चैण।
मीरा रे प्रभु कब रे मिलोगे, दुख मेटण सुख दैण॥

हे हरि! तुम्हारे दर्शनों के लिए मैं अत्यंत बेचैन हूँ। तुम्हारा इंतजार करते-करते मेरी आँखें दुख रही हैं। आहट सुनते ही मेरी छातियाँ काँपने लगती हैं तथा तुम्हारे मीठे-मीठे बोल याद आने लगते हैं। तुम्हारे अतिरिक्त मेरा कोई नहीं है। मैं किसे जाकर अपनी विरह-व्यथा सुनाऊँ? मुझपर तो मानो आरी चल गई हो। हे हरि! तुम्हारे बिना मुझे एक पल भी चैन नहीं है। एक-एक रात छह-छह महीने के समान हो गई है। प्रभुजी! तुम क्या बिछड़े, मेरे हृदय का सब चैन ही छिन गया। मीरा कहती हैं कि हे प्रभु! मेरे दुःखों का नाश करने तथा मुझे सुख पहुँचाने के लिए मुझसे कब मिलोगे?

बड़े घर तालो लागाँ री, पुरबला पुन्न जगावाँरी।
जीलरयाँ री कामणा म्हाँरो, डबराँ कुण जावाँरी।
गंगा जमुणा कामणा म्हां जावां दरियावाँरी।
हेल्या-मेल्या कामण म्हारे, पेठया मिक सरदाराँ री।
कामदाराँ सूँ कामणा म्हारे जावा जाव म्हा दरबाराँ री।
काथ कथीर सूँ कामण म्हारे, चढ़स्याँ घणरी सारयाँरी।
सोना रूपाँ सूँ कामण म्हारे, म्हारे हीराँ रो बौपाराँ री।
भाग हमारो जाग्याँ रे, रतणकर म्हारी सीरयाँ री।

अमृत प्यालो छाडयाँ रे, कुण पीवाँ कड़वा नीरा री।
भगत गणाँ प्रभु परचाँ पाँवाँ, गजामाँ जताँ दूरयारी।
मीरा रे प्रभु गिरधर नागर, मणरथ करस्यां पूरयारी॥

मीरा अपनी सखी से कहती हैं कि हे सखी! बड़े घर में ताला लग गया है अर्थात् मैंने सांसारिक माया से संबंध-विच्छेद कर लिया है। यह सब पिछले जन्म के पुण्य के कारण ही संभव हुआ है। झील हो अथवा तलैया, मुझे इससे कोई सरोकार नहीं है। गंगा-यमुना पर जाने से भी कोई लाभ नहीं होगा, क्योंकि मुझे यही ज्ञान और प्रेम का सागर मिल गया है। मुझे किसी से हेल-मेल की भी आवश्यकता नहीं है, क्योंकि मैंने सरदार का ठिकाना पा लिया है। अर्थात् मुझे इधर-उधर से ज्ञान प्राप्त करने की आवश्यकता नहीं है; मैंने साक्षात् परब्रह्म को कृष्ण-रूप में पा लिया है। पहरेदार मेरे लिए कोई महत्त्व नहीं रखते, इसलिए मैं सीधे दरबार में पहुँच जाती हूँ। काँच और राँगा मेरे किसी काम के नहीं है, मैं तो लोहे के घन पर चढ़ती हूँ। सोने व चाँदी से मुझे कुछ लेना-देना नहीं है, जबकि मेरा हीरों का व्यापार है। मेरे भाग्य जाग गए हैं, तभी तो रत्नाकर से मेरा नाता जुड़ गया है। भला कौन अमृत का प्याला छोड़कर कड़वा जल पीना चाहेगा? हे प्रभु! मैंने भक्तों का परिचय प्राप्त कर लिया है, इसलिए अब मैं सामान्य मनुष्यों से दूर रहती हूँ। मीरा कहती हैं कि हे प्रभु गिरधरनागर! तुम्हारे अतिरिक्त संसार में मेरे लिए सबकुछ नगण्य है। इसलिए मेरे मनोरथ केवल तुम ही पूर्ण करना।

देखत राम हँसे सुदामाँ कूँ, देखत राम हँसे।
फाटी तो फूलड़ियाँ पाँव उभाणे, चलतै चरण घसे।
बाँलपणै का मिंत सुदामा, अब क्यूँ दूर बसे।
कहाँ भावज ने भेंट पठाई, तड्डुल तीन पसे।
कित गई प्रभु मोरी टूटी टपरिया, हीरा, मोतीलाल कसे।
कित गई प्रभु मोरी गउवन बछिया, द्वारा बिच हँसती फसे।
मीरा रे प्रभु हरि अबिनासी, सरणे तोरे बसे॥

सुदामा जब राम अर्थात् श्रीकृष्ण से मिलने गए तो उन्हें देखकर कृष्ण प्रसन्नतापूर्वक हँसने लगे। उस समय सुदामा की दशा अत्यंत दयनीय थी। उनकी जूतियाँ फट चुकी थीं और पाँव नग्न थे, जो चलते-चलते घिस गए थे। कृष्ण प्रसन्न होकर कहते हैं कि सुदामा, तुम मेरे बालपन के मित्र हो। फिर मुझे दूर क्यों बसे हुए थे। भाभी ने मेरे लिए कौन सी भेंट भिजवाई है? यह कहकर

उन्होंने सुदामा की गठरी में बँधे तीन मुट्‌ठी चावल खा लिये। कुछ दिनों बाद जब सुदामा घर पहुँचे तो टूटी-फूटी झोपड़ी के स्थान पर हीरे-मोती से सजा महल देखा। वे सोचने लगे कि हे प्रभु! मेरी टूटी झोपड़ी कहाँ गई? उसके स्थान पर हीरे-मोती से निर्मित यह महल किसका है? हे प्रभु! मेरी गाय-बछिया कहाँ गई? यह महल के द्वार पर खड़ी कौन हँस रही है? मीरा कहती है कि हे प्रभु अविनाशी हरि! सुदामा की भाँति मैं भी तुम्हारी शरण में हूँ। मुझ दरिद्र का भी उद्धार करो।

नँदनँदन मण भायाँ णभ छायाँ।
इत घन गरजाँ उत घन लरजाँ, चमका बिज्जु डरायाँ।
उमड़-घुमड़ घण छायाँ, पवण चल्याँ पुरवायाँ।
दादुर मोर पपीहा बोला, कोयल सबद सुणायाँ।
मीरा रे प्रभु गिरधरनागर, चरण कँवल चितलायां॥

मीरा अपनी सखी से कहती हैं कि हे सखी! नंदनंदन मुझे अत्यंत प्रिय हैं। वे मेरे मन को भा गए हैं। आकाश में बादल छा गए हैं। वे अत्यंत तीव्र स्वर में गरज और लरज रहे हैं। बिजली चमक-चमक कर मुझे डरा रही है। उमड़-घुमड़कर चारों ओर बादल छा गए हैं तथा पुरवाई चल रही है। मेंढक, मोर तथा पपीहा बोल रहे हैं; कोयल मधुर स्वर में गा रही है। मीरा कहती हैं कि हे प्रभु गिरधरनागर! मैंने अपना मन तुम्हारे चरणों में लगा लिया है। तुम्हारे बिना अब मुझे चैन नहीं मिल सकता।

नैना लोभी रे बहुरि सके, नहिं आय।
रोम-रोम नख-शिख अब निरखत, ललकि रहे ललचाय।
मैं ठाढ़ी गृह आपणे री, मोहन निकसे आय।
बदन चंद परकासत हेली, मंद मंद मुसकाय।
लोग कुटुंबी बरजि बरजहीं, मानत पर हाथ गए बिकाय।
भली कहो कोई बुरी कहो, मैं सब लई सीस चढ़ाय।
मीरा रे प्रभु गिरधर लाल बिनु, पल भर रह्यो न जाय॥

हे सखी! श्याम का स्वरूप इतना लुभावना है कि मेरे नयन उन्हें देखने का लोभ नहीं रोक पाते। वे उनमें इस प्रकार खो जाते हैं कि अनेक प्रयत्न करने पर भी वहाँ से हटते नहीं हैं। मेरे नयन उनके रोम-रोम और नख से शिख तक का स्वरूप देखकर ललचाते रहते हैं। मैं अपने घर में खड़ी थी कि तभी वहाँ मोहन निकल आए। उनका तन चंद्रमा के समान प्रकाशित हो रहा था तथा वे

मंद-मंद मुसकरा रहे थे। कुटुंब-संबंधी मुझे उन्हें निहारने से रोकते हैं, लेकिन मेरा मन वश में नहीं है। ऐसा लगता है मानो वह पराए के हाथ बिक गया है। अब चाहे कोई भला बोले अथवा बुरा कहे; मैं सबकुछ चुपचाप अपने सिर पर धारण करती हूँ। मीरा कहती है कि हे प्रभु गिरधरलाल! आपके बिना मैं एक पल भी नहीं रह सकती। आपका वियोग मेरे लिए अत्यंत पीड़ादायक है।

नहिं भावै थाँरो देसलडो रंगरूड़ो।
थारे देसाँ में राणा साध नहीं छै, लोग बसै सब कूड़ो।
गहना गाँठी राणा हम सब त्यागा, त्याग्यो कररो चूड़ो।
काजल टीकी हम सब त्यागा, त्याग्यो छै बाँधन जूड़ो।
मीरा रे प्रभु गिरधरनागर, बर पायो छै पूरो॥

राणा को संबोधित करते हुए मीरा कहती हैं कि तेरे देश का रंग-ढंग मुझे बिलकुल नहीं भाता। हे राणा! तुम्हारे देश में साधु नहीं, झूठे और बेईमान लोग बसते हैं। राणा! मैंने गहनों, वस्त्रों आदि का त्याग कर दिया है; अपने हाथ का चूड़ा भी त्याग दिया है। काजल और टीका लगाना भी त्याग दिया है। इसके अतिरिक्त जूड़ा बाँधना भी छोड़ दिया है। मीरा कहती है कि हे प्रभु गिरधरनागर! मैंने तुम्हें वररूप में पा लिया है। अब तुम्हारे अतिरिक्त मुझे कुछ और नहीं चाहिए।

नीदड़ी आवाँ णा साराँ रात, कुण विधि होय परभात।
चमक उठाँ सुपनाँ लख सजणी, सुध णा भूल्याँ जात।
तलफाँ तलफाँ जियराँ जायाँ कब मिलियाँ दीनानाथ।
भवाँ बावरा सुध-बुध भूलाँ, जीव जान्या म्हारी बात।
मीरा पीड़ाँ सोइ जाणैं, मरण-जीवण जिण हाथ॥

सारी रात मुझे नींद नहीं आती। कोई मुझे बताए, मैं किस प्रकार रात बिताकर सुबह करूँ? मैं उसे सपने में देखकर चौंक उठती हूँ। फिर उसे भुलाना मेरे लिए संभव नहीं होता। उसे याद करके मेरा हृदय बार-बार तड़प जाता है। न जाने दीनानाथ कब मुझसे मिलेंगे? कब मुझे अपने दर्शन देंगे? तुम्हारे वियोग में बावरी होकर मैं सुधबुध भूल गई हूँ। हे हरि! तुम मेरे हृदय की बात क्यों नहीं समझते। मीरा कहती है कि मेरे हृदय की पीड़ा केवल वे ही जान सकते हैं जिनके हाथ में जीवन-मृत्यु निहित है। इसलिए हे नाथ! दर्शन देकर मुझे कृतार्थ करो।

तेरा मरम न पायौ रे जोगी।
आसण माँडि गुफा में बैठो, ध्यान हरि को लगायो।
गल बिच सेली हाथ हाजरियो, अंग भभूति रमायो।
मीरा रे प्रभु हरि अनिवासी, भाग लिख्यो सो ही पायो॥

हे जोगी! तेरे मर्म को अभी तक कोई जान नहीं सका। इसे जानने के लिए कोई गुफा में आसन लगाकर हरि का ध्यान कर रहा है तो कोई गले में सेली माला डालकर, हाथ में अँगोछा लेकर तथा अंगों में भभूत लगाए है। मीरा कहती हैं कि हे प्रभु अविनाशी हरि! चाहे कोई लाख यत्न कर ले, लेकिन जिसके भाग्य में लिखा है उसे ही प्रभु की प्राप्ति होती है।

नागर नंदकुमार, लाग्यो थारो नेह।
मुरली धुण सुण बीसराँ म्हारो कुणवो गेह।
पाणी पीर जणाई, मीण तलफि तज्यां देह।
दीपक जाण्या पीर णा पतंग जल्या जल खेह।
मीरा रे प्रभु साँवरे रे, थें बिण देह अदेह॥

हे नंदकुमार नागर! मैंने तुम्हारे साथ स्नेह लगा लिया है। तुम्हारी मुरली के स्वर सुनकर मैं अपना कुल और लोक-लाज भूल जाती हूँ। जिस प्रकार पानी के बिना मछली तड़पते हुए प्राण त्याग देती है और उसके दर्द को कोई नहीं जान पाता है, उसी प्रकार तुम्हारे बिना मेरा अंतर्मन तड़प रहा है और संपूर्ण संसार इससे अनभिज्ञ है। पतंगा दीपक के आसपास मँडराते हुए अपना जीवन जला डालता है, लेकिन उसकी पीड़ा से दीपक अनजान होता है। मीरा कहती हैं कि हे प्रभु साँवरे! सशरीर होते हुए भी मैं तुम्हारे बिना देह-विहीन हूँ। जब तक मुझे तुम्हारे प्रेम का अमृत नहीं मिलता, तब तक मैं अपूर्ण हूँ।

नंद को बिहारी म्हारे हियड़े बस्यो छै।
कटि पर लाल काछनी काछे, हीरा मोती-वालो मुकुट धर्यो छै।
गहिर ल्यो डाल कदम्ब की ठाढ़ी, मोहन मो तन हेरि हँस्यो छै।
मीरा रे प्रभु गिरधरनागर, निरखि दृगन मैं नीर भर्‍यो छै॥

नंद का बिहारी मेरे हृदय में बसा हुआ है। कमर पर लाल वस्त्र बाँधकर वह सिर पर हीरे-मोती से जड़ित मुकुट धारण किए हुए है। मैं कदंब की डाली पकड़कर खड़ी हूँ और मोहन मेरे सुंदर तन को देखकर मंद-मंद मुसकरा रहा है। मीरा कहती हैं कि हे प्रभु गिरधरनागर! मेरे नयन एकटक तुम्हें निहार रहे हैं। इसके कारण मेरी आँखों में आँसू भर गए हैं।

नींद नहीं आवे जी सारी रात।
करवट लेकर सेज टटोलूँ, पिया नहीं मेरे साथ।
सगरी रैन मोहै तरफत बीती, सोच सोच जिय जात।
मीरा रे प्रभु गिरधरनागर, आज भयो परभात॥

हे सखी! साँवरे की याद आने के कारण मुझे सारी रात नींद नहीं आती। उनका सलोना मुखड़ा एक पल के लिए भी पलकें झपकने नहीं देता। बार-बार करवटें बदलते हुए मैं सेज टटोलती हूँ, परंतु पिया को अपने पास न पाकर वेदना से भर जाती हूँ। सारी रात इसी प्रकार तड़पते हुए बीत जाती है और सोच-सोचकर मेरा हृदय बैठ जाता है। मीरा कहती हैं कि हे प्रभु गिरधरनागर! आज भी करवटें बदलते और तड़पते हुए मेरी सारी रात बीती और सुबह हो गई

नहिं ऐसो जनम बारंबार।
क्या जानूँ कछु पुण्य प्रगटे, मानुसा अवतार।
बढ़त पल-पल, घटत छिन-छिन, जात न लागे वार।
बिरह के ज्यों पात टूटै, लगे नहीं पुनि डार।
भौ सागर अति जोर कहिए, विषम ऊँडी धार।
राम नाम का बाँध बेड़ा, उतर परले पार।
ज्ञार चौसर मंडी चौहटे, सुरज पासा सार।
या दुनिया में रची बाजी, जीत भावैं हार।
साधु संत महंत ज्ञानी चलत करत पुकार।
दास मीरा लाल गिरधर जीवणा दिन च्यार॥

जीव को मनुष्य-जन्म बार-बार नहीं मिलता। ईश्वर-प्राप्ति के लिए मनुष्य-जन्म एक बहुमूल्य अवसर है। पूर्वजन्म के पुण्यों का ही फल है जो मनुष्य-जन्म मिलता है। लेकिन जैसे-जैसे समय बीतता जाता है, सांसारिक मायाजाल में उलझकर मनुष्य अपनी आयु व्यर्थ के कार्यों में गँवा बैठता है। मोह, मद, लोभ, काम और क्रोध आदि विकारों में फँसकर वह पापों का संचय करने लग जाता है। समय के जो पत्ते टूट जाते हैं, वे पुनः समय रूपी डाली पर नहीं लगते। विषय-वासनाओं में लीन मनुष्य भवसागर की शक्तिशाली धाराओं से बच नहीं पाता। ऐसे में केवल राम-नाम की नौका पर सवार होकर ही भवसागर को पार किया जा सकता है। इसलिए साधु, संत, महंत तथा ज्ञानी मनुष्य सदैव हरि-नाम की पुकार करते हैं। मीरा दासी कहती हैं कि यह जीवन

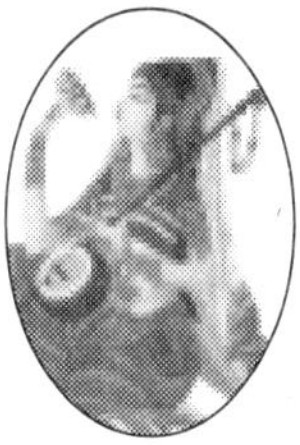

केवल दो-चार दिन का है। अतः गिरधरलाल से प्रीत लगाकर जीवन-मृत्यु के चक्र से सदा के लिए मुक्त हो जाओ।

बास्याँ म्हारे णेणण माँ नंदलाल।
मोर मुगट मकराक्रत कुंडल अरुण तिलक सोहां भाल।
मोहण मूरत साँवराँ सूरत णेणा बण्या बिसाल।
अधर सुधारस मुरली राजाँ उर बैजँती माल।
मीरा प्रभु संताँ सुखदायाँ भक्त बछल गोपाल॥

हे नंदलाल! मेरे नयनों में आकर बस जाओ। तुम्हारे सिर पर मोर मुकुट, कानों में मकराकृति के कुंडल तथा माथे पर लाल तिलक सुशोभित है। मोहन की मूरत बड़ी मोहक, सूरत बड़ी साँवरी और नेत्र विशाल हैं। उनके रसयुक्त होंठों पर मुरली तथा गले में वैजयंती माला सुशोभित है। मीरा कहती है कि हे प्रभु! हे गोपाल! तुम संतों को सुख प्रदान करनेवाले तथा भक्त-वत्सल हो। तुम्हारी शरण में आनेवाले प्राणी के समस्त दुःखों का नाश हो जाता है।

बादला रे थे जल भर्‍या आज्यो।
झर झर बूदाँ बरसाँ आली, कोयल सबद सुनाज्यो।
गाज्याँ बाज्याँ पवन मधुरयो, अम्बर बदराँ छाज्यो।
संज साँवर्‍या पिय घर आस्याँ सखयाँ मंगल गास्यो।
मीरा रे हरि अबिणासी, भाग भल्याँ जिण पास्यो॥

हे बादलो! जल भर लाओ और उन्हें बूँदों के रूप में झर-झर बरसाओ। हे कोयल! तुम मधुर स्वर में अपना गान सुनाओ। मधुर एवं सुगंधित पवन गरजते हुए धीरे-धीरे बह रही है। आकाश में काले-काले बादल छा गए हैं। हे प्रियतम! मैंने सेज सजा दी है। ऐसे मदहोश करनेवाले वातावरण में तुम घर आ जाओ। तुम्हारे स्वागत में सखियाँ मंगल-गीत गाएँगी। मीरा कहती है कि हे प्रभु अविनाशी हरि! तुम्हारे दर्शन केवल उन्हें प्राप्त होते हैं, जो सौभाग्यशाली होते हैं। अतः हे हरि! दर्शन देकर मेरा भाग्य सँवार दो।

बिध बिधणा री ण्यारां।
दीरघ नैण मिरघ कूँ देखाँ, बण बण फिरताँ माराँ।
उजलो बरण बागलाँ पाँवा, कोयल बरणाँ काराँ।
नदयाँ निरमल धाराँ, समुस्द कर्‍याँ जल खारा।
मूरख जण सिंगासण राजां, पण्डित फिरताँ द्वारा।
मीरा रे प्रभु गिरधरनागर, राणाँ भगत संघाराँ॥

विधाता की विधि बड़ी निराली है। उसने मृग (हिरण) को बड़े-बड़े नेत्र प्रदान किए, फिर भी कस्तूरी की खोज में वह वन में मारा-मारा फिरता है जबकि कस्तूरी उसके शरीर में ही छिपी होती है। यद्यपि बगुले का रंग उजला अर्थात् सफेद होता है, लेकिन उसकी मक्कारी अर्थात् मन के कालेपन से सभी परिचित हैं। कोयल काली होती है, परंतु उसकी मधुर आवाज नीरसता को भी सरसता में बदल देती है। छोटी होने के बाद भी नदियों का जल निर्मल होता है, जबकि विशाल समुद्र उनके जल को भी खारा कर देता है। विधि का विधान् ही है कि मूर्ख राजसिंहासन पर विराजमान होकर राजा बन जाता है जबकि विद्वान पंडित भिक्षा के लिए घर-घर फिरता है। मीरा कहती है कि हे प्रभु गिरधनागर! तुम्हारे होते हुए भी राणा तुम्हारे भक्तों पर अत्याचार करता है, भक्ति को हानि पहुँचाता है। प्रभु, यह तुम्हारा केसा विधान है?

बंदे बंदगी मति भूल।
चार दिना की करले खूबी, ज्यूँ दाड़िमदा फूल।
आया था ये लोभ के कारण, मूल गमायाँ भूल।
मीरा रे प्रभु गिरधरनागर, रहना है बे हजूर॥

हे बंदे! हरि की भक्ति करना, वंदना करना मत भूलो। यह जीवन केवल चार दिन का है। जिस प्रकार अनार का फूल चार दिन तक खिलने के बाद मुरझा जाता है, उसी प्रकार चार दिन तक जितनी चाहे मौज-मस्ती कर ले। जीवन भर तुम लोभ करते रहे, लेकिन वास्तविकता यह हैं कि तुम व्यर्थ के मायाजाल में उलझकर जीवन रूपी मूल को खो बैठे। मीरा कहती हैं कि हे प्रभु गिरधरनागर! इस संसार में मोह-माया और लोभ आदि विकारों के बिना रहना ही उचित है। अन्यथा मायाजाल में फँसकर जीव जीवन-मृत्यु के चक्र से कदापि मुक्त नहीं हो पाएगा।

बरसाँ री बादरिया सावन री मण भावण री।
सावन माँ उमँग्यो म्हारो मणरी, भणक सुण्या हरि आवण री।
उमड़-घुमड़ घण मेघाँ आयाँ, दामण घण झर लावण री।
बीजाँ बूंदाँ मेहाँ आयाँ बरसाँ सीतल पवण सुहावण री।
मीरा रे प्रभु गिरधरनागर, बेला मंगल गावण री॥

सखी! सावन के बादल झर-झरकर बरसते हुए मन को मोह रहे हैं। सावन में हरि के आने की भनक सुनकर मेरे हृदय में अनेक उमंगें उठ रही हैं।

उमड़-घुमड़कर घने मेघ चारों ओर छा गए हैं। दामिनी गरज-तड़ककर वर्षा की झड़ी लगा रही है। वर्षा की बूँदें निरंतर बरस रही हैं तथा शीतल एवं सुहानी पवन धीरे-धीरे बह रही है। मीरा कहती हैं कि हे प्रभु गिरधरनागर! यह बेला मंगल-गीत गाने की है। इस बेला में तुम भी आ जाओ और मेरे तप्त हृदय को अपनी प्रेम-वर्षा से शीतल करो।

बड़े घर की ताड़ी लागी रे, म्हाँरा मन री उणारथ भागी रे।
छीलरिये म्हाँरो चित्त नहीं रे, डाबरिए कुण जाव।
गंगा जमना सूँ काम नहीं रे, मैं तो जाय मिलूँ दरिया।
हाल्याँ मोल्याँ सूँ काम नहीं रे, सीख नहिं सिरदार।
कामदार सूँ काम नहीं रे, मैं तो जाब करूं दरबार।
काच कथीर सूँ काम नहीं रे, लोहा चढ़े सिर भार।
सोना रुण सूँ काम नहीं रे, म्हारे हीरा रौ बौछार।
भाग हमारो जागियो रे, भयो सामंद सूँ सीर।
अम्रित प्याला छाँडिके, कुण पीवे कड़वो नीर।
पीपा कूँ प्रभु परचो दियो रे, दीन्हा खजीनो पूर।
मीरा रे प्रभु गिरधरनागर, धणी मिल्या छै हजूर॥

हे सखी! मेरे अंतर्मन में हरि-भक्ति की लौ लग गई है; मोह-माया के बंधनों से मुक्त होकर मेरा मन बार-बार उन्हीं की ओर भाग रहा है। कोई भी विकार अब मेरे मन को भक्ति-पथ से विचलित नहीं कर सकता और न ही यह भटकेगा। गंगा-जमुना से मुझे कोई काम नहीं है। मैं स्वयं नदी रूपी होकर हरि रूपी सागर से जाकर मिल लूँगी। किसी से हेल-मेल रखने से भी मुझे कोई सरोकार नहीं है, क्योंकि प्रीत द्वारा मुझे सरदार (हरि) मिल गए हैं। पहरेदारों से भी मुझे कुछ लेना-देना नहीं, मैं तो सीधे दरबार में पहुँच जाती हूँ। काँच और राँगा मुझे नहीं चाहिए, मैं तो लोहे पर चढ़ती हूँ। सोने से मुझे कोई काम नहीं; मुझ पर तो हीरों की वर्षा हो रही है। मेरा भाग्य जाग गया है, जो सामंत मेरे सामने सिर झुकाते हैं। अमृत का प्याला छोड़कर भला कौन कड़वा जल पीना पसंद करेगा? अर्थात् हरि-भक्ति में डूबने के बाद मेरी न तो कोई इच्छा शेष रही और न ही कोई लोभ रहा। मेरी तृष्णा और कामना मर गई है। अंतर्मन को हरि के साथ जोड़ने के बाद मुझे सांसारिक सुखों, भोग-विलास एवं मान-सम्मान से कोई सरोकार नहीं है। हरि-प्रेम की लौ लगाने के बाद मेरा हृदय मायाजाल के बंधनों से मुक्त हो गया है। मीरा कहती है कि हे प्रभु गिरधरनागर! मुझे

हरि-रूप में ऐसा धनिक मिल गया है जिससे ज्ञान, सत्य और प्रेम रूपी रत्नों को पाने के बाद मुझे किसी अन्य वस्तु की लालसा नहीं रही। उसके माध्यम से मैं संसार रूपी भवसागर को सहज ही पार कर लूँगा।

बानारो बिड़द दुहेलो रे।
बानो पहर कहा गरबायो, मुक्ति न होसी खेली रे।
बारानो प्रण प्रहलाद उबारयो, बैर पिता से झेल्यो रे।
आगा धर पीछा मत ताको, दफतर नहिं चढैलो रे।
मीरा ने जी भक्ति कमाई, जहर पियालो झेलयो रे।

मीरा कहती हैं कि हे प्रभु! भक्तों का उद्धार करने के लिए आपने मनुष्य-शरीर का बाना पहना है। इसी प्रकार मनुष्यों को भी भक्त का बाना पहनकर सच्ची भक्ति द्वारा स्वयं के उद्धार के लिए प्रयासरत रहना चाहिए, क्योंकि इतनी सरलता से मोक्ष प्राप्त नहीं होता। प्रह्लाद ने भक्त का बाना पहनकर सच्चे हृदय से हरि की भक्ति की। इसके लिए उसने पिता से भी बैर ले लिया और उसके अत्याचार चुपचाप सहे। हे जीव! तुम भी पीछे की ओर देखना छोड़कर आगे के बारे में सोचो। मोक्ष-प्राप्ति का मार्ग सरल नहीं है। इसमें स्वयं को पूर्णरूप से समर्पित कर दो। मीरा ने भी भक्ति के कठोर मार्ग का अनुसरण किया और जहर का प्याला हँसते-हँसते पी लिया।

भीजे म्हाँरो दाँमन चीर, सावणियो लूम रह्यो रे।
आज तो जाय बदेसाँ छाए, जिवड़ो धरत न धीर।
लिख लिख पतियाँ संदेसा भेजूँ कब घर आवै म्हारो पीव।
मीरा रे प्रभु गिरधरनागर, दरसन दो ने बलवीर॥

हे हरि! साँवन का महीना आ गया है। झर-झर बहती वर्षा की बूँदों से मेरे आँचल का वस्त्र भीग रहा है। हे मोहन! तुम तो परदेश में जाकर बस गए हो। लेकिन तुम्हारे बिना यहाँ मेरे हृदय को एक पल के लिए भी चैन नहीं मिलता। मैं तुम्हारे पास लिख-लिखकर पत्र-संदेश भेजती हूँ कि मेरे प्रियतम तुम कब घर आओगे? लेकिन सबकुछ भूलकर तुम वहाँ रम गए हो। मीरा कहती हैं कि हे प्रभु गिरधरनागर! तुम्हारे बिना मैं मछली की भाँति तड़प रही हूँ। दर्शन देकर मुझे कृतार्थ करो। तुम्हारे आगमन से ही मेरे अंतर्मन को शीतलता मिलेगी।

भई हों बाबरी सुनके बाँसरी, हरि बिनु कछु न सुहाये माई।
श्रवन सुनत मेरी सुध-बुध बिसरी, लगी रहत तामें मन की गाँसूँ, री।
नेम धरम कोन कीनी मुरलिया, कोन तिहारे पासूँ, री।
मीरा रे प्रभु बस कर लीने, सप्तताननि की फाँसूँ, री॥

मीरा अपनी माँ को संबोधित करते हुए कहती हैं कि हे माँ! हरि की बाँसुरी सुनकर मैं दीवानी हो गई हूँ। अब उनके बिना मुझे कुछ अच्छा नहीं लगता। बाँसुरी के मधुर स्वर सुनते ही मैं अपनी सुधबुध खो बैठती हूँ; मेरा मन सबकुछ भूलकर केवल उन्हीं में रम जाता है। न जाने किसने मुरली में नियम-धर्म किए हुए हैं; न जाने कौन उसके समीप होता है, जो उसकी मधुर तान मन को व्याकुल कर देती है। मीरा विनती करते हुए कहती है कि हे प्रभु! अपनी मुरली की तान को बंद कर दो। इसकी तान के सात स्वरों ने मुझे अपने जाल में फँसा लिया है। अब इसके अतिरिक्त मेरे मन को कुछ अच्छा नहीं लगता।

भज मन चरन कँवल अबिनासी।
जेताई दीसे धरनि गगन बिच, तेताई सब उठि जासी।
कहा भयो तीरथ ब्रत कीन्हे, कहा लिए करवत कासी।
इस देही का गरब न करना, माटी में मिल जासी।
यो संसार चहर की बाजी, साँझ पड्याँ उठि जासी।
कहा भयो है भगवा पहरयाँ, घर तज भए संन्यासी।
जोगी होय जुगति नहिं जानी, उलटि जनम फिर आसी।
अरज करौं अबला कर जोरे, स्याम तुम्हारी दासी।
मीरा रे प्रभु गिरधरनागर, काटो जम की फाँसी॥

हे मेरे मन! तू अविनाशी श्रीहरि के चरण-कमलों की वंदना कर। इस धरती और गगन में दिखाई देनेवाली सभी वस्तुएँ एक दिन नष्ट हो जाएँगी। तीर्थ-भ्रमण, व्रत एवं काशी-निवास को मीरा व्यर्थ का बताती हुई कहती है कि हे प्राणी! केवल हरि का सुमिरन करके ही मोक्ष प्राप्त होगा। हे प्राणी! अपनी देह का कभी गर्व मत करो; एक दिन इसे मिट्टी में मिल जाना है। अर्थात् मृत्यु के बाद इस शरीर को जलकर राख हो जाना है। यह संसार चिड़िया की बाजी की तरह है जिससे संध्या होते ही उड़ जाना है। अर्थात् इस संसार में जीव कुछ समय के लिए आया है। जीवन की संध्या होते ही इसका अंत हो जाएगा। भगवा वस्त्र धारण करने अथवा घर त्यागकर संन्यासी होने से कुछ नहीं होगा। जोगी होकर भी जो मुक्ति का मार्ग अर्थात् हरि-भक्ति नहीं स्वीकारता, उसे बार-बार

संसार में आना पड़ता है। हे श्याम! मैं अबला जन्मों से तुम्हारी दासी हूँ। अपनी शरण में लेकर मेरा उद्धार करो। मीरा कहती हैं कि हे प्रभु गिरधरनागर! सांसारिक बंधनों को काटकर मुझे मोक्ष प्रदान करो।

साजन घर आओ जी मिठबोला।
कब की ठाढ़ी पंथ निहारूँ, थांही आयां होसी भला।
आवो निसंक संक मत मानो, आयौ ही सुख रहला।
तन मन वार करूं न्यौछावर, दीजो स्याम मोहेला।
आतुर बहोत विलम नहीं करनाँ, जाया ही रंग रहेगा।
तेरे कारण सब रंग त्यागा, काजल तिलक तमोला।
तुम देख्याँ बिन कल न परत है कर घर रही कपोला।
मीरा दासी जनम-जनम की, दिल की घुंडी खोला॥

मेरे मिठबोले प्रियतम! मेरे घर आओ। मैं कब से खड़ी हुई तुम्हारा रास्ता देख रही हूँ। तुम्हारे बिना मुझे कुछ अच्छा नहीं लगता। अब तुम्हारे आगमन से ही मेरा भला होगा। हे श्याम! तुम निशंक होकर चले आओ। तुम्हारे आने से मुझे अपार आनंद और सुख प्राप्त होगा। मेरे प्रियतम! मैंने अपना तन-मन तुम पर न्योछावर कर दिया है। अब तो दर्शन देकर मुझ पर कृपा करो। मेरे मोहन! तुम्हारे दर्शन के लिए मैं बहुत आतुर हो रही हूँ। इसलिए बिना विलःब किए शीघ्रता से आ जाओ। तुम्हारे आने से ही मेरे घर-आँगन में खुशियों का रंग खिलेगा। तुम्हारे वियोग में मैंने काजल-तिलक लगाना तथा पान खाना छोड़ दिया है। तुम्हें देखे बिना मेरे हृदय को चैन नहीं पड़ता। मैं गालों पर हाथ रखकर तुम्हारे आने की प्रतीक्षा कर रही हूँ। मीरा कहती हैं कि हे प्रभु! मैं जन्मों-जन्मों से तुम्हारी दासी हूँ। अतः अपने दिल की गाँठ खोलकर मेरे पास आ जाओ।

साँवरी सुरत मण रे बसी।
गिरधर ध्यान धराँ निसबासर, मण मोहण म्हारे बसी।
कहा कराँ कित जावाँ सजणी, म्हातो स्याम डसी।
मीरा रे प्रभु कबरे मिलोगे, नित नव प्रीत रसी॥

मीरा अपनी सखी को संबोधित करते हुए कहती हैं कि हे सखी! मेरे हृदय में श्याम की साँवरी-सलोनी सूरत बस गई है। मैं नित्य प्रतिदिन गिरधर का ही ध्यान करती हूँ। मेरे मन में केवल मोहन बसे हुए हैं। उनके अतिरिक्त मुझे किसी और का ध्यान नहीं रहता। हे सखी! मैं क्या करूँ, कहाँ जाऊँ? श्याम

रूपी नाग ने मुझे डँस लिया है। उनके प्रेम रूपी जहर ने मेरे अंग-अंग को मदहोश कर दिया है और मैं सुधबुध खोकर श्याम के वश में हो गई हूँ। मीरा कहती हैं कि हे प्रभु! तुम कब आकर मुझ दासी से मिलोगे? कब दर्शन देकर मेरे अंतर्मन को शीतल करोगे? मैं तुम्हारे प्रेम में पूरी तरह से डूब चुकी हूँ। तुम्हारे बिना एक पल भी रहना असंभव है।

सखी री खाज बैरण भई।
श्री लाल गोपाल के संग, काहे नाहीं गई।
कठिन क्रूर अक्रूर आयो, साजि रथ कहँ नई।
रथ चढ़ाय गोपाल लैगो, हाथ मींजत रही।
कठिन छाती स्याम बिछुरत, बिरह तें तन तई।
दारी मीरा लाल गिरिधर, बिखर, क्यूँ न गई॥

हे सखी! मेरी लाज ही मेरी बैरी बन गई लाज के कारण ही मैं श्री लालगोपाल के साथ नहीं जा सकी। यह अक्रूर कितना क्रूर और कठोर है जो सजा हुआ रथ लेकर आया और उस पर कृष्ण को बिठाकर अपने साथ ले गया। लाज के कारण मैं हाथ मलते हुए खड़ी रह गई मेरा हृदय कितना कठोर हो गया है जो विरह की वेदना झेलने के बाद भी तना हुआ है। मीरा कहती हैं कि हे गिरधरलाल! तुम्हारे वियोग गें मेरे हृदय को टूटकर बिखर जाना चाहिए था, लेकिन यह केवल व्याकुल होकर रह गया। यह मेरे हृदय की कठोरता ही है।

स्याम बिण दुख पावाँ सजणी।
कण म्हा धीर बँधावाँ।
यौ संसार कुबधि रो भाँडो, साध संगत णा भावाँ।
साँधा जणरी निंद्या ठाणाँ, करमरा कुगत कुमाँवाँ।
राम नाम बिनि मकुति न पावाँ, फिर चौरासी जाबाँ।
साध संगत माँ भूल णा जावाँ, मूरख जणम गमावाँ।
मीरा रे प्रभु थारी सरणाँ, जीव परमपद पावाँ॥

हे सखी! श्याम के बिना मैं बहुत दुःख भोग रही हूँ। मोहन मुझे छोड़कर चले गए हैं, उनके बिना अब कौन मुझे धीरज बँधाएगा? यह संसार दुर्बुद्धि लोगों का घर है। उन्हें साधु-संतों की संगत पसंद नहीं आती। ये लोग सदा साधु-संतों की निंदा करते हुए बुरे कर्मों में लिप्त रहते हैं। ये नहीं जानते कि

राम-नाम के बिना मोक्ष संभव नहीं है और इसके फलस्वरूप इन्हें बार-बार विभिन्न योनियों में जन्म लेना पड़ेगा। जो मनुष्य भूलकर भी साधु-संतों की संगत नहीं करते, उनका जीवन व्यर्थ ही नष्ट हो जाता है। मीरा कहती हैं कि हे प्रभु! जो प्राणी आपकी शरण में आ जाता है, वह मृत्यु उपरांत आपका परमधाम प्राप्त करता है।

सावण दे रह्या जोरा रे घर आयो जी स्याम मोरा, रे।
उमड़-घुमड़ चहुँदिस से आया, गरजत है घन घोंरा रे।
दादुर मोर पपीहा बोलै, कोयल कर रही सोरा रे।
मीरा रे प्रभु गिरधरनागर, ज्यों वारूँ सोही थोरा रे॥

मेरे श्याम! तुम जल्दी घर आ जाओ। सावन की रिमझिम बौछारें मुझे व्याकुल कर रही हैं। चारों ओर से उमड़-घुमड़कर बादल आ गए हैं तथा भयंकर गर्जन कर रहे हैं। मेंढक, मोर, पपीहे कोलाहल कर रहे हैं; कोयल मीठे स्वर में गा रही है। मीरा कहती हैं कि हे प्रभु गिरधरनागर! दर्शन देकर मुझे आनंद प्रदान करो। हे मोहन! आपके सलोने स्वरूप पर मैं जो भी न्योछावर कर दूँ, वह कम ही रहेगा।

साँवलिया म्हारो छय रह्या परदेस।
म्हारा बिछड़ू या फेर न मिलिया भेज्या णा एक सन्नेस।
रटण आभरण भूखण छाड्याँ खोर कियाँ सिर केस।
भगवाँ भेख धर्‌याँ थें कारण, ढुढ्याँ चार्‌याँ देस।
मीरा रे प्रभु स्याम मिलण बिणा जीवनि जनम अनेस॥

मेरे साँवरिया परदेश में जाकर बस गए हैं। मुझसे बिछड़कर गया तो फिर अभी तक मिलने नहीं आया, न ही उसने मुझे कोई संदेश भिजवाया। उसका नाम रटते-रटते मैं अपनी सुधबुध खो बैठी तथा आभूषण एवं वस्त्रों के साथ-साथ सिर के केशों का भी त्याग कर दिया। तुम्हारे वियोग में मैंने भगवा वस्त्र धारण कर लिये हैं तथा चारों दिशाओं में भटकती हुई तुम्हें ढूँढ़ रही हूँ। मीरा कहती हैं कि हे प्रभु! हे श्याम! तुम्हारे बिना मेरा जीवन नष्ट हो रहा है। तुम जल्दी से लौट आओ और मुझे शरण में लेकर मेरा जीवन सार्थक करो।

सजन सुध ज्यूँ जाणे त्यूँ लीजै हो।
तुम बिन मोरे अवर न कोई, क्रिया रावरी कीजै हो।

दिन नहिं भूख रैण नहिं निंदरा, यूँ तन पल पल छीजै हो।
मीरा रे प्रभु गिरधरनागर, मिल बिछड़न मत दीजै हो॥

मेरे साजन! मेरी सुध तुम्हें ही लेनी है। इसलिए तुम्हें जैसा ठीक लगे, उसी प्रकार मेरी सुध लो। तुम्हारे अतिरिक्त मेरा कोई नहीं है। मैं केवल तुम्हारी दया-दृष्टि पर ही निर्भर हूँ; तुम अपनी कृपादृष्टि मुझपर बनाए रखना। हे श्याम! मुझे न तो दिन में भूख लगती है और न ही रात को नींद आती है। तुम्हारे वियोग में पल-पल मेरा शरीर क्षीण होता जा रहा है। मीरा कहती हैं कि हे प्रभु गिरधरनागर! इस प्रकार मुझसे मिलकर बिछड़ा मत करो। वियोग की पीड़ा अब मेरे लिए असहनीय है।

श्याम म्हाँ बाँहड़ियाँ जो गह्याँ।
भोसागर मझधाराँ बूड्याँ, थारी सरण लह्याँ।
म्हारे अवगुण पार अपारा थे बिण कूण सह्याँ।
मीरा रे प्रभु हरि अबिनासी, लाज बिरद री बाह्याँ॥

हे श्याम! संसार को त्यागकर मैंने तुम्हारी बाँह थाम ली है। मैं भवसागर में डूब रही हूँ, इसलिए तुम्हारी शरण में हूँ। मुझ शरणागत की रक्षा करो। हे प्रभु! मुझमें अनगिनत अवगुण हैं। लेकिन तुम्हारे बिना इसे कौन सह सकता है? मीरा कहती हैं कि हे प्रभु अविनाशी हरि! मुझ दासी की रक्षा कर अपनी यश-कीर्ति की लाज रखना।

सुण्यारी म्हारे हरि अपाँगा आज।
म्हैलाँ चढ़-चढ़ जोवाँ सजणी, कब आवाँ महाराज।
दादुर मोर पपीहा बोल्याँ, कोइल मधुराँ साज।
उमग्याँ इन्द्र चहूँ दिस बरसाँ, दामण छोडयाँ लाज।
मीरा रे प्रभु गिरधरनागर, बेग मिल्यो महाराज॥

मीरा सखी को संबोधित करते हुए कहती हैं कि आज मेरे हरि आने वाले हैं। सखी! मैं बार-बार महल की छत पर चढ़कर उनका मार्ग देख रही हूँ। पता नहीं मेरे हृदय को चुरानेवाले श्रीहरि महाराज कब आएँगे? सावन का महीना है; मेंढक, मोर, पपीहे बोल रहे हैं तथा कोयल मधुर स्वर में तान सुना रही है। इंद्र उमड़ते हुए चारों ओर जमकर बरस रहा है तथा मेरा आँचल भीगकर अपनी लाज तक भूल गया है। मीरा कहती हैं कि हे प्रभु गिरधरनागर! शीघ्र आकर मुझ दासी से मिलो जिससे मेरा रूप भी निखर-निखर जाए।

साँवरो म्हारो प्रीत णिभाज्यो जी।
थे छो म्हारो गुण रो सागर, औगुण म्हाँ बिसराज्यो जी।
लोकणा सीझयां मन न पतीज्याँ मुखड़ा सबद सुणाज्यो जी।
दासी थाँरी जणम जणम म्हारे आँगण आज्यो जी।
मीरा रे प्रभु गिरधरनागर, बेड़ा पार लगाज्यो जी॥

मेरे साँवरिया! मेरी प्रीत निभा दो। तुम मेरे गुणों के सागर हो, जबकि मुझमें अवगुणों की भरमार है। इसलिए मेरे अवगुणों को भुला मत देना। लोगों ने मुझे समझाने का बहुत प्रयास किया, लेकिन मैं अपने पथ पर अडिग रही अर्थात् सबकी बातें अनसुनी कर हरि-भक्ति में डूबी रही। अब तुम ही अपने मुख से प्रेमभरे शब्द सुनाकर मेरे अंतर्मन को शांत कर सकते हो। मैं जन्मो-जन्मो से तुम्हारी दासी हूँ। मेरे आँगन में आकर मुझपर कृपा करो। मीरा कहती है कि हे प्रभु गिरधरनागर! सांसारिक बंधनों को तोड़कर मैं तुम्हारी शरण में आ गई हूँ। अब तुम भवसागर में डोलती मेरी नाव का बेड़ा पार करो।

साँवरियो रंग राँचा राणाँ साँवरियो रंग राचाँ।
ताल पखावज मिरदंग बाजा, साधाँ आगे णाच्याँ।
बूझया माणे मदण बावरो, स्याम प्रीतम्हाँ काचाँ।
विष रो प्यालो राणा भेज्यां, आराग्याँ णा जाँच्याँ।
मीरा रे प्रभु गिरधरनागर, जनम-जनम रो साँचाँ॥

हे राणाजी! मैं साँवरिया (कृष्ण) के रंग में पूरी तरह से रच-बस गई हूँ; मुझपर साँवरिया का रंग चढ़ गया है। मैं साधु-संतों के समक्ष पखावज और मृदंग की ताल पर नृत्य करती हूँ। माँ सोचती है कि मैं श्याम के प्रेम दीवानी हो गई हूँ, जबकि श्याम प्रीत निभाने में कच्चा है। लेकिन उन्हें कौन समझाए कि राणाजी के भेजे गए विष के प्याले को जब मैं चरणामृत समझकर पी गई थी तब मेरी प्राणरक्षा करनेवाला श्याम ही था। मीरा कहती हैं कि हे प्रभु गिरधरनागर! तुम भक्तों के लिए जन्म-जन्म से सच्चे हो। फिर तुम्हारी प्रीत कच्ची कैसे हो सकती है?

सहेलियाँ साजन घर आया हो।
बहोत दिना की जोवती, बिरहिन पिव पाया हो।
रतन करूँ नेछावरी, ले आरति साजूँ हो।
पिया का दिया सनेसड़ा ताहि बहोत निवाजूँ हो।
पांच सखी इकट्ठी भई, मिलि मंगल गावै हो।

पिय की रती बघावणाँ आणंद अंगि न पावै हो।
हरि सागर सू नेहरो, नेणा बाँध्यो सनेह हो।
मीरा सखी के आँगणै, दूधाँ बूंठा से हो॥

मेरी सहेलियो! मेरा प्रियतम घर आया है। बहुत दिनों से मैं उसकी प्रतीक्षा कर रही थी। आज मेरा इंतजार रंग ले आया और मुझ विरहिणी ने पिया को पा लिया। उन पर रत्न न्योछावर करते हुए मैं उनकी आरती उतारती हूँ। पिया का संदेश देनेवाला बहुत मेहरबान है। मेरी पाँचों सखियाँ अर्थात् पाँचों इंद्रियाँ एकत्रित होकर मंगलगान गा रही हैं। मैं अपने प्रियतम को मंगल-बधाई दे रही हूँ; मेरे अंगों में आनंद समाए नहीं समा रहा। मेरे हरि स्नेह का सागर हैं। उनके प्रेम को देखकर मेरे नयन भी बँध गए हैं। मीरा कहती हैं कि हे सखी! हरि के आने से मेरे आँगन में चारों ओर खुशियाँ छा गई हैं तथा दूध की वर्षा हो रही है।

पिया अब घर आज्यो मेरे, तुम मोरे हूँ तोरे।
मैं जन तेरा पंथ निहारूँ, मारग चितवन तोरे।
अवध बदीती अजहूँ न आए दूतियन से नेह जोरे।
मीरा कहे प्रभु कबरे मिलोगो, दरसन बिन दिन दोरे।

हे प्रियतम! तुम मेरे और मैं तुम्हारी हूँ। अत: अब तो मेरे घर आ जाओ। मैं कब से तुम्हारा मार्ग निहार रही हूँ; मेरे नयन तुम्हारे पथ की ओर ही लगे हुए हैं। मोहन! तुमने आने का जो समय दिया था, वह बीत चुका। लेकिन तुम अभी तक नहीं आए। कहीं तुम दूसरे के साथ स्नेह तो नहीं जोड़ बैठे? मीरा कहती हैं कि हे प्रभु! मुझ दासी से कब मिलोगे? तुम्हारे दर्शनों के बिना दिन बिताने दूभर हो गए हैं।

पतियाँने कूण पतीजै, आणि खबर हरि लीजै।
झूठी पतियाँ लिख-लिख भेजे, क्या लीजै क्या दीजै।
ऐसा है कोई जाँच सुणावै मैं दाँचू तो भजै।
मीरा के प्रभु अरि अबिनासी चरण कमल चित्त दीजै॥

हे श्याम! तुम्हारे पत्रों पर कौन विश्वास करे? तुम स्वयं आकर मेरी खबर लो। तुम झूठे पत्र लिख-लिखकर भेज रहे हो, लेकिन मुझे इनसे भला क्या लेना-देना? यहाँ कोई ऐसा भी नहीं है जो मुझे तुम्हारे पत्र पढ़-पढ़कर सुनाए। यदि मैं स्वयं पत्र पढ़ती हूँ तो प्रेम के कारण मेरी आँखें भीग जाती हैं।

मीरा कहती हैं कि हे प्रभु अविनाशी हरि! आपके चरण-कमलों को मैंने अपने हृदय में बसा लिया है। अतः मुझ चरणों की दासी को दर्शन दो।

पग बाँध घुँघरयाँ णाच्यारी।
लोग कह्याँ मीरा बाबरी, सासु कह्याँ कुलनासी री।
विष रो प्यालो राणा भेज्याँ, पीवाँ मीरा हाँसाँ री।
तण मण वार्‌याँ हरि चरणमाँ दरसण प्यास्याँ री।
मीरा रे प्रभु गिरधरनागर, थारी सरणाँ आस्याँ री॥

हे हरि! मैं पैरों में घुँघरू बाँधकर नाच रही हूँ। तुम्हारे प्रति मेरे प्रेम को देखकर लोग कहते हैं कि मीरा दीवानी हो गई है, जबकि सास मुझे कुलनाशिनी कहती है। मेरे इस व्यवहार से क्रोधित होकर राणाजी ने मुझे विष का प्याला भेजा था। लेकिन मैं उसे हँसते-हँसते पी गई। मैंने अपना तन-मन हरि पर न्योछावर कर दिया है। अब मुझे केवल उनके दर्शन की प्यास है। मीरा कहती हैं कि हे प्रभु गिरधरनागर! मैं तुम्हारे चरणों की शरण में हूँ। मुझ शरणागत का उद्धार करो।

पपइया रे पिव की बाणि न बोल।
सुणि पावेली बिरहणी रे, थारो रालैली पाँख मरोड़।
चाँच कटाऊँ, पपइया रे, ऊपरि कालर लूण।
पिव मेरा मैं पीव की रे, तू पिव मेला आज।
चाँच मढ़ाऊँ थारी सोवनी रे, तू मेरे सिरताज।
प्रीतम कूँ पतियाँ लिखूँ, कउवा तू ले जाइ।
जाइ प्रीतम जी सूँ यूँ कहै रे, थाँरी बिरहणि धान न खाइ।
मीरा दासी व्याकुली रे, पिव पिव करत बिहाइ।
बेगि मिलो प्रभु अंतरजामी, तुम बिनि रह्यो ही न जाइ॥

हे निर्दयी पपीहे! तुम 'पिया-पिया' का स्वर मत बोल। इसे सुनकर कहीं यह विरहिणी तेरे सुंदर पंख न मरोड़ दे। हे पपीहे! मैं तुम्हारी चोंच काट लूँगी और तुम पर काला नमक डलवा दूँगी। पिया मेरे हैं और मैं प्रियतम की हूँ; फिर तू किस अधिकार से पिया-पिया बोल रहा है? लेकिन यदि मुझे प्रियतम मिल जाए तो मैं तुम्हारी चोंच को सोने से मढ़वाऊँगी तथा तुझे अपना सरताज मान लूँगी। मैं प्रियतम को संदेश लिख रही हूँ। हे कौए! तुम इसे प्रियतम के पास ले जाना और उनसे कहना कि वियोग के कारण तुम्हारी विरहिणी ने अन्न खाना

छोड़ दिया है। हे श्याम! तुम्हारे वियोग में मीरा दासी अत्यंत व्याकुल होकर निरंतर पिया-पिया रटती रहती है। हे अंतर्यामी! शीघ्र आकर मुझसे मिलो। तुम ही मेरे सर्वस्व हो; तुम्हारे बिना अब मुझसे एक पल भी रहा नहीं जाता।

पीया बिण रहयाँ जायाँ।
तण मण जीवण प्रीतम वारयाँ।
निस दिन जोवा बाट छब रूप लुभावाँ।
मीरा रे प्रभु आसा थारी दासी कंठ आवाँ॥

मीरा अपने हृदय की पीड़ा का वर्णन करते हुए कहती हैं कि हे सखी! मैं हरि-प्रीत में इतनी डूब चुकी हूँ कि उनके बिना रहना अब मेरे लिए असंभव है। मैंने अपना तन, मन तथा सारा जीवन प्रियतम पर न्योछावर कर दिया है। उनके रूप की छवि इतनी लुभावनी है कि मैं सुधबुध खो बैठी हूँ और प्रतिदिन उनके आने की प्रतीक्षा करती रहती हूँ। मीरा कहती हैं कि हे प्रभु! तुम्हारी प्रतीक्षा करते-करते मेरा गला भर आया है। तुम ही मेरे जीवन की एकमात्र आशा हो, अतः जल्दी दर्शन दो।

परम सनेही राम की नीति ओलूँरी आवै।
राम म्हारे हम हैं राग के, हरि बिन कछू न सुहावै।
आवण कह गए अजहुँ न आए, जिवड़ा अति उकलावै।
तुम दरसण की आस रमैया, कब हरि दरस दिलावै।
चरण कँवल की लगनि लगी नित, बिन दरसण दुख पावै।
मीरा कूँ प्रभु दरसण दीज्यौ, आँणद बरण्यूँ न जावै॥

परम स्नेही राम (कृष्ण) की नीति मुझे बहुत याद आ रही है। जन्म-जन्म से राम मेरे और मैं केवल राम की हूँ। उनके प्रेम में मैं इतनी खो चुकी हूँ कि उनके अतिरिक्त मुझे और कुछ अच्छा नहीं लगता। वे आने के लिए कह गए थे, लेकिन समय बीत जाने के बाद भी वे अभी तक नहीं आए। उनके वियोग में मेरा हृदय अत्यंत व्याकुल हो रहा है। हे रमैया! मैं तुम्हारे दर्शनों की आस लगाकर बैठी हुई हूँ कि कब तुम दर्शन देकर मेरे नयनों की प्यास शांत करोगे? मैं तुम्हारे चरण-कमलों से लगन लगाए बैठी हूँ और तुम्हारे दर्शन के बिना अनेक दुःख उठा रही हूँ। मीरा कहती हैं कि हे प्रभु! अब तो दर्शन दो। तुम्हारे दर्शन से मुझे जो आनंद मिलेगा, मैं उसका बखान नहीं कर सकती।

पिया म्हारे नैणा आगाँ रहज्यो जी।
नैणा आगाँ रहज्यो म्हाँणे, भूल णो जाज्यो जी।
भौ सागर म्हाँ बूड्या चाहाँ स्याम बेग सुध लीज्यो जी।
राणा भेज्या विष रो प्यालो, थें इमरत वर दीज्यो जी।
मीरा रे प्रभु गिरधरनागर, मिल बछुड़न मत कीज्यो जी॥

मीरा विनती करते हुए कहती हैं कि मेरे प्रियतम! तुम सदा मेरे नयनों के सामने रहा करो। नयनों के सामने रहो और मुझे कभी भूल मत जाना। हे श्याम! मैं भवसागर की लहरों में डूब रही हूँ; जल्दी आकर मेरी सुध लो। मुझे केवल तुम्हारा ही सहारा है। हे मनमोहन! यदि राणाजी विष का प्याला भेजेंगे तो तुम वरदान देकर उस विष को अमृत कर देना। मीरा कहती हैं कि हे प्रभु गिरधरनागर! तुमसे वियोग की पीड़ा मेरे लिए असहयनीय है, अत: मुझसे मिलकर बिछुड़ा मत करो।

पलक न लागै मेरी स्याम बिना।
हरि बिनू मथुरा ऐसी लागै, शशि बिन रैज अंधेरी।
पात-पात वृंदावन ढूँढ्यो, कुंज-कुंज ब्रज केरी।
ऊँचे खड़े मथुरा नगरी, तले बहै जमना गहरी।
मीरा रे प्रभु गिरधरनागर, हरि चरणन की चेरी॥

हे सखी! श्याम के बिना मेरी पलक एक पल के लिए भी नहीं झपकती; सारी रात जागते हुए कट जाती है। हरि के बिना मथुरा ऐसी लगती है मानो चंद्रमा के बिना अँधेरा छा जाता है। वृंदावन जाकर मैंने पत्ते-पत्ते में हरि को ढूँढ़ा, ब्रज की गलियों में झाँक लिया; लेकिन वे कहीं नहीं मिले। मथुरा नगरी ऊँचाई पर स्थित है और उसके नीचे यमुना नदी बह रही है। मीरा कहती है कि हे प्रभु गिरधरनागर! मैं हरि-चरणों की दासी हूँ। उनके दर्शनों के अतिरिक्त मुझे कुछ नहीं चाहिए।

पायो जी मैं तो रामरतन धन पायो।
वस्तु अमोलक दी म्हारे सतगुरु, किरपा करि अपनायो।
जनम जनम की पूँजी पाई, जग में सभ्भी खोवायो।
खरचै नहिं कोई चोर न लेवै, दिन-दिन बढ़त सवाये।
सत की नाव खेवहिया सतगुरु, भवसागर तर आयो।
मीरा रे प्रभु गिरधरनागर हरख-हरण जस पायो॥

हे सखी! मैंने राम रूपी रत्न के रूप में अमूल्य धन पा लिया है। मेरे सतगुरु ने कृपा कर मुझे राम-नाम की बहुमूल्य वस्तु दी है, जिसे मैंने आनंदपूर्वक स्वीकार कर लिया है। राम रूप में मैंने जन्म-जन्म की पूँजी प्राप्त की है। उसके समक्ष संसार की सारी मोह-माया लुप्त हो गई है। जितना भी खर्च कर लो, यह पूँजी कभी समाप्त नहीं होती और न ही चोर इसे चुरा सकता है। दिन-प्रतिदिन इसमें वृद्धि होती है। सत्य की नाव का खेनेवाला सतगुरु होता है और उसी के सहारे मैंने भवसागर पार कर लिया है। मीरा कहती है कि हे प्रभु गिरधरनागर! तुम्हारा यशोगान करते हुए मैं अत्यंत हर्षित हो रही हूँ।

पिया कूँ बता दे मेरे, तेरा गुण मानूँगी।
खान पान मोहि फीको सो लागै, नैन रहे दोय छाय।
बार बार मैं अरज करत हूँ, रैण दिन जाय।
मीरा रे प्रभु बेग मिलो रे, तरस तरस जिय जाय॥

मीरा कौए को संबोधित करते हुए कहती हैं कि पिया को जाकर बता दे कि उनके बिना मैं तड़प-तड़पकर दिन व्यतीत कर रही हूँ; मैं तेरा बहुत उपकार मानूँगी। उनके बिना खाना-पीना मुझे फीका-सा लगता है तथा मेरे नयनों से सदा आँसू बहते रहते हैं। बार-बार मैं दर्शन की विनती करती हूँ और इसी में मेरे दिन-रात बीत रहे हैं। मीरा कहती है कि हे प्रभु! जल्दी आकर मिलो। तुम्हारे बिना मेरा हृदय तरस-तरसकर डूब रहा है।

पपइया म्हारो कब रो बैर चितारयाँ।
म्हा सावूँ अपणो भवण माँ पियु पियु करताँ पुकारयाँ।
दाध्यां ऊपर लूण लगायाँ, हिवड़ो करवत सारयाँ।
ऊभाँ बेठयाँ बिरछरी डाली, बोला, कंठ णा सारयाँ।
मीरा रे प्रभु गिरधरनागर, हरि चरणाँ चित धारयाँ॥

सावन में पपीहे को बोलते सुन विरह से तड़पती मीरा कहती हैं कि हे पपीहे! तुम मुझसे कब का बैर निकाल रहे हो? मैं अपने भवन में सो रही थी और तुम 'पिया-पिया' की पुकार करने लगे। तुम्हारे स्वर ने मेरे जले पर नमक छिड़कने तथा हृदय पर आरी चलाने का काम किया है। पेड़ की डाली पर तुम चुपचाप बैठे हुए थे और फिर एकाएक 'पिया-पिया' बोलने लगे। मीरा कहती हैं कि हे प्रभु गिरधरनागर! मैंने हरि-चरणों में अपना चित्त लगा लिया है। अत: शीघ्र मेरे मन को शीतल करो।

प्रभुजी थे कहाँ गया नेहड़ो लगाय।
छोड़ गया अब कौन बिसासी, प्रेम की बाती बलाय।
विरह के समंद में छोड़ गया छो, नेह की नाव चलाय।
मीरा रे प्रभु कब रे मिलोगे, तुम बिन रह्योइ न जाय॥

हे प्रभुजी! स्नेह लगाने के बाद तुम कहाँ चले गए? पहले मुझसे प्रीत लगाई और फिर जब मैं तुम पर विश्वास करने लगी तो तुम मुझे छोड़कर चले गए। जब तुम ही चले गए तो मैं किस प्रकार विश्वास करूँ? स्नेह की नाव में बिठाकर तुमने मुझे विरह के विशाल समुद्र में अकेला छोड़ दिया है। मीरा कहती हैं कि हे प्रभु! मैं तुम्हारे बिना नहीं रह सकती। कब मिलकर मुझे दर्शन दोगे?

प्यारे दर्शन दीजो आय, तुम बिन रह्यो न जाय।
जल बिन कमल, चंद बिन रजनी, ऐसे तुम देख्याँ बिन सजनी।
आकुल व्याकुल फिरूँ रैन दिन, विरह कलेजा खाय।
दिवस न भूख नींद नहिं रैना, मुख से कथन न आवै बैनाँ।
कहा करूँ कुछ कहत न आवै, मिल कर तपत बुझाय।
क्यों तरसाओ अंतरजामी, आय मिलो किरपा कर स्वामी।
मीरा दासी जनम जनम की, परी तुम्हारे पायँ॥

हे प्यारे! आकर मुझे दर्शन दो। अब तुम्हारे बिना मैं एक पल भी नहीं रह सकता। जिस प्रकार जल बिना कमल और चंद्रमा के बिना रात उदास और सूनी-सूनी लगती है, उसी प्रकार तुम्हें देखे बिना मेरी हालत भी वैसी हो गई है। आकुल-व्याकुल होकर मैं दिन-रात भटकती रहती हूँ; विरह की वेदना मेरे हृदय को खाए जा रही है। दिन में भूख नहीं लगती; रातों को नींद नहीं आती। मुख से कोई बात नहीं निकलती तथा नयन निरंतर बहते रहते हैं। हे सखी! मैं क्या करूँ? कहाँ जाऊँ? कुछ समझ नहीं आता। अब तो उनसे मिलकर ही मेरे अंतर्मन की तपन शांत होगी। हे अंतर्यामी! मुझे क्यों इस प्रकार तरसा रहे हो? हे स्वामी! कृपा करो और मुझसे आकर मिलो। मीरा कहती हैं कि हे प्रभु! मैं जन्म-जन्म से तुम्हारी दासी हूँ। मुझे अपनी शरण में ले लो; मैं तुम्हारे पैर पड़ती हूँ।

राम सनेही साँवरियो, म्हाँरी नगरी में उतर्यो आई।
प्राण जाय पणि प्रीत न छोड़ूँ रहौं चरण लपटाय।
सपत दीप की दे परकरमा, हरि-हरी में रहौ समाय।
तीन लोक झोली में डारै, धरती की कियो निपान।
मीरा रे प्रभु हरि अबिनासी, रहौ चरण लपटाय॥

मेरे राम-स्नेही साँवरिया मेरी नगरी में उतर आए हैं। भले ही मेरे प्राण चले जाए लेकिन मैं प्रीत नहीं छोड़ सकती और उनके चरणों से लिपटी रहूँगी। हरि सात द्वीपों की परिक्रमा करके हरि में ही समा रहा है। हरि की माया मनुष्य को मोह लेने वाली है। उन्होंने तीन पग में ही धरती नापकर तीनों लोकों को अपनी झोली में डाल लिया। मीरा कहती है कि हे प्रभु अविनाशी हरि! मुझ दासी को सदैव अपने चरणों में लिपटाए रखना। तुम्हारे अतिरिक्त मुझे किसी और की अभिलाषा नहीं है। मेरा जीवन तुम्हारे चरण-कमलों में अर्पित है।

राणा जी म्हाँने या बदनामी लागे मीठी।
कोई निन्दो कोई बिंदो, मैं चलूँगी चाल अनूठी।
सांकड़ली सेर्‌याँ जन मिलिया, क्यूँ कर फिरूँ अपूठी।
सत संगति मा ग्यान सुणैछी दुरजन लोगाँ ने दीठो।
मीरा रो प्रभु गिरधरनागर, दुरजन जलो जा अँगीठी।

श्याम के साथ प्रीत करने के कारण मैं संसार में बदनाम हो रही हूँ। लेकिन राणाजी! मुझे यह बदनामी भी बहुत प्यारी और भली लगती है। अब चाहे कोई मेरी निंदा करे या वंदना, मैं भक्ति-मार्ग पर ही अग्रसर रहूँगी। सँकरी गली में मुझे जो अद्‌भुत ज्ञान मिला है, उसे पाने के बाद मैं इस राह से विमुख नहीं हो सकती। साधु-संतों की संगत में बैठकर मैं हरि-भक्ति का ज्ञान अर्जित करती हूँ। लेकिन दुर्जन लोग व्यर्थ में मुझे बदनाम करते हैं। मीरा कहती हैं कि हे प्रभु गिरधरनागर! तुमसे प्रीत करने के कारण दुर्जन लोग मुझसे जलते हैं। परंतु मुझे उनकी बातों की कोई परवाह नहीं है। मैं अपने प्रियतम से प्रेम करती रहूँगी।

रूप देख अटकी, तेरो रूप देख अटकी।
देह तें बिदेह भई, ढुरि सिर मटकी।
मात-पिता भ्रात बंधु, सब ही मिल हटकी।
हिरदा तें टरत नाहिं मूरति नागर नट की।
प्रगट भयो पूरन नेह लोक जाने भटकी।
मीरा प्रभु गिरधर बिन, कौन लहे घटकी॥

मेरे प्रियतम! तुम्हारे रूप को देखकर मैं विस्मित रह गई हूँ। तुम्हारे मोहित कर देनेवाले रूप ने मुझे देह से विदेह कर दिया है और सिर की मटकी नीचे गिर गई है। माता, पिता, भाई, बंधु—सभी ने मुझे तुम्हारे मार्ग से हट जाने के लिए समझाया। लेकिन मैं मोहित-सी हुई वहीं खड़ी रही। अब मेरे हृदय में

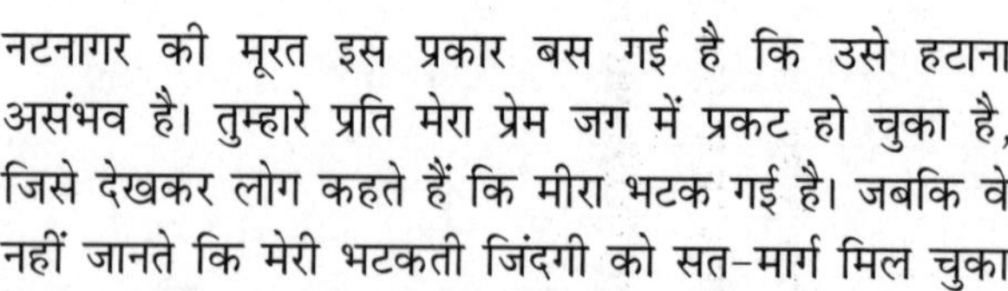

नटनागर की मूरत इस प्रकार बस गई है कि उसे हटाना असंभव है। तुम्हारे प्रति मेरा प्रेम जग में प्रकट हो चुका है, जिसे देखकर लोग कहते हैं कि मीरा भटक गई है। जबकि वे नहीं जानते कि मेरी भटकती जिंदगी को सत-मार्ग मिल चुका है। मीरा कहती हैं कि हे प्रभु गिरधर! तुम्हारे अतिरिक्त मेरी दशा और कौन समझ सकता है? केवल तुम ही मेरे हृदय की बात जानते हो।

रमइया मेरे तोही सूँ लागी नेह।
लागी प्रीत जिन तोड़ै रे बाला, अधिकौ कीजै नेह।
जै हूं ऐसी जानती रे बाला, प्रीत कीयाँ दुष होय।
नगर ढँढोरो फेरती रे, प्रीत करो करो मत कोय।
षीर न षाजे आरी रे, मूरष न कीजै मिन्त।
षिण ताता षिण सीतला रे, षिण बैरी षिण मिंत।
प्रीत करै ते बाबरा रे, करि तौड़े ते क्रूर।
प्रीत निभावण दल के षभण, ते कोई बिरला सूर।
तम गजगीरी कौं चूंतरौरे, हम बालु की भीत।
अब तो म्याँ कैसे बणै रे, पूरब जनम की प्रीत।
एकै थाणो रोपिया रे, इक आँबो इक बूल।
बाकौ रस नीकौ लगै रे, बाकी भागै सूल
ज्यूँ डूगर का बाहला रे, यूँ ओछा तणा सनेह।
बहता बेता उतावला रे, वहैजी वे तो लटक बतावे छेह।
आयो साँवण भादवा रे, बोलण लागा मोर।
मीरा कूँ हरिजन मिल्या रे, ले गया पवन झकोर॥

हे रमैया! तुमसे ही मेरी प्रीत लगी हुई है। अब तुम इस प्रीत को कभी मत तोड़ना, अपितु मुझसे और अधिक प्रेम करना। यदि मैं पहले से जानती कि प्रेम करने से दु:ख मिलता है तो मैं नगर-नगर ढिंढोरा फिरवा देती कि कोई किसी से प्रेम न करे। खीर को आरी से नहीं खाया जाता; सूरत से मित्रता मत करो। वह पलभर में तपत हो जाता है और क्षण में ठंडा पड़ जाता है; क्षण भर में बैरी बन जाता है और क्षण भर में मित्र। प्रीत करनेवाला पागल होता है, जबकि उसे तोड़नेवाला अत्यंत क्रूर। जो समस्त दु:खों को झेलते हुए भी प्रीत निभाता है, वही सच्चा सूरमा होता है। हे श्याम! तुम मजबूत चबूतरा हो और मैं बालू की दीवार हूँ। अब कुछ नहीं हो सकता, क्योंकि यह प्रीत पूर्वजन्म की है। यदि आम और बबूल को आसपास बोया जाए तो भी उनका स्वभाव नहीं

बदलता। एक पर रसयुक्त आम लगेंगे तो दूसरे पर काँटे-ही-काँटे होंगे। जिस प्रकार ऊँचाई से गिरनेवाला जल प्रारंभ तेज और बाद में मंद पड़ जाता है, उसी प्रकार तना हुआ स्नेह भी ओछा होता है। प्रारंभ में यह उतावला होता है और बाद में उत्साह क्षीण पड़ जाता है। सावन-भादों का महीना आ गया है और मोर बोलने लगे हैं। मीरा कहती है कि हे प्रभु! मुझे हरि-नाम का जन मिल गया है, जो पवन के झोंके समान मुझे शीतल कर गया है।

रंग भरी राग भरी रागसूँ भरी री।
होली खेल्या स्याम संग रंग सूँ भरी, री।
उड़त गलाल लाल बदला रो लंग लाल, पिचकाँ उड़ावाँ।
रंग रंग री झरी, री॥
चोवा चंदण अरगजा म्हा, केसर णो गागर भरी री।
मीरा दासी प्रभु गिरधरनागर, चेरी चरण धरी री॥

श्याम के साथ मैं रंग, रास और राग से भरी हुई होली खेलूँ। चारों ओर गुलाल उड़ रहा है जिससे बादलों का रंग भी लाल हो गया है। पिचकारियों से रंग उड़ रहे हैं तथा रंगों की झड़ी-सी लग गई है। मेरी गागर चोबा, चंदन, अगरचा और केसर की सुंगधियों से भरी हुई है। मीरा कहती हैं कि हे प्रभु गिरधरनागर! मैं तुम्हारी दासी हूँ और तुम्हारें चरणों की शरण में हूँ। मुझ पर अपनी कृपादृष्टि बनाए रखना।

रे साँवलिया म्हारे आज रंगीली गणगोर, छै जी।
काली पीली बदली में बिजली चमके, मेघ घटा घनघोर, छै जी।
दादुर मोर पपीहा बोलै, कोयल कर रही सोर, छै जी।
मीरा रे प्रभु गिरधरनागर, चरणाँ में म्हारो जोर, छै जी॥

मेरे साँवरिया! हमारे यहाँ आज गौर-पूजन (गनगौर) का त्योहार है। काले-पीले बादलों में बिजली चमक रही है; आकाश में मेघों की घटाएँ छा गई हैं। मेंढक, मोर, पपीहे के स्वर गुंजायमान हो रहे हैं तथा कोयल भी शोर मचा रही है। मीरा कहती हैं कि हे प्रभु गिरधरनागर! मैंने स्वयं को अपके चरणों में अर्पित कर दिया है। अब मेरे जीवन की डोर आपके हाथों में है।

राम नाम रस पीजै, राम नाम रस पीजै।
तज कुसंग सतसंग बैठ नित, हरि चरचा सुण लीजै।

काम क्रोध मद लोभ मोह कू, बहा चित्त से दीजै।
मीरा रे प्रभु गिरधरनागर, ताहि के रंग भीजै॥

मीरा सांसारिक प्राणियों को संबोधित करते हुए कहती हैं कि हे मनुष्यो! राम-नाम का रस पियो। यह जीवन बहुत अनमोल है। इसे सार्थक बनाने के लिए कुकर्मों एवं कुसंगत का साथ छोड़कर साधु-संतों की संगत में बैठो तथा हरि-चर्चा सुनो। काम, क्रोध, मद, मोह, लोभ आदि विकार प्राणी को अज्ञान के मार्ग की ओर अग्रसर करते हैं। इसलिए अपने मन से इन्हें बहा दो। मीरा कहती हैं कि हे प्रभु गिरधरनागर! मैं तुम्हारे रंग में पूरी तरह से भीग चुकी हूँ। इन विकारों का मुझपर कोई प्रभाव नहीं होगा। मैंने अपना जीवन सफल बना लिया है।

दरस बिन दूखन लागे नैन।
जब से तुम बिछुड़े मोरे प्रभु जी, कबहु न पाया चैन।
शब्द सुनत मेरी छातियाँ कंपै, मीठे लगे (तुम) बैन।
एक टकटकी पंथ निहारूँ, भई छ-मासी रैन।
विरह विथा कासूँ कहूँ सजनी, बह गई करवत ऐन।
मीरा रे प्रभु कब रे मिलोगे, दुख मेटन सुख देन॥

हे मोहन! तुम्हारे दर्शन की प्रतीक्षा करते-करते मेरे नयन भी दुखने लगे हैं। हे प्रभु! जब से तुम मुझे छोड़कर गए हो, तब से मेरे मन को एक पल का भी चैन नहीं मिला। तुम्हारी आहट सुनते ही मेरे छातियाँ काँपने लगती हैं तथा सबकुछ रसयुक्त लगने लगता है। मैं एक एकटक होकर तुम्हारा मार्ग निहार रही हूँ; तुम्हारे वियोग में एक-एक रात छह-छह महीने के समान हो गई है। हे सखी! मैं अपने हृदय की व्यथा किससे जाकर कहूँ? यही वेदना मेरे नयनों से अश्रु की धारा बनकर बह रही है। मीरा कहती हैं कि हे प्रभु! मेरे दुःखों का नाश करके आनंद और सुख देने हेतु मुझसे कब मिलोगे? मैं तुम्हारे दर्शन की प्यासी हूँ।

रमइया बिनि यो जिवड़ौ दुख पावै, कहौ कुण धीर बँधावै।
यौ संसार कुबधि को भाँडो, साध संगति नहीं भावै।
राम नाम की निंदा ठांणै, करम अकरम हि कुमावै।
राम नाम बिन मुकति न पावै, फिर चोरासी के जावै।
साध संगत में कबहूँ न जावै मूरख जनम गँमावै।
जन मीरा सतगुर के सरणैं, जीव परमपद पावै॥

हे सखी! रमैया के बिना मेरा हृदय भयंकर दुःख भोग रहा है; हरि के बिना इसे कौन धीरज बँधा सकता है? यह संसार कुबुद्धि और मूर्ख लोगों का घर है। उन्हें साधु-संतों की संगति अच्छी नहीं लगती। वे राम-नाम की निंदा करते हुए कर्म-अकर्म में ही उलझे रहते हैं। जबकि वे मूर्ख नहीं जानते कि राम-नाम के बिना जीवन-मृत्यु के चक्र से मुक्ति पाना असंभव है। इसलिए वे बार-बार चौरासी के फेर में पड़कर अनेक योनियों में भटकते रहते हैं। वे साधु-संगत में कभी नहीं जाते और इस प्रकार अपना बहुमूल्य मनुष्य-जीवन व्यर्थ के कार्यों में उलझाकर गँवा देते हैं। मीरा कहती हैं कि जो जीव सतगुरु की शरण में आ जाता है, वह समस्त पापों से मुक्त होकर तुम्हारा परमधाम प्राप्त करता है।

राम रामकडुं जडियुं रे, राणा जी, मने राम रमकडुं जडियुं।
रुमझुम करतुं मारे मंदिरे पधार्युं, नहिं कोइने हाथ घडियुं रे।
मोटा मोटा मुनिजन मथी मथी थाक्या, कोई एक विरला ने हाथे चडियुं रे।
सुन शिखर ना रे घाटथी उपर, अगम अगोचर राम नाम पडियुं रे।
बाई मीरा रे प्रभु गिरधरनागर, माँरु मन शामलियाशुँ जडियुं रे॥

राणाजी! मुझे राम-नाम का खिलौना मिल गया है। अब मैं दिन-रात इसी के साथ खेलती रहती हूँ। अर्थात् इसकी जाप करती रहती हूँ। इस खिलौने को मैंने अपने देहरूपी मंदिर में प्राप्त किया है। इसमें से बड़े मधुर स्वर निकलते हैं। बड़े-बड़े मुनिजन कठोर जप-तप करने के बाद भी इसे प्राप्त नहीं कर सकेए यह किसी विरले को ही प्राप्त होता है। यह खिलौना मन और माया से दूर संत-मंडल में मिलता है। मुझे यह खिलौना हरि-भक्ति के रूप में मिला है। मीराबाई कहती हैं कि हे प्रभु गिरधरनागर! जब से मैंने हरि-नाम का खिलौना पाया है तभी से मैं इसमें खो गई हूँ।

रेंटिया ने किस विंध कातु ए माय। हरि बिना जीवड़ो निकस्यो जाय।
सजन कारिगर म्हाँने रेंटियो घड़ दीनो, मनसा री माल बनास्याँ ए माय।
प्रेम पीनारे म्हाँने रुई पिन दीनी, ज्ञान केरि हाठ भराई। ए माय।
पांच सखियाँ मिल कातण बैठी, उलटाई तार चडावे ए माय।
सुरत सवागण बड़ि कतवारण, तार गगन में लेजावे ए माय।
ज्ञान सूत को बँधी कठडिया, सूधी सिखर गड़ जावे ए माय।
सतगुरु म्हारा बड़ा हि सौदागर, सूगी वस्तु दिराई ए माय।
मीरा कहै प्रभु गिरधरनागर, हरखि निरखि गुण गावे ए माय।

हे माई! जीवन रूपी इस चरखे को किस विधि से चलाऊँ? हरि के बिना बार-बार इस चरखे की डोर उतर रही है। इस चरखे को मेरे साजन ने बनाया है। अब मैंने मन की माला बना ली है। प्रेम रूपी पीनारे ने रूई को धुन दिया है तथा ज्ञान के पाटरिए पर उसकी पूनी बनाई है। पाँच सखियाँ अर्थात् पाँचों इंद्रियाँ मिल-जुलकर उसे कातने बैठी हैं। वे तार को कातते हुए मोक्ष के धाम तक ले जाती हैं। ज्ञान रूपी सूत को कातकर कठरी बनाती हैं तथा वह ईश्वर के विशाल घट में बिकता है। मेरा सतगुरु बहुत बड़ा सौदागर है। वह इसके बदले में बहुमूल्य वस्तुएँ देता है। मीरा कहती हैं कि हे प्रभु गिरधरनागर! मैं हर्षित होकर हरि-गुण का गान करती रहती हूँ।

रमैया मेरे अब तो ही सू लागो नेह।
लागी प्रीत जिन तोड़े रे वाला, अधिकौ कीजै नेह॥
जो हूँ, ऐसी जाणती रे वाला, प्रीत कियां दुःख होय।
नगर ढिंढोरा फेरती रे, प्रीत करो मत कोय।

हे रमैया! तुम्हारे साथ मेरी प्रीत जुड़ गई है। अब तो स्नेह के इस बंधन को मत तोड़ो। लगी हुई प्रीत को कोई जितना तोड़ना चाहता है, वह उतनी अधिक बड़ी जाती है। मीरा कहती है कि अगर मैं जानती कि प्रेम में वियोग का दुःख भोगना पड़ता है तो मैं नगर ढिंढोरा पीट देती कि कोई भी प्रीत न करे। इस प्रीत में दुःख-ही-दुःख है, जो प्रेम करनेवाले के लिए असहयनीय हो जाते हैं।

राम नाम मेरे मन बसियो रसियो राम रिझाऊँ ए माय।
मैं मंदभागण करम अभागण, कीरत कैसे गाउँ एक माय॥
बिरह पिंजर की बड़ सखी री, उठ कर ली हुलसाउँ ए माय॥
मन कूँ मार सजूँ सतगुरु सूं, दुरमत दूर गमाउँ ए माय॥
डंको नाम, सुरत की डोरी, कड़ियाँ प्रेम चढ़ाउँ ऐ माय।
प्रेम की ढोल बण्यो अतिभारी, मगर होय गुण गाउँ ए माय।
मीरा रे प्रभु गिरधरनागर, रज चरणन की पाउँ ए माय॥

हे माँ! मेरे मन में राम-नाम पूरी तरह से रच-बस गया है और मैं निरंतर इसका जाप करके अपने प्रियतम को रिझाऊँगी। हे माँ! उनका यशोगान करने में कोई भी समक्ष नहीं है। फिर मैं अभागन उनकी कीर्ति का गान किस प्रकार गाऊँ? हे सखी! मेरे चारों ओर विरह की बाड़ लगी हुई है। परंतु मैं अपने मन को वश में करके प्रियतम से मिल लूँगी। मैं मन के विकारों को मारकर सतगुरु

की शरण में जाऊँगी और इस प्रकार मेरे सभी पाप नष्ट हो जाएँगे। प्रेम रूपी ढोल को बजाते हुए मैं मगन होकर हरि-गुण का गान करूँगी। मीरा कहती है कि हे प्रभु गिरधरनागर! तुम्हारे चरणों की धूल पाकर मेरा जीवन भवसागर से पार हो जाएगा। हे हरि! मुझे अपने चरणों में स्थान दो।

होली पिया बिन लागाँ री खारी।
सूनो गाँव देस सब सूनो, सूनी सेज अटारी।
सूनी बिनहन पिब बिन डोलें, तज गया पीव पियारी।
बिरहा दुख मारी॥
देस बिदेसा णा जावाँ म्हारो अणोशा भारी।
गणताँ घिस गयाँ रेखाँ, आंगरियाँ सारी।
आयाँ णा री मुरारी॥
बाज्यों झाँझ मृदंग मुरयि बाज्याँ कर इकतारी।
आयाँ बसंत पिया घर णारी, म्हारी पीड़ा।
श्याम क्याँरी बिसारी॥
ठांडी अरज कराँ गिरधारी, राख्याँ लाज हमारी।
मीरा रे प्रभु मिलज्यो माधो, जनम-जनम री क्वाँरी।
मणे लागी सरण तारी॥

हे सखी! प्रियतम के बिना होली बिलकुल सूनी और रंगहीन लग रही है। उनके न होने से देश, गाँव, सेज, अटारी सबकुछ सूने हो गए हैं। पिया के वियोग में मैं पागल विरहिणी की तरह इधर-उधर भटक रही हूँ। हे सखी! मेरे प्रियतम चले गए हैं और मुझे विरह की वेदना तड़पा रही है। उन्हें ढूँढ़ने के लिए मैं देश-परदेश नहीं जा सकती, क्योंकि मुझे नहीं लगता कि मैं उन्हें खोज पाऊँगी। अब तो उनका इंतजार करने के अतिरिक्त कोई और चारा नहीं है। हे मुरारी! दिन गिनते-गिनते मेरी उँगलियों की सारी रेखाएँ भी घिस गई हैं, लेकिन तुम अभी तक लौटकर नहीं आए। झाँझ, मृदंग, मुरली तथा इकतारा बज रहे हैं। वसंत आ गया है, लेकिन अभी तक पिया घर नहीं आए। इस कारण मेरी पीड़ा बढ़ गई है। समझ नहीं आता कि किस कारण से श्याम ने मुझे भुला दिया है? हे गिरधारी! मैं खड़ी-खड़ी तुमसे विनती करती हूँ कि दर्शन देकर मेरी लाज रख लो। मीरा कहती है कि हे प्रभु! हे माधव! मुझे अपनी शरण में ले लो। मैं जन्म-जन्म से कुँवारी बैठी आपकी प्रतीक्षा कर रही हूँ।

हे माई म्हाँको गिरधरलाल।
थाँरे चरणाँ की आनि करत हों, और ना मणि लाल।
नात सगो परिवारो सारो, मन लागे मानो काल।
मीरा रे प्रभु गिरधरनागर, छबि लखि भई निहाल॥

हे माँ! मेरे केवल गिरधरलाल हैं, उनके अतिरिक्त कोई नहीं है। हे श्याम! मैं नित्य तुम्हारे चरणों की वंदना करती हूँ। मुझे मणि या लाल का लोभ नहीं है। सगे-संबंधी, परिवारजन भी मुझे काल के समान लगते हैं। मीरा कहती हैं कि हे प्रभु गिरधरनागर! तुम्हारी मनमोहक छवि देखकर मैं निहाल हो गई हूँ। अब मेरे हृदय से कभी दूर मत जाना।

हो गए श्याम दूइज के चंदा।
मधुबन जाइ भए मधुबनिया, हम पर डारो प्रेम को फंदा।
मीरा रे प्रभु गिरधरनागर, अब तो नेह परो कछु मंदा॥

मेरे श्याम जब से गए हैं, तब से दूज के चाँद हो गए हैं। कुछ पल के लिए दिखाई देते हैं और फिर अदृश्य हो जाते हैं। मधुबन (मथुरा) में जाकर वे मधुबन के ही हो गए हैं। लेकिन जाने से पहले मुझपर प्रेम का फंदा डाल गया जिसमें मैं तड़प रही हूँ। मीरा कहती हैं, कि हे प्रभु गिरधरनागर! अवश्य मेरे प्रति तुम्हारा प्रेम कम हो गया है, अन्यथा मथुरा जाकर भी एक बार मेरी सुध अवश्य लेते।

हेली म्हाँसूँ हरि बिनि रह्यो न जाय।
सास लड़ै मेरी नंद खिजावै, राण रह्या रिसाय।
पहरो भी राख्यो चौकी बिठार्‌यो, ताला दियो जड़ाय।
पूर्व जनम की प्रीत पुराणी, सो क्यूँ छोड़ी जाय।
मीरा रे प्रभु गिरधरनागर, अवरू न आवै म्हाँरी दाय॥

हे सखी! मेरे मन की वेदना इतनी बढ़ चुकी है कि अब हरि के बिना एक पल भी रहना मेरे लिए असंभव है। हरि के लिए मेरी प्रीत एवं व्याकुलता देखकर सास मुझसे लड़ती है तथा ननद खिजाती रहती है; राणा भी क्रोधित होते हैं। उन्होंने मुझपर पहरा लगवा दिया; चौकी बिठा दी और मुझे तालों में बंद कर दिया। लेकिन मेरी प्रीत पूर्वजन्म की है, इसलिए मैं इसे किसी तरह से छोड़ नहीं सकती, चाहे फिर कितने ही दुःख क्यों न उठाने पड़ें। मीरा कहती हैं कि हे प्रभु गिरधरनागर! तुम्हारी प्रीत के अतिरिक्त मुझे कुछ नहीं चाहिए। तुम आकर मेरी लाज रख लो।

हे माँ बड़ी बड़ी अँखियन वारो, साँवरो मो मन हैरत हँसिके।
भौंहें कमान वान बाँके लोचन मारत हियरे कसिके।
जतन करो जंत लिखो बाँधा, ओखद लाऊँ घँसिके।
ज्यों तोंको कछूँ और बिथा दो, नाहिंन मेरो बसिके।
कौन जतन करों मोरी आली, चंदन लाऊँ घँसिके।
जंतर मंतर जादू टोना, माधुरी मूरति बसिके।
साँवरी सूरत आन मिलावो, ठाढ़ी रहूँ मैं हँसिके।
रेजा रेजा भयो करेजा, अंदर देखो धँसिके।
मीरा तो गिरधर बिन दैखे, कैसे रहे घर बसिके॥

हे माँ! बड़ी-बड़ी आँखोंवाला साँवरिया मुसकराते हुए मेरे तन को निहार रहा है। उनकी भौंहें कमान के समान तथा बाँके नयन बाण के समान मेरे हृदय को बेध गए हैं। हे माई! कुछ तो यत्न करो। यंत्र लिखकर मेरे हाथ पर बाँधो, औषधि घिसकर लगाओ। यदि तुम्हें कोई और व्यथा है तो वह मेरे वश में नहीं है। हे सखी! कुछ तो यत्न करो। मैंने चंदन घिसकर लगा लिया; यंत्र-मंत्र, जादू-टोना करके भी देख लिया। लेकिन मेरे हृदय में साँवरे की सलोनी और मोहक छवि बसी हुई है। हे साँवरे! एक बार आकर मुझसे मिल लो। मैं मुसकराते हुए खड़ी रहूँगी। एक बार मेरे हृदय में झाँककर तो देखो, वियोग में यह टुकड़े-टुकड़े हो गया है। मीरा कहती हैं कि गिरधर को देखे बिना मैं घर में कैसे रह सकती हूँ। मेरा संपूर्ण ध्यान केवल हरि की ओर लगा हुआ है।

हे मेरो मन मोहना।
आयो नहीं सखी रहीरी, हे मेरो।
कै कहुँ काज किया संतन का, कै कहुँ गैल लुभावना।
का करूँ कित जाऊँ मोरी सजनी, लाग्यो है बिरह सतावना।
मीरा दासी दरसण प्यासी, हरि चरणाँ चित लावण॥

हे सखी! मेरा मनमोहन अभी तक नहीं आया। ऐसा लगता है कि शायद रसिकता का त्याग करके वह साधु-संतों की सेवा में लग गया है अथवा किसी ओर से प्रीत लगाकर इस ओर का रास्ता भूल गया है। हे सखी! मैं क्या करूँ? कहाँ जाऊँ? किसे जाकर अपने मन की व्यथा सुनाऊँ? मुझे विरह-वेदना सता रही है। उसके बिना अब मुझे चैन नहीं मिलता। मीरा कहती हैं कि हे प्रभु! मैं दासी आपके दर्शन के लिए तड़प रही हूँ। मैंने अपना चित्त आपके चरणों में लगा दिया है। लेकिन क्या कारण है कि तुम अभी तक मेरे पास नहीं आए।

होरी खेरत है गिरधारी।
मुरली चंग बजत डफ न्यारो, संग जुबति वज्रनारी।
चंदन केसर छिरकत मोहन, अपने हाथ बिहारी।
भरि-भरि मूठि गुलाल लाल चहुँ, देत सबन पै डारी।
छल कबीले नबल कान्ह संग, स्यामा प्राण प्यारी।
गावत चार धमार राग, तैंहू दै-दै कल करतारी।
फागु जू खेलत रसिक साँवरो, बाढ्यो रस ब्रज भारी।
मीरा रे प्रभु गिरधरनागर, मोहन लाल बिहारी॥

मेरे गिरधारी होली खेल रहे हैं। मुरली, चंग और डफली के सुरीले स्वर गूँज रहे हैं। उनके साथ में ब्रज की युवतियाँ भी नाच रही हैं। मोहन अपने हाथों से चारों ओर चंदन, केसर छिड़क रहे हैं। मुट्ठियों में लाल-लाल गुलाल भरकर सब पर डाल रहा है। छैल-छबीले कान्हा के साथ वहाँ श्याम-प्यारी राधा भी उपस्थित है। सभी तालियाँ बजा-बजाकर धमार राग गा रहे हैं। रसिक साँवरा जिस प्रकार फाग खेल रहा है, उससे ब्रज में आनंद एवं उल्लास छा गया है। मीरा कहती हैं कि हे प्रभु गिरधरनागर! तुम्हारी छवि अत्यंत मनमोहक है। वह मन को मोहनेवाला है; लाल भी है अर्थात् उसकी आभा लाल है। वह रस छिड़कता चलता है, इसलिए बिहारी भी है।

हरि म्हारा जीवण प्राण अधार।
और आसिरो णा म्हारा थें बिण, तीनूँ लोक मँझार।
थें बिण म्हाणो जग ण सुहावाँ निरख्याँ सब संसार।
मीरा रे प्रभु दासी रावली, लीज्यो णेक णिहार॥

हे हरि! तुम ही मेरे जीवन के एकमात्र प्राण-आधार हो। तुम्हारे बिना इस संसार में मैं निराश्रित हूँ। तीनों लोकों में तुम्हारे बिना मेरा कोई आश्रयदाता नहीं है। तुम्हारे बिना यह संसार मुझे बिलकुल नहीं सुहाता। इस संसार में केवल तुम ही सत्य हो, शेष सब मिथ्या है। मीरा कहती हैं कि हे प्रभु! यह दासी केवल तुम्हारी है। कभी इसकी भी सुधबुध ले लिया करो।

हो काँनाँ किन गूँथी जुल्फाँ कारियाँ।
सुधर कला प्रवीन हाथन सूँ, जसुमति जू ने सबारियाँ।
जो तुम आओ मेरी बाखरियाँ, जरि राखूं चंदन किवारियाँ।
मीरा रे प्रभु गिरधरनागर, इन जुलफन पर वारियाँ॥

हे कान्हा! तेरी काले-घने केशों को किसने गूँथकर बाँधा है? ऐसा लगता

है मानो यशोदा माता के कुशल हाथों ने इन्हें सँवारा है। हे हरि! यदि तुम इस सलोने स्वरूप में मेरे सामने आए तो मैं चंदन के किवाड़ बंद कर लूँगी और तुम्हें कहीं नहीं जाने दूँगी। मीरा कहती हैं कि हे प्रभु गिरधरनागर! तुम्हारे इन मनोहारी केशों पर मैं बलिहारी जाती हूँ।

हरि मने पार उतार, नमी-नमी विनती करूँ छुँ।
जगत माँ जनमी ने बहु दुख देख्या, संसार शोक निवार।
कष्ट आपे मने कर्म ना बंधन, दूर कर किर्तार।
आ संसार वह्यो जाय छे, लख चौराशी धार।
मीरा कहे प्रभु गिरधरनागर, आवागमन निवार॥

हे हरि! मैं विनती करती हूँ कि मुझे इस संसार रूपी भवसागर से मुझे पार उतारो। संसार में जन्म लेकर मैंने अनेक दुःख भोगे; यह संसार शोक का घर है। कर्म ही जीव को बार-बार विभिन्न योनियों में भटकने के लिए विवश करते हैं। यह संसार कष्ट और व्याधि से परिपूर्ण है। हे प्रभु! मेरे समस्त बंधनों को काटकर मुझे मोक्ष प्रदान करो। अन्यथा कर्म-बंधन में बँधकर मुझे चौरासी लाख योनियों में भटकना पड़ेगा। मीरा विनती करते हुए कहती है कि हे प्रभु गिरधरनागर! मोक्ष प्रदान कर जीवन-मृत्यु के आवागमन से मुझे मुक्त करो।

यहि बिधि भक्ति कैसे होय।
मन की मैन हियतें न छूटी, दियो तिलक सिर धोय।
काम कूकर लोभ डोरी, बांधि तोहिं चण्डाल।
क्रोध कसाई रहत घट में, कैसे मिल गोपाल।
बिलार विषया लालची रे, ताहि भोजन देत।
दीन हीन ह्वै छुआ रत से, राम नाम न लेत।
आपहि आप पुजाय के रे, फूले अंग न समात।
अभिमान टीला किए बहु कहु, जल कहाँ ठहरात।
जो तेरे हिय अंतर की जानै, तासों कपट न बनै।
हिरदे हरि को नाम न आवै, मुख तै मनिया गनै।
हरि हितु से हेत कर, संसार आसा त्याग।
दास मीरा लाल गिरधर सहज कर वैराग॥

मीरा सांसारिक विकारों में डूबकर भक्ति का स्वाँग रचनेवाले लोगों की स्थिति का वर्णन करते हुए कहती हैं कि हे प्रभु! तुम ही बताओ, इस विधि

से किस प्रकार भक्ति हो सकती है? मन का मैल छुड़ाया नहीं और सिर धोकर माथे पर तिलक लगा लिया। चांडाल और कुत्ते के समान वासना एवं लोभ की डोरी गले में बाँधी हुई है। कसाई के समान क्रोध बार-बार हृदय में उठता है। ऐसी स्थिति में तुम्हें गोपाल किस प्रकार मिलेंगे? विषयों के लालची बिलाव को तुमने अभिलाषा रूपी भोजन देकर हृदय में बसा लिया है। तुम दीन, हीन और क्षुधित हो; केवल राम-नाम ही तुम्हें मुक्ति दे सकता है। लेकिन फिर भी राम-नाम लेने से बचते हो। स्वयं की पूजा करवाकर तुम प्रसन्नता से फूले नहीं समाते। तुम्हारा यह अहंकार मुक्ति-मार्ग का सबसे बड़ा अवरोध है। तुमने अपने मन में अभिमान का ऊँचा टीला बना लिया है, भला उस पर विनय और धैर्य का जल कहाँ से टिकेगा? तुम्हारे हृदय में क्या है, यह हरि भली-भाँति जानते हैं। इसलिए इस प्रकार छल-प्रपंच करके तुम्हें कुछ प्राप्त नहीं होगा। हृदय में हरि का नाम नहीं है और मुँह से राम-नाम जपते हो, यह दिखावा व्यर्थ है। इससे तुम प्रभु की कृपादृष्टि कभी प्राप्त नहीं कर सकते। यदि हरि-कृपा चाहते हो तो हरि के हित में भले कार्य करो तथा सांसारिक इच्छाओं का पूरी तरह से त्याग कर दो। मीरा कहती हैं कि हे प्राणियो! सांसारिक मायाजाल से मुक्त होकर, लालसाओं का त्याग करके गिरधरलाल से लगन लगाओ। इससे तुम्हारे समस्त पाप नष्ट हो जाएँगे और तुम मोक्ष प्राप्त करोगे।

लगन का नाँव न लीजै री भोली।
लगन लगी कौ पैडो ही न्यारो, पाँव धरत तन छीजे।
जै तूँ लगन लगाई चावै, तौ सीस की आसन कीजै।
लगन लगी जैसे पतंग दीप से, वारि फेर तन दीजै।
लगन लगई जैसे मिरघे नाद से, सनमुख होय सिर दीजै।
लगन लगई जैसे चकोर चन्दा से, अगनी भक्षण कीजै।
लगन लगी जैसे जल मछीयन सें, बिछड़त तनही दीजै।
लगन लगी जैसे पुसप भँवर से, फूलन बीच रहीजै।
मीरा कहै प्रभु गिरधरनागर, चरण कँवल चित्त दीजै॥

हे मेरी भोली सखी! लगन और प्रीत का नाम भी मत लेना। लगन का पथ बहुत ही कठोर है। इस पर पैर रखते ही शरीर क्षीण हो जाता है। यदि तुमने लगन लगानी है तो अपना सिर काटकर आसन पर लगा दे। जिस प्रकार पतंगे को दीपक से लगन होती है और वह उस पर अपने तन को वार देता है; जिस प्रकार मृग सुर-नाद से लगन लगाकर शिकारी के समक्ष अपना सिर कर देता

है; जिस प्रकार चकोर चंदा से लगन लगाता है और भूलवश अग्नि को चंद्र समझकर उसका भक्षण कर लेता है; जिस प्रकार मछली को जल से प्रेम है और उससे बिछुड़ते ही वह प्राण त्याग देती है; जिस प्रकार भँवरे को पुष्प से लगन लगती है और वह फूल के बीच में बंद होकर अपने प्राण त्याग देता है, उसी प्रकार हे सखी! हरि से लगन लगानी है तो तुम्हें अपने प्राणों का बलिदान करना होगा। क्योंकि हरि-भक्ति में सांसारिक विकारों के साथ-साथ कुल-मर्यादा एवं घर-परिवार का त्याग करना पड़ता है। मीरा कहती हैं कि हे प्रभु गिरधरनागर! मैंने अपना चित्त तुम्हारे चरण-कमलों में रख दिया है। अब मुझे अपनी कृपादृष्टि से सदैव अनुगृहीत करना।

लगण हमारी स्याम सूँ लागी, णेणा णिरख सुख पाय।
साजाँ सिंगार सुहाणा सजनी, प्रीतम मिल्याँ घाय।
बरणा बरयाँ बापुरो, जणम्या जणम णसाय।
बरयाँ साजण साँवरो री, म्हारो चुड़लो अमर हो जाय।
जणम जणम रो कांडहो म्हारी प्रीम बुझाय।
मीरा रे प्रभु हरि अबिनासी, कबरे मिलस्यो आय॥

हे सखी! अब श्याम रो मेरी लगन लग गई है। उनके दर्शन से मुझे अपार सुख प्राप्त होता है। हे सखी! मैं साज-शृंगार करके सजी हुई थी कि तभी मुझे प्रियतम मिल गए। ऐसे में किसी का वर-रूप में वरण करना कहाँ तक उचित है? इस संसार में जिसने जन्म लिया है, एक दिन उसे यहाँ से जाना है। हे सखी! मैंने साँवरे का नर-रूप में वर किया है, जिससे मेरा चूड़ा संसार में सदा के लिए अमर हो जाए। ऐसा ही वर मेरी जन्म-जन्म की प्यास को बुझाने में सक्षम है। मीरा कहती है कि हे प्रभु अविनाशी हरि! मुझसे कब आकर मिलोगे? तुम्हारे दर्शन के लिए मैं तरस रही हूँ। मेरे पास आकर मेरा उद्धार करो।

जब ते मोहि नंदनंदन दृष्टि पड्यो माई।
तब से परलोक लोक कछु न सुहाई।
मोहन की चंद्रकला सीस मुकुट सोहै।
केसर की तिलकर भाल तीन लोक मोहै।
कुंडल की अलक-झलक कपोलन पर छाई।
मानो मीन सरवर तज मकर मिलन आई।
कुटिल तिलक भाल चितवन में टोना।

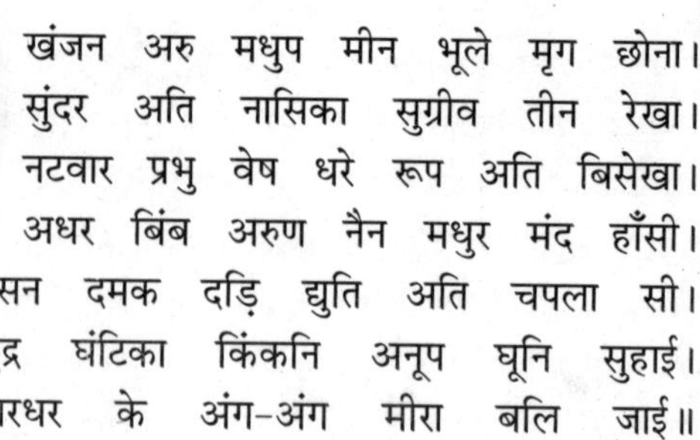

खंजन अरु मधुप मीन भूले मृग छोना।
सुंदर अति नासिका सुग्रीव तीन रेखा।
नटवार प्रभु वेष धरे रूप अति बिसेखा।
अधर बिंब अरुण नैन मधुर मंद हाँसी।
दसन दमक दड़ि द्युति अति चपला सी।
छुद्र घंटिका किंकनि अनूप घूनि सुहाई।
गिरधर के अंग-अंग मीरा बलि जाई॥

हे माँ! जब से नंदनंदन पर मेरी दृष्टि पड़ी है, तभी से लोक-परलोक के सुख मुझे अच्छे नहीं लगते। मोहन के चंद्रकला के समान सिर पर मोर मुकुट सुशोभित है। उनके मस्तक पर लगा हुआ केसर का तिलक तीनों लोकों को मोहित कर रहा है। कुंडलों का झिलमिलाता प्रकाश उनके गालों पर ऐसे छाया हुआ है जैसे मछली सरोवर को छोड़कर मकर से मिलने आई हो। उनके भाल पर तिरछा तिलक है तथा चितवन में जादू भरा हुआ है। उनके मोहित कर देने वाले स्वरूप को देखकर खंजन, भौंरा, मीन और मृग सुधबुध खो बैठे हैं। उनका नाक बहुत सुंदर है तथा ग्रीवा (गले) पर तीन रेखाएँ खिंची हुई हैं। प्रभु का वेश धारण करके नटवर अत्यंत विशेष लग रहे हैं। उनके लालिमायुक्त अधरों (होंठों) पर मंद मुसकान और नयनों में माधुर्य छाया हुआ है। अनार के दानों के समान उनके दाँत बिजली भाँति चमक रहे हैं। उनकी करधनी की छोटी-छोटी घंटियों से निकलनेवाली ध्वनि मन को सुहा रही है। मीरा कहती हैं कि गिरधर का ऐसा रूप तीनों लोकों को मोहित करने वाला है। इस पर मैं बार-बार बलिहारी जाती हूँ। उनके स्वरूप को मैंने अपने ह्रदय में बसा लिया है।

जोगियारी प्रीतड़ी है दुखड़ा रो मूल।
हिल-मिल बात बणावत मीठी, पीछै जावत भूल।
तोड़त जेज करत नहिं सजनी, जैसे चमेली के फूल।
मीरा कहै प्रभु तुमरे दरस बिन, लगत हिवड़ा में सूल॥

मीरा कहती हैं कि मैंने जोगी से प्रीत लगाई, यही मेरे दु:खों का कारण है। पहले तो वह मीठी-मीठी बातें कर मन को मोह लेता है, फिर बाद में सबकुछ भुला देता है। हे सखी! वह प्रीत का बंधन तोड़ने में थोड़ी-सी भी देर नहीं करता। उसके लिए यह बिलकुल वैसा ही है जैसे चमेली के फूल को तोड़ना। मीरा कहती हैं कि हे प्रभु! तुम्हारे दर्शन के बिना ह्रदय में शूल चुभ रहा है। प्रभु, दर्शन देकर मेरी पीड़ा का हरण करो।

□□□